本书作为"清华历史文化研究丛书"的第一卷，得到清华大学学生全球胜任力发展指导中心的资助

# 水木法意

## 制度 人物 文化

陈新宇 著

九州出版社
JIUZHOUPRESS

**图书在版编目（CIP）数据**

水木法意：制度·人物·文化 / 陈新宇著. -- 北京：九州出版社，2021.8
ISBN 978-7-5225-0471-1

Ⅰ．①水… Ⅱ．①陈… Ⅲ．①清华大学－教学研究－文集 Ⅳ．① G642.0

中国版本图书馆 CIP 数据核字 (2021) 第 179491 号

**水木法意：制度·人物·文化**

| | |
|---|---|
| 作　　者 | 陈新宇　著 |
| 责任编辑 | 周弘博 |
| 出版发行 | 九州出版社 |
| 地　　址 | 北京市西城区阜外大街甲 35 号 (100037) |
| 发行电话 | (010)68992190/3/5/6 |
| 网　　址 | www.jiuzhoupress.com |
| 电子信箱 | jiuzhou@jiuzhoupress.com |
| 印　　刷 | 北京捷迅佳彩印刷有限公司 |
| 开　　本 | 710 毫米 ×1000 毫米　16 开 |
| 印　　张 | 19.25 |
| 字　　数 | 249 千字 |
| 版　　次 | 2021 年 9 月第 1 版 |
| 印　　次 | 2021 年 9 月第 1 次印刷 |
| 书　　号 | ISBN 978-7-5225-0471-1 |
| 定　　价 | 99.00 元 |

# 目　录

# 序

在纪念清华 110 校庆期间，收到清华法学院青年教师陈新宇发来的新作《水木法意：制度·人物·文化》，他说经校史馆副馆长金富军的推荐，希望我为其作序，因为我曾经主持过清华文科工作，参与过法学系院的复建。其实，对于法律学科，我基本上是个外行，是难以对其历史著作做切实评论的，但为免于对这位年轻人泼冷水，心想，先将其作为一次学习的机会吧。待我阅后，觉得有所感受，现将其说出来与读者交流，或午可以为其序吧。

首先，是为该著作体现的文化自觉所打动。陈新宇作为一个没有清华学历的受聘者，入校不久即开始研究清华法政教育史，并涉及清华的发展史，有所感悟。相比某些入职清华多年的老师仍久而无法融入学校的文化，应该说陈新宇的努力实属难得。而且，从社会学家、清华老学长费孝通先生 1997 年在北大提出文化自觉的命题来看，即一个人应该对生活其中的文化有自知之明，明白它的来历、形成的过程、所具有的特色和它发展的方向，以取得文化选择的主动性。陈新宇正是体现了宝贵的文化自觉，他对清华法政教育历史的考证和对清华文化的研究成果，无疑对提高法政学科乃至清华师生的文化自觉会有所助益，他的做法是值得提倡和鼓励的。

其次，陈新宇论及的是 1909—1952 年院系大调整前的清华法政教育，这段时间清华文科整体是比较强的，但是，法律学科的发展却一再受到来自内部的办学理念局限和外部的干扰而多有波折。正如陈新宇所述，1929 年成立的法学院，依当时《大学组织法》应设法律、政治、经济三系，惟因经费问题兼校长罗家伦的教育理念，法律学系暂缓设立，法律课程由政治学系开设。后在梅贻琦主政时期，于1932年起筹建法律学系，并获教育部备案，但同年因庚款停付引发的经费问题，加上当时政府"限制文法、发展理工"的教育政策等特殊的时代因素，法律学系被要求停止招生，法律学系于1934年被裁撤；在从西南联大复员清华园后，曾经复建法律系，后又在1949年起步的院系调整中再次被取消。回顾20世纪初叶，新文化运动先驱高举科学和民主的大旗，开启了新民主主义新时代，当时认定只有"德"与"赛"两位先生才能救中国，在不同程度上忽视了促使西方现代化成功还有另外一位"先生"，那就是"劳先生"，即法治。实际上没有法治的基础，其民主是不牢靠的。而当前所探索的社会主义市场经济必须是以健全的法治为基础的。20世纪90年代清华大学复建法律学科，正是提高了加强社会主义法治的自觉性所致。

再次，陈新宇还从相关的人与事的探讨中，提出了某些值得深入思考的观点。比如在《人生何处不相逢——瞿同祖与何炳棣的命运对照》一文中，在瞿、何两位命运的对照中，得出如下的论点："从法学与历史学关系的角度讲，法律固然是解决现实社会问题的重要工具，但'知其然'之余，若要'知其所以然'，无疑需要到历史中去寻找答案，对于纠结古今中西问题的中国法学而言，历史不仅仅是一座博物馆，更是一座图书馆。未来中国伟大的法学家，必然也是伟大的历史学家。"这无疑是一个可以予人启示的观点。因为"以史为鉴，可以知兴替"，而法律学科是以法律现象及其规律性为研究内容的科学，是秩序与公正之学，关系到社会的公平与正义，关系到国家治理的成效，关系到人民大众的根本利益，而历史为其提供了宝贵的启示和答案。法律学科格外重视案例教育，实质上就是以史为鉴。所以陈新宇的"未来中国伟大的法学家，必然也是伟大的历史学家"的论点不无道理，它启迪攻读法律学的师生，应该有自觉而科学的历史观，重视历史的研究。

而《法治的恪守者——燕树棠的生平与思想》一文，依据坚实的史实，以更加宽广的视野论述了法治建设中"法治"与"人治"的关系。燕树棠先生是一位对中国法治建设和法治教育产生过重要影响的著名法学家、法律教育家。1916 年通过清华专科考试赴美，回国后曾任清华法律学系首任主任。他强调"民治制度，若无法治，是根本上不能存在"。又指出："清末民初之间，中国国势不振，渐渐丧失从前重人重德之自信力，而以为泰西各国盛强，多赖法律，于是渐次崇尚法律，而轻视'人'的问题，迷信人事之一切可以取决于制度。"在对民国时期法治建设考察基础上，提出"我国对于司法之建议及改革，多制度之形式，而忽略司法之精神，以致法官创建之精神和人格之修养，反不及旧制时代之提倡与努力。这种状态造成之主因，是由于我们迷信了西洋思想上对于司法之沿习的错解"。据此，陈新宇认为"有其法者尤贵有其人"，法律人是沟通规范与社会事实之媒介，法治之理念，乃由他们的身体力行落诸实处，故法律人之素质，实乃一国法治成败之关键。这一观点对于当今法治生态建构与法律人才培养均有积极意义。继而，陈新宇归纳了在长期的法律教育中，燕先生形成的系统的教育理念，不仅仅是专门知识的传授，更要有"法律头脑"之养成。所谓"法律头脑"，包括四方面内容：第一，须要有社会的常识；第二，须要有剖辨的能力；第三，须要有远大的思想；第四，须要有历史的眼光。陈新宇指出：在燕先生看来，"法律头脑"的意义乃"在学习法规之外必须得到一种法学的精神"，只有如此，"机械的法律知识才有个兰机，有了动力，才可以说是死知识变为活知识，死法律变为活法律"，具备这类素质的人，才可以说是"用之不竭的法律人才"。因此，主张在法律教育中，"社会科学的功课，如政治学、经济学、社会学、政治思想史、经济思想史，以及伦理、心理、逻辑、哲学各项科目，应该与法律并重，作为必修的科目，以便使学生对于整个社会、全部的人生问题，得到相当的认识"。显然，燕树棠的教育思想与当今实施的素质教育理念具有高度的相通性。

　　继而，《从邵循恪到端木正——清华法政研究生教育的薪火传承》一文描述了两位杰出学人邵循恪和端木正学习概况，勾勒出清华法政研究生教育较为全面的面相，特别是清华对优秀学生的关照，为其成长创造机会的传统和严谨、严肃、严格的学风，以及学人"重趣味重性情而轻利害"的追求。《何处相思明月楼：楼邦彦的清华往事》一文，论述了1931年转入清华的楼邦彦享有"美丽的校园、一流的师资、先进的理念、完备的课程"，并展现了自己的学术才华，体现出青年法政学人法治救国的情怀。楼邦彦能与本科论文指导教授进行商榷，体现了"吾爱吾师，吾更爱真理"的精神与勇气。2015年面世的《楼邦彦法政文集》反映了这位著名法学家、政治学家深厚的学术素养、广阔的视野和敏锐的观察力。陈新宇认为，楼邦彦与王铁崖、龚祥瑞同为同学、同事，同为钱端升先生高足，其学问才识，与前两位相比并不逊色。

　　《孙中山先生与清华年轻的法政人》介绍了清华学校1924级毕业生徐永煐、施滉、何永吉等参与法政活动，包括成立社团，互相砥砺，探索政治救国之道，并对孙中山先生颇为推崇的情况。他们三人曾经拜见中山先生，探讨国民党对孙中山革命事业的继承性、新三民主义与苏俄的关系、中国统一的历史与现状、军队的纪律、国民党改组的要点等问题，反映出这些主张政治救国的年轻人心系国家前途命运，对当时政治热点的所思所想，后与清华学校的秘密组织"超桃"成员一起，认识到国民党革命不彻底，表示"我们要救中国，我们要加入共产党"。施滉在斯坦福的硕士论文《孙逸仙评传》成为研究孙中山先生的一本重要作品。"时至今日，中山先生的非凡气度，革命青年的纯白之心，仍值得追忆与缅怀。"

　　《东京审判量刑问题再审视——以"死刑投票6比5"为中心》描述了清华学校毕业生梅汝璈在出任远东国际军事法庭法官时，对庇护日本战犯的势力进行坚决而卓有成效斗争，维护了祖国的尊严和人民利益的故事。此文对东京审判量刑问题的历史情境进行了考证，指出："以梅汝璈法官和向哲濬检察官为代表的中国法律人所展现的法学素养、政治智慧及法律爱国主义精神，在历史的今天，值得国人追思和缅怀，更应该发掘与弘扬。"

陈新宇还在《清华校歌的故事》中论述了清华校歌的变革、内涵与评价，认为"校歌记载历史，本身传承亦是历史，她的微言大义，她的名人典故，是校史重要的组成部分，是国家与社会变迁的折射"，应该以高度的文化自觉予以体认。而《诗人朱湘的清华校歌》则是对清华校歌创作历史的一个补充。

《〈无问西东〉沈光耀背后的故事》是作者通过对电影《无问西东》的主人公之一沈光耀的原型清华土木系毕业生沈崇海、林徽因的弟弟林恒英勇献身及其家庭背景的考证，论述了为国捐躯清华人以身许国的情怀，正如沈崇海在《我的自传》所表述的"'尽忠报国'——愿长此以自勉"。

在此书终篇所列"附录 资料三种"：1909—1929 年清华留美学习法政学生履历、1929—1952 年清华法学院毕业生名单和清华大学图书馆藏老清华法学院学生毕业论文目录等为了解和研究老清华法政学科人才培养提供了重要的史料。

十分感谢陈新宇为考证清华法政学科的历史以及清华校史所付出的努力，清华法政学科的发展虽经曲折，但是在清华人的共同努力下，一直弦歌不辍，精神永续，相信在当今民族伟大复兴的推动下，清华法律人必将高举"爱国奉献，追求卓越"的精神火炬，自强不息，厚德载物，开拓更加光明的未来！

胡显章

2021 年夏

# 自序
一期一会：我与清华法学史研究

　　2004年底当我跨过中关村大街，来到一条马路之隔的清华面试的时候，浑然不知我会与这个学校的法学史研究发生如此密切的联系。冥冥之中的缘分，可能是我的两个母校和工作单位——法大（中国政法大学）、北大和清华——在历史上渊源颇深，在西南联大时期北大与清华曾经联合办学，在1952年院系调整时期清华法学院的政治学系并入了北京政法学院（中国政法大学的前身）。我在法大读研时，导师组副组长曾尔恕教授的父亲曾炳钧先生便是老清华法学院的第一届毕业生，后来成为清华大学政治系教授暨系主任，也是北京政法学院建校初期的"四大教授"之一。或许在我后来开启这项研究的潜意识里，会认为自己是比较合适的研究者之一吧。清华的做事风格是一板一眼，讲程序，效率高，而且靠谱，于是从外语考试、试讲，再到教授会答辩，一轮轮地走了过来，在完成学院的程序后告知我因为是应届博士生的身份，还需要专门向学校打报告，最终能否批准不能确定，需要做好心理准备。这种做法的好处是规范、清晰，正反两种可能的结果都会坦诚告知，让人心里有数，于是我在期盼与忐忑中完成了博士论文的写作和后来的答辩等事宜。

　　2005年4月底清华校庆，法学院举行复建十周年的纪念活动，当时尽管校方对我能否入职还没有结果，人事部门的老师仍然给了我一张嘉宾邀请函，让人倍感温暖。于是乎在庆祝活动的会场里，我的身边坐着未来可能的同事们，犹记得还和何美欢教授等礼节性地打了招呼。感觉真是非常奇妙，作为一个学院历史事件的亲历者，可以身临其境，但自己与它的关系又尚未确定，不知身属何处。这种既带有温情又保持适当观察距离，也成为我研究时秉持的基本立场。

作为一个法律史的研究者，在入职后能研究自己单位的历史是一种幸运的事，反之，将这段重要但尚未全面系统梳理的历史钩沉出来，也是一种服务单位的方式，所谓"一片热肠肝，所重酬知己"是也。有师长知道我在研究清华法学史后，鼓励我说，"要发愿去写"，此言铭感于心，这种使命感同样是我研究的重要动力。在这些因素的推动下，我主编、参编了《公道、自由与法》（燕树棠法学文集）、《楼邦彦法政文集》《法意清华》《鸿迹——纪念法学家端木正教授》、《清听法缘——清华大学法学院院史访谈录》等校友和院史的文集，组织、主持和主讲了"近代（清华）法学与法政人"、"易社强《战争与革命中的西南联大》学术报告会"、"清华校歌与《无问西东》"等相关学术会议和讲座。本书《水木法意》就是在上述这些工作之外，十余年来个人相关研究的跬步累积，试图从制度、人物与文化的三重维度，爬梳清华法学的历史，阐发水木清华的法意。

清代的著名幕友汪辉祖在其《佐治药言》中提到的伦理规范之一"素位"，是我回顾这些习作时需要借鉴和自省之处，所谓"素位"，关键是做到两点，即"自视不可过高"和"亦不可过卑"。关于第一点，拙书在整体上仍缺乏体系性和才气，没有达到自己心中理想研究的标准，例如关于清华法政教育，目前只能分阶段以单篇长论文，通过如史直书的方式呈现，例如关于施滉及以其为核心人物的"超桃"组织，虽然很早即有浓厚的兴趣，但迄今仍感觉对其纯白之心的理解不够深刻，等等。因此读者如果对拙书感兴趣，在一定程度上是清华的历史地位影响和其名人效应加持。

关于第二点，本书自然是心血之作，每次在清华法学重大纪念的周年我的身体总会相立地出现状况，犹记得在撰写《近代清华法政教育研究（1909—1937）》《近代清华法政教育研究（1937—1952）》（分别为建院 80 周年和复建 20 周年而作）两文时眼睛曾经一度充血。对于法史学研究而言，我觉得最重要的是还原史实，只有在坚固史实基础上才能够进行深入分析，做出合理解释，拙书敝帚自珍，可以说对于清华法学史有比较全面扎实的整理，在此基础上对一些关键事件、重要人物的探讨有一己之见，这些成果也得到学界同仁和老校友后代的认可。或许可以说，"那美好的仗我已经打过了"。

研究清华法学史的过程既有辛劳，亦有三乐。一是与学界同道互相切磋，相互学习之乐；一是培养学生熟悉校史，组织其展开院史访谈活动，学术传承之乐；一是历史文化感通之乐。有一次偶然发现我研究室对面墙上挂的是黑白的老清华校门照片，不同于其他地方挂的彩色照片，后来碰到负责装饰的设计师向他咨询，他答曰："知道您研究校史，估计您会喜欢。"某一天的午后打开研究室门，发现阳光照射在老校门的照片上，刹那间理解了托马斯·曼的名言"我在哪里，哪里就是德国"。

是为序。

陈新宇

2021 年 4 月 1 日星期四晚

于清华法律图书馆温格居

# 近代清华法政教育研究
（1909—1937）

## 引 言

　　史学家何炳棣先生曾谓："20 世纪炎黄子孙博士论文一出立即被誉为国际名著只有两部。一部是萧公权先师康奈尔博士论文《政治多元主义：一项当代政治理论的研究》，另一部就是陈体强牛津论文《有关承认的国际法》。"[1] 这两篇杰出论文的作者，皆与清华渊源颇深：萧公权（1897—1981），1918 年考入清华学校高等科三年级，1920 年赴美，获密苏里大学硕士（1923）、康奈尔大学哲学博士学位（1926），曾任教于南开、燕京、清华、西雅图华盛顿大学等校，中央研究院第一届院士，曾获全美学术团体协会第三届人文奖，誉为"融合中西两大学统菁华"，乃东方学者获此殊荣之第一人，著有《中国政治思想史》《中国乡村》《康有为思想研究》等巨著。[2] 在萧氏晚年的回忆录中，也特别谈到在清华任教、就学的感受和感情，"清华五年的生活，就治学的便利和环境的安适说，几乎近于理想"，"从前我在清华学校肄业两年。后来又在清华大学任教五年。这'再造'的大恩是无法忘却的"[3]。陈体强（1917—1983），1939 年毕业于清华大学政治学系，1944

[1] 何炳棣：《读史阅世六十年》，广西师范大学出版社 2005 年版，第 177 页。
[2] 参见汪荣祖：《萧公权先生传略》《萧公权学术年表》，收入萧公权：《宪政与民主》，清华大学出版社 2006 年版。
[3] 萧公权：《问学谏往录》，学林出版社 1997 年版，第 117—118、120 页。

年考取教育部留英公费，1948 年获牛津大学哲学博士学位，曾任教于清华大学、外交学院，北京大学兼任教授，在国际关系研究所、国际法研究所和国际问题研究所担任和主持国际法研究工作，并担任外交部法律顾问、全国政协委员、世界性的国际法学会联系会员等职。[1]

追忆似水年华，那是怎样的风景，何以能让一个学贯中西的学者有"近于理想"之评价、念兹在兹的情怀？何以能培养出论文水准"几可目为 20 世纪中国社科方面的一个'奇迹'"之人才？有念于此，我们试图对近代（1909—1952 年）清华法政教育进行研究。[2]其内容包括法政教育的沿革、机制、特点，师生的概况及其对国家社会的贡献等问题。作为一个初步性的研究，重点主要侧重于史料的梳理，并试图在此基础上作进一步之分析。作为系列研究之一，本文主要着眼于 1909—1937 年。

清华的历史，渊源于 1909 年由美国退还部分庚子赔款所设立的游美学务处及游美肄业馆，1911 年以"清华学堂"之名开办，采八年连贯制，分为中等和高等两个阶段，大致各为四年，高等科毕业后派遣留美。1912 年改名为清华学校，1922 年起改为四三一制，即中等科四年，高等科三年及大学一年，并逐年停招中等科学生。

---

[1]　参见《中国大百科全书》（法学）"陈体强"词条（王铁崖撰），中国大百科全书出版社 2006 年版，第 34 页；何炳棣：《读史阅世六十年》，广西师范大学出版社 2005 年版，第 174 页。

[2]　本研究的第一手资料，有如档案、清华的各类出版物（《清华周刊》《清华一览》《国立清华大学校刊》《清华同学录》等），第二手资料，有如清华学人的著述、后人对其的介绍和回忆性质的文章等。先行研究中，清华的通史性著述，有代表性的如清华大学校史编写组：《清华大学校史稿》（中华书局，1981）、苏云峰：《从清华学堂到清华大学》（1911—1929）、（1928—1937）二书（生活·读书·新知三联书店，2001）；相关专题的著述，有如王保树、李旭：《清华法学院的发展与未来》（《清华大学学报〔哲学社会科学版〕》2001 年第 2 期），屠凯：《清华大学的法学教育》（《清华法学》第四辑，2004；在此基础上屠凯以《二十世纪上半叶清华大学法学教育的研究》为题完成其清华本科综合论文训练）、孙宏云：《中国现代政治学的展开：清华政治学系的早期发展（1926—1937）》（生活·读书·新知三联书店，2005）、陈俊豪：《生不逢时的法律学系——20 世纪二三十年代清华法律学系设立之周折》（《清华法学》第九辑，2006）。

1925 年中等科结束，设立大学部和国学研究院，与旧制留美预备部并行，至 1929 年最后一届留美预备部和最后一批国学研究院学生毕业。1928 年清华学校改为国立清华大学，在全面抗战以前已成为国内著名大学。抗战期间，与北京大学、南开大学合并，成为"西南联合大学"，亦是战时著名学府。抗战胜利后复校，在动乱中续有发展。1949 年后花开两朵：在北京的清华大学经整顿后继续开办，仍为重点大学之一；在台北新竹的清华大学于 1956 年初设原子科学研究所，1964 年设大学部，今日亦是著名学府之一。[1]

清华法政教育的历史即是依托于上述校史而展开。其大致可分为三个阶段：一是所谓清华"史前史"时期，即庚款前三批直接赴美学生时期（1909—1911），其次是留美预备部时期（1911—1929），再次是清华系统的法政教育时期（1925—1952）。

## 一 史前期

依据宣统元年（1909）《遣派游美学生办法大纲》，游美学务处的职能是"考选学生、管理肄业馆、遣派学生"等事宜，肄业馆乃为"选取各省学生暂留学习"。其采用美式教育方式，以便"学生熟习课程，到美入学可无扞格"。[2] 依据计划，这批退还庚款的使用，乃前四年每年派遣百人至美国留学，自第五年起，每年至少派遣五十人赴美留学，一直至该项退还赔款用毕为止。[3] 但因为时间等因素，前三批（1909—1911）考取学生[4] 并未达预定人数，亦未入馆（堂）学习，而是直接赴美。

[1] 参见苏云峰：《从清华学堂到清华大学》（1911—1929），生活·读书·新知三联书店 2001 年版，"前言"。
[2] 《清华大学史料选编》第一卷，清华大学出版社 1991 年版，第 120 页。
[3] 参见《外务部致柔克义公使》，《美国外交关系》，1908，收入《清华大学史料选编》第一卷，清华大学出版社 1991 年版，第 102—103 页。
[4] 此三批直接赴美学生的名单收入《清华大学史料选编》第四卷，清华大学出版社 1994 年版，第 636—637 页。

　　当时派遣学生的资格是：质地聪明、性格纯正、身体强壮、身家清白、恰当年龄、中文程度要有作文数百字的能力、中国古典文学及历史要有基本知识、英文程度要能直入美国大学和专门学校听讲、要完成一般性学习的预备课程。[1]第一批（1909）有 630 人报考，录取 47 人（其中有后来成为清华校长的金邦正、梅贻琦、生物学家秉志、冶金和陶瓷学家周仁、化学家张子高等），第二批（1910）400余人报考，录取 70 人（其中有胡适、赵元任、竺可桢等），[2]第三批（1911）从考入清华学堂的 468 人中最后甄考选取 63 人。[3]可见清华留美考试一开始即设立相当严格之标准。

　　依据《清华同学录》（国立清华大学校长办公室印行，1937 年 4月），这三批学生中学习法政的共 19 人。第一批 1 人：唐悦良［教育 ——B.A.（Yale），1913；政治 ——M.A.（Princeton），1915］；第二批 4 人：胡适［政治——A.B.（Cornell），1914；哲学——Ph.D.（Columbia），1916、何峻业［政治 ——B.A.（Wabash），1917；M.A.（Chicago），1918］、胡继贤［政治，经济，普通文科 ——B.A.（Univ. of Mich.），1914］、刘寰伟［政治经济 ——B.A.（Cornell），1914；土木工程 ——C.E.（Ibid），1915；军事工程 ——Graduate（U.S. Army Service Sch.），1916］；第三批 14人：王赓［历史，政治，经济——B.Litt（Princeton），1915］、司徒尧［宪政 ——B.A.（Cornell），1915;Ph.D.（Ibid），1917］、徐光［政治 ——B.A.（Wisconsin），1912；法律 ——Ph.D.（Heidellery），1916］、梁基泰［政治——B.A.（Wisconsin），1914;M.A.（Columbia），1916］、柴春林［政治——B.A.（Wisconsin），1915］、张国辉［经济，历史 ——B.A.（Mich.），1914；法律 ——L.L.B. A.M.（Columbia），

［1］《派遣美国留学生的章程草案》，《美国外交关系》，1908，收入《清华大学史料选编》第一卷，清华大学出版社 1991 年版，第 107 页。
［2］《校史》，载《国立清华大学二十周年纪念刊》，1931 年 5 月，收入《清华大学史料选编》第一卷，清华大学出版社 1991 年版，第 45 页。
［3］参见苏云峰：《从清华学堂到清华大学》（1911—1929），生活·读书·新知三联书店 2001 年版，第 17—18 页。

1916；J.D.（Chicago），1917〕、张福运〔法律，经济——A.B.（Harvard），1914、LL.B.（Ibid），1917〕、陈嘉助〔政治，经济——B.S.（Columbia），1915；M.A.（Ibid），1916〕、黄宗法〔法学，经济——L.L.B.（Univ. of Mich.），1917；J.S.D.（N.Y.U.），1917（？）〕、陆守经〔政治——B.A.（Wisconsin），1914〕、陆懋德〔政治——B.A.（Wisconsin），1913；教育——M.A.（Ohio State），1914〕、邓宗瀛〔政治——A.B.（Wisconsin），1914；M.A.（Columbia），1916〕卫挺生〔文理——（Michigan）；政治经济——A.B.（Harvard），1916；银行财政——M.B.A.（Harvard），1918〕、谭齐蓁〔政治——B.A.（Univ. of Mich.），1915；经济——M.A.（Ibid），1916〕。

此三批 19 人中，胡适当然是最具名气之人，但应该说其更如百科全书式之人物，影响之巨，已跨越法政之领域。

第一批中唯一的法政人唐悦良（1888—1956），广东中山人，其堂叔唐绍仪乃民国初期的国务总理。唐氏出国前，毕业于上海圣约翰大学，归国后，曾任中国出席华代会代表团之研究远东问题的专员、农商部秘书、国民政府驻古巴公使、外交部次长、并代理过部长之职，应该是清华毕业生中最早进入国民政府外交部工作之人，于外交领域，贡献颇多，并曾任教于燕京、辅仁、师范、清华、北京等大学，1949 年后经周恩来总理聘任为中央文史馆馆员，并为新中国外交系统的建立出谋划策。1956 年病故于北京。[1]

第三批中的张福运（1890—1983），山东福山（今烟台）人，乃第一位就读于哈佛大学法学院的中国人，回国后任教于北京大学，传授国际法，后入北京政府交通部和外交部工作，历任交通部航政司司长等职，曾担任中国代表团秘书，参加华盛顿"国际限制海军军备会议"，1922—1925 年间担任交通大学（北京）校长。1927 年应哈佛同窗、国民政府财政部长宋子文之邀，担任国民政府财政部首任关务署

---

[1] 参见〔加〕唐世一：《怀念先父唐公悦良清华毕业 90 周年》，《校友文稿资料选编》（清华校友通讯丛书，第六辑），清华大学出版社 2000 年版，第 193—195 页。

署长兼国定税则委员会委员长，具体实施恢复关税自主权及改革海关行政管理体制的工作，并做出卓越贡献。其后曾在全国经济委员会、中国国防供应公司等处工作，担任联合国大会中国代表团的法律与经济委员会代表，后再任关务署署长兼国定税则委员会委员长，1949年赴美供职于亚洲学会。1983年逝世于旧金山寓所。[1]张福运对母校甚为热心，1920年曾与薛桂轮、梅贻琦、蔡正、黄凤华等组织了一个清华幸福委员会，致力于清华和清华同学会之发展。[2]

前三批的180人中，学习法政的仅为19人，约占10.6%，这样的比例显然不算高。其原因与当时的留学政策不无关系，依据宣统元年五月二十三日（1907年7月10日）《会奏收还美国赔款遣派学生赴美留学办法折》，当时"选取学生……以十分之八习农工商矿等科；以十分之二习法政理财师范诸学"。[3]

## 二　留美预备部时期

宣统二年十一月（1910年12月），因游美肄业馆的用地是清华园旧址，上有咸丰帝御书匾额，兼该馆学生不仅限于游美一途，为达名实相符之效，外交部与学部呈请将"游美肄业馆"改名为"清华学

---

[1] 参见程麟苏、张之香主编：《张福运与近代中国海关》，上海社会科学院出版社2007年版，《序言》和《张福运：一位爱国的改革家》两文。张福运之女张之香，曾是美国第一个女性亚裔大使，1988年在哈佛大学捐资设立了"张福运法学教育基金"，推动中国法的研究，并在中国设立"张福运年度法学讲座"，由基金邀请美中两国，包括海峡两岸暨香港、澳门的著名的法学学者轮流在北大、清华做年度法学讲座。

[2] 参见《清华同学会》，《清华周刊》235—249期，1922年双四节特刊，收入《清华大学史料选编》第一卷，清华大学出版社1991年版，第233页。

[3] 《清华大学史料选编》第一卷，清华大学出版社1991年版，第116页。《派遣美国留学生的章程草案》也有类似的表达："派出的留学生中将有百分之八是将专修工业技术、农业、机械工程、采矿、物理及化学、铁路工程、建筑、银行、铁路管理以及类似学科。另外百分之二十将专修法律及政治学。"《美国外交关系》，1908，收入同卷，第107页。当然，两者相比，仍有细微差别，毕竟"法政理财师范"与"法律及政治学"不能完全等同，其中原因，尚有待考。

堂"。[1]其后民国肇建，循教育部令改名为"清华学校"。[2]

　　依据宣统三年正月（1911 年 2 月）的《清华学堂章程》[3]，学堂以进德修业、自强不息为教育之方针。其学科大致分为十类：一、哲学教育类；二、本国文学类；三、世界文学类；四、美术音乐类；五、史学政治类；六、数学天文类；七、物理化学类；八、动植生理类；九、地文地质类；十、体育手工类。其中，从中等科到高等科八年的课程中，皆有涉及法政的第五类学科，限于史料，其具体科目与任课教员，尚不得知。

　　依据《北京清华学校近章》[4]，学校以培植全才，增进国力为宗旨，以造成能考入美国大学与彼都人士受同等之教育为范围。高等科的文实两科必修科目中，亦有政治课目。但具体内容同样尚不得知。有比较明确线索的是：依据 1916 年清华高等科的功课表[5]，选修课程有"政治学"与"国际法"[6]；依据 1922 年的高等科功课表[7]，时清华课

［1］《外交部学部呈明游美肄业馆改名为清华学堂缘由》，清华大学档案，全宗号 1，目录号 1，案卷号 3，收入《清华大学史料选编》第一卷，清华大学出版社 1991年版，第 141 页。

［2］《呈外交部文》，清华大学档案，全宗号 1，目录号 1，案卷号 3，收入《清华大学史料选编》第一卷，清华大学出版社 1991 年版，第 158 页。

［3］《清华大学史料选编》第一卷，清华大学出版社 1991 年版，第 146—147 页。

［4］《神舟》第一卷第二册，1914 年 7 月，收入《清华大学史料选编》第一卷，清华大学出版社 1991 年版，第 159—163 页。

［5］苏云峰：《从清华学堂到清华大学》（1911—1929），生活·读书·新知三联书店2001 年版，第 165 页。

［6］据苏云峰所列的《清华职教员与圣约翰关系表》，刁作谦曾于 1916 年 9 月到 1917年 12 月担任清华的国际法教员。《从清华学堂到清华大学》（1911—1929），第 38页。刁作谦（1880—1974）字成章，广东兴宁人。10 岁随父赴檀香山。上海圣约翰大学毕业，后获英国剑桥大学文学士、文学硕士及法学博士学位，并在英国任律师、中国留学生监督。1910 年归国，应留学生考试，授进士、翰林院编修。历任英文《北京日报》主笔、北京政府外交部秘书、大总统秘书、驻英使馆参赞，兼任伦敦总领事事务，任清华学校监督、外交部参事兼和约讨论会秘书长、驻古巴公使，兼华盛顿会议中国代表团秘书长、兼驻巴拿马国全权公使、安国军外交讨论会委员、收回天津英租界委员会委员、外交部条约修订委员会委员、北京税务学校教授、国民政府条约委员会顾问、北京新闻社社长、外交部简任秘书、派署新加坡总领事、外交部两广特派员等职。（依据百度百科的资料整理）

［7］《清华周刊》第 254 期，1922 年 10 月 14 日，第 29—32 页。

程分为英文、方言、自然科学、数学、艺术、社会科学和国文七部，在社会科学部的课程中，有余日宣开设的"公民学"[1]和"比较法制"、魁格力开设的"比较法制"、江之昶开设的"劳动法""商法"，国文部的课程中，有陆懋德给二年级开设的"法制"；依据1925年秋教员授课表[2]，旧制部中，有钱端升开设"比较政治"、余日宣开设"政治学及远东政治"[3]，与法政相关。在资料有限的情况下，王化成的介绍或许是对这一时期课程情况最简明扼要的概括："民国十四年以先……当时学校亦设有二三关于政治学之课程，惟以办学目的，在求深造于国外，故课程性质，尽属基本浅显学科。"[4]或可推出，这一时期并无系统的法政课程，仅有之少数课程，亦是基础入门类。此时期的教育，正如学者指出，是"文理并重的通才教育"并以"西文部之学科为主要课程"，[5]后者显然与留美之需要有密切关联。据说就英语能力而言，中等科的学生已能直接阅读世界文学名著，具有使用英语从事写作、演说与辩论等能力。[6]当然，这批人的中学功底，实际上

---

[1]　依据《1924—1925年的课程表》"科目说明"，本学程在使学生知公民之责任。研究项目:(一)群众生活，分家族、学校及市区观察之。(二)市区之公益事件，如卫生、保安、观瞻、道德等。(三)工业社会之雏形。(四)中国中央省区、地方政治之组织及概况。并鼓励学生留心时事及考虑现今中国之政治社会各问题。研究方法有讲演、问答、讨论、报告等。《清华一览》，1925—1926，收入《清华大学史料选编》第一卷，第320页。

[2]　《清华周刊》第350期，1925年9月11日，收入《清华大学史料选编》第一卷，清华大学出版社1991年版，第338—340页。

[3]　依据《1924—1925年的课程表》"科目说明"，本学程前项为政治学初步，令学生习知政治学之性质范围及方法，国家成立之要素及其机能与范围，公民权与国籍，宪法之性质、来源及种类，政权之分配，选民等问题。后项将中国、日本现今政治上之组织及实际运用，作比较的研究，以讲演及读书方法为之。《清华一览》，1925—1926，收入《清华大学史料选编》第一卷，清华大学出版社1991年版，第322页。

[4]　《政治学系概况》，《清华周刊》向导专号，1935年6月14日，收入《清华大学史料选编》第二卷，清华大学出版社1991年版，第362页。

[5]　苏云峰:《从清华学堂到清华大学》(1911—1929)，生活·读书·新知三联书店2001年版，第162、164页。

[6]　苏云峰:《从清华学堂到清华大学》(1911—1929)，生活·读书·新知三联书店2001年版，第164页。

在入校前就打下很好的基础。比如后来的法学院长陈岱孙，6 岁入私塾，一直念到 15 岁，读的是经史及诗文的线装古书。[1] 钱端升、萧公权、浦薛凤等皆有类似的经历。[2] 这批人在人生求知欲最盛，学习能力最强之时期，即奠定比较扎实的中学基础，加上出国前及出国后系统的西学教育，会通中西，自然是水到渠成。

此时期虽无系统的法政教育，但与其相关、颇值关注的事宜有三：

一是学校对演说辩论的重视与鼓励。演讲是清华学生的课外作业之一，"本校为练习学生口才起见，特奖励演说辩论事业"[3]，《学生奖励规则》所附奖品十四项中，就有如"国语演讲最优者胜者给予金质奖章""英语演讲最优胜者给予金质奖章""国语辩论团优胜者给予团体奖品一件""各校联合英语辩论团优胜者给予团体银质奖品一件""本校乙卯同学会赠英语辩论团银质奖章一件"等五项，占三分之一强。[4] 这一时期清华有如"国语演说辩论会""英语演说辩论会""演说会""演说辩论组"等 12 个演讲辩论社团，并举行形式众多的比赛，开当时北京高校演说辩论之风。其间题目不乏与法政相关，比如"如何使中国之共和成为永久的制度""共和政体不宜于今日之中国""中国现阶段的改革政治应重于社会""Resolved that China Should Join the League of Nations to Perpetuate Peace""Resolved that China Should Withdraw from the League of Nations""中国之内

---

[1] 陈岱孙：《我的青年时代——从求学到从教》，收于氏著：《陈岱孙遗稿和文稿拾零》，北京大学出版社 2005 年版，第 5 页。

[2] 详见钱端升：《我的自述》，收入赵宝煦等编：《钱端升先生纪念文集》，中国政法大学出版社 2000 年版，第 390 页；萧公权：《问学谏往录》，第 15—23 页；浦丽琳：《清华经历竟疑梦——追忆父亲浦薛凤教授》，收入宗璞、熊秉明主编：《永远的清华园——清华子弟眼中的父辈》，北京出版社 2001 年版，第 375 页。

[3] 《清华一览》，1924—1926，收入《清华大学史料选编》第一卷，清华大学出版社 1991 年版，第 204 页。

[4] 《清华一览》，1919 年，收入《清华大学史料选编》第一卷，清华大学出版社 1991 年版，第 192 页。

政问题及解决之道"等。[1] 在这些比赛的参赛者乃至优胜者中，常常可以看到未来法政人的身影，有如：何穆［1912年留美预备部毕业，政治——Ph.B.（Chicago）］、何义均［1928年留美预备部毕业，政治——A.B.（Stanford），1930］、张汇文［1928年留美预备部毕业，政治——A.B.（Stanford），1929; M.A.; Ph.D.（Ibid）］、张彝鼎［1928年留美预备部毕业，国际公法——Ph.B.（Chicago），1929；政治学——M.A.（Chicago），1930; Ph.D.（Columbia），1933］、苏宗固［1929年留美预备部毕业，国际法——B.A.（Illinois），1931；政治——M.A.（Columbia），1932］、罗隆基［1922年留美预备部毕业，政治——B.A.（Wisconsin），1924; M.A.（Ibid），1925；Ph.D.（Columbia），1928］等。为了锻炼自己这方面的能力，浦薛凤［1921年留美预备部毕业，政治——B.A.（Hamline），1923; M.A.（Harvard），1925］曾学一位希腊演讲政治家，把小白光滑的石子，放在口中，天天去西院溪旁练习演讲，颇有成效而选入了清华学校的辩论队。在美国翰墨林大学求学时，还得到全校演讲比赛第一名。[2]

二是1920年政治学研究会的成立。该会以"纠合同志，公共讨论及研究而切有关于政治之问题及学理，一为扩充公民智识提倡公民责任，一为将来肄业专科中预备起见"为宗旨，以讨论会、请名人演讲政治学理及各国政情、法庭模拟演习、实地参观政治等方式展开活动。[3] 其会员亦多为未来之法政人，有如：吴国桢［1921年留美预备部毕业，历史，政治——B.A.（Grinnel），1923; M.A.（Princeton），1924; Ph.D.（Princeton），1926］、浦薛凤、胡敦元［1924年留美预备

---

[1]　参见苏云峰：《从清华学堂到清华大学》（1911—1929），生活·读书·新知三联书店2001年版，第265—273页，更详细的介绍，可见孙宏云：《中国现代政治学的展开：清华政治学系的早期发展（1926—1937）》，生活·读书·新知三联书店2005年版，第248—255页。

[2]　浦丽琳：《清华经历竟疑梦——追忆父亲浦薛凤教授》，收入宗璞、熊秉明主编：《永远的清华园——清华子弟眼中的父辈》，北京出版社2001年版，第385页。

[3]　苏云峰：《从清华学堂到清华大学》（1911—1929），生活·读书·新知三联书店2001年版，第262—263页。

部毕业，政治——B.A.（Wisconsin），1927; M.A.（Columbia），1929〕、翟桓〔1923 年留美预备部毕业，政治——B.A.（Beloit Col.），1925〕、李迪俊〔1923 年留美预备部毕业，政治经济——B.A.（Wisconsin），1925; M.A.（Ibid），1926; Ph.D.（Ibid），1929〕等。

三是学生会中学生法庭的设立。清华学生会成立后，渐次发展，受美国政治制度之影响，采取三权分立的自治形式，以评议部为立法机关、干事部为行政机关，有鉴于司法机关之缺乏，故于 1922 年 3 月 23 日设立学生法庭，以补比阙。其采用新大陆司法制度，审判部用陪审制。[1] 依据《试办清华学生法庭章程》（凡 32 条）[2]，其目的在于"提倡学生自治、灌输法律知识，并辅助校章之实行"（第一条），其权限是 "本法庭仅有判决条件及拟定惩罚陈报本校校长之权，若斟酌轻重执行惩罚等事，均应听凭校长核办"。（第二条）其构成是："分初级及高级两庭"，"各以检察审判二部构成之"。（第三条、第四条）其中，"初级庭受理下列案件：（一）高等科学生间争执。（二）高等科学生违犯本校校章由学生告发或由法庭检察部自行起诉者"。（第十四条）"高级庭专受理所有不服初级庭判决而上诉案件""高级庭判决应认为终审"。（第二十九条）限于史料，目前对这个由高等科学生组织的"司法机构"，其参与者仅知有如施滉、冀朝鼎，[3] 虽其实行效果似乎不佳，有流于形式之嫌而在后来被取消，[4] 唯其设立之意义，不可谓不重要。

应该说，留美预备部时期，从现有的资料来看，尚未系统地开设法政课程，但学校于通识特别是外语的方面的培养、学生口才能力的训练，皆是对将来留学乃至法政专业学习，奠定善莫大焉之基础，未

［1］《清华学校的学生会》，《清华周刊》235—249 期，1922 年双四节特刊，收入《清华大学史料选编》第一卷，清华大学出版社 1991 年版，第 207—208 页。

［2］《清华周刊》第七次增刊，1921 年 6 月，收入《清华大学史料选编》第一卷，清华大学出版社 1991 年版，第 208—212 页。

［3］孙敦恒：《以振兴中华为己任——清华学运先驱者冀朝鼎》，《人物志》（清华校史丛书）第一辑，清华大学出版社 1983 年版，第 80 页。

［4］参见锋：《清华学生会的过去现在和将来》，《清华大学消夏周刊》迎新专号，收入《清华大学史料选编》第二卷，清华大学出版社 1991 年版，第 878 页。

来的法政人亦在此领域表现活跃。同时，对法政有兴趣之同学亦已经开始有意识地组织研究之团体。学生法庭之设立，亦足可反映当时清华学生的民主自治意识与法政素养。

依据 1937 年《清华同学录》，这个时期留美预备部共有 973 人放洋，其中学习法政的有 133 人，约占 13.7%，分别是：1912 年何穆等 4 人、1913 年余日宣［政治——M.A.（Princeton），1917;（Wisconsin）；政治及教育——（Columbia）］等 4 人、1914 年金岳霖［政治——B.S.（Univ. of Penn.），1917; Ph.D.（Columbia），1921］等 3 人、1915 年何孝沅［政治——B.A.（Columbia）1917; 法律——J.D.（Chicago）］等 4 人、1916 年黄华［政治、经济——B.A.（Dartmouth），1918; 法学——L.L.B.（Harvard），1921］等 3 人、1917 年向哲濬［法律、经济 ——Litt. B.（Yale），1920; B.J.（Yale Law Sch.），1923］等 3 人、1918 年汪心渠［军事, 政治——A.B.（Virginia）1920; M.A.（Columbia），1921］等 3 人、1919 年钱端升［政治——B.A.（North Dakota），1920; M.A.（Harvard），1922; Ph.D.（Ibid），1924］等 6 人、1920 年萧公权、刘师舜［国际公法——A.B.（Johns Hopkins），1921; A.M.（Harvard），1923; Ph.D.（Columbia），1925］等 14 人、1921 年沈乃正［国际公法 ——A.B.（Indiana），1923; M.A.（Harvard），1924; Ph.D.（Ibid），1927］、吴国桢、浦薛凤等 9 人、1922 年罗隆基等 12 人、1923 年王化成［国际法——B.A.（Minnesota），1924; Ph.D.（Univ. of Chicago），1924（？）］等 9 人、1924 年梅汝璈［经济 ——B.A.（Stanford），1926; 法律——J.D.（Chicago），1928］等 14 人、1925 年王造时［政治 ——B.A.（Wisconsin），1927; M.A.（Ibid），1928; Ph.D.（Ibid），1930］等 6 人、1926 年史国刚［国际公法——（Harvard）］等 12 人、1927 年朱都范［政治——B.A.（Wisconsin），1929; 国际法与国际关系——M.A.（Columbia）］等 9 人；1928 年张汇文等 9 人，1929 年李德明［政治——B.A.（Illinois），1931］等 9 人。

除此之外，清华这一时期还有所谓的专科生、幼年生和津贴生和补助教部官费生。这与当时建校（堂）伊始，资金较为充裕而合格学生较少有关，乃增加学生之举。[1]其中亦有学习法政之人。

专科生区分男女。所谓专科生（男生），依据《专科学生留美试验规则》[2]，对报考对象的要求是：属本国籍，年龄在二十六岁以内，曾在国内外法、矿、电机、机械、土木工程、纺织、农林各专门学校毕业，能直接进美国大学院 Post-Graduate Course 各专科研究高深学问者。其每年招生为 10 名。从此要求来看，其与留美预备部相比，学生年龄、学历要更高，三要是选取往美国大学直接进入研究生阶段的学习。依据《女学生赴美试验规则》[3]，其年龄须在十八岁以上、二十五岁以下，国学至少须有中学毕业，英文及其他学科须能直进美国大学校肄业。录取后选择进美校研究之专科为：教育、幼稚园专科、体育、家政学和医科。这一时期共有专科生 120 人出国，其中学习法政的有专科男生 4 人：1916 年的燕树棠［法律——（Harvard）；L.L.M.（Columbia），1917；J.S.D.（Yale），1920］[4]、1918 年的康时敏［法律——L.L.B.（北洋），1917；L.L.M.（Columbia），1919；J.D.（Yale），1927］、1923 年的石颖［法律——L.L.M.（Mich. Univ.）；J.S.D.（Yale），1925］、1925 年的曾友豪［历史政治——L.L.D.（Johns Hopkins）；Ph.D.（Columbia），1928］。

限于史料，幼年生的录取条件尚未得知，但此时期仅有 1911 年一批幼年人 12 人派遣出国，其中有 3 人学习法政：李达［政治经济——A.B.（Harvard），1920；M.A.（Ibid），1921］、陈宏振［政治

［1］ 参见曹云祥：《清华学校之过去现在及将来》，《清华周刊》清华十五年纪念增刊，1926 年 3 月，收入《清华大学史料选编》第一卷，清华大学出版社 1991 年版，第 42 页。

［2］《清华一览》，1919，收入《清华大学史料选编》第一卷，清华大学出版社 1991 年版，第 224—225 页。

［3］《清华周刊》，1919，收入《清华大学史料选编》第一卷，清华大学出版社 1991 年版，第 226—228 页。

［4］ 有必要指出，《清华同学录》对燕氏学位的记录是 1919 年 Yale 的 J.D，但根据笔者掌握的情况（由王志强教授向 Yale 代为查询），实际上应该是 1920 年的 J.S.D，所以此处直接改正。

经济——（Philips Exeter Academy）；（Harvard）]、薛学海 [ 政治经济——B.A.（Univ. of Wisconsin）；（Columbia）；（Phillips Andover）]。

所谓津贴生，依据宣统元年（1909）《奏设游美学务处津贴在美自费生章程》[1]，"津贴之役，所以体恤寒畯，奖励游学，期使在美自费诸生之有志向上而无力卒学者得成所学，归国效用"，对象是"大学正班肄业，实业已入第二年班以上"且"境况实在困苦、功课实有成绩者"，类似的规范可见《清华学校津贴在美自费生章程》。[2]1909—1936 年，清华津贴生学习法政的有邱昌渭 [ 政治——A.B.（Pomona），1923；M.A.（Columbia），1924；Ph.D.（Ibid），1928 ] 等 12 人。（有必要指出，《清华同学录》上很多津贴生并无注明其在美留学的信息，所以这一数据并不全面）

限于史料，补助教部官费生的情况不详。

对这一时期的法政留学生，可注意的有如下几点：（一）延续了史前期的特点，留学的学校多为美国名校，诸如 Columbia，Yale，Chicago，Princeton，Harvard 等，且多以较快的时间拿到学位，第一个学位一般都少于四年，更有不少是在两年内拿到，这说明留学时应该是直接进入美国大学的二、三年级就读，可证学生素质不低；其中，更有不少人是读了两个不同的学位，这也从一个侧面反映了清华留美预备部时代通识教育的成果（最为特别的是金岳霖，其后来转向哲学领域并大放异彩）。（二）留学回国后，有不少成为清华及其法政教育的教员。比如、浦薛凤（曾任政治学系主任）、钱端升、燕树棠（曾任法律学系主任）、王化成、余日宣（曾任政治学系主任）、金岳霖（曾在政治学系任教，后任哲学系主任、文学院院长）、刘师舜、陈之迈 [ 1928 年留美预备部毕业，History——A.B.（Ohio State）；

[1]《清华大学史料选编》第一卷，清华大学出版社 1991 年版，第 129—130 页。
[2]《清华一览》，1919，收入《清华大学史料选编》第一卷，清华大学出版社 1991 年版，第 229—231 页。"津贴之设，所以体恤寒畯奖励游学，使在美自费生之有志上进而无力卒学者，得以学成致用。""津贴在美自费生，以品行纯正、学业优美、家境贫寒并须在美国大学第二年本科肄业者为合格。"

Public Law——Ph.D.（Columbia），1933］、陈复光［1920 年留美预备部毕业，政治经济——A B.（Harvard），1922；M.A.（Ibid），1923］、沈乃正［1921 年留美预备部毕业，国际公法——A.B.（Indiana），1923；M.A.（Harvard），1924；Ph.D.（Ibid），1927］、萧公权等。

这批法政留学生，后来在各自领域有广泛影响者，在笔者掌握的有限资料内，有如：

学术：萧公权、钱端升[1]（两人皆是 1948 年中央研究院第一届院士）、浦薛凤；司法：梅汝璈[2]、向哲濬[3]；法学教育：燕树棠[4]；外交：

[1] 钱端升（1900—1990），清华、北大、中央大学、西南联大等校教授暨中央大学法学院代理院长、北京大学法学院院长，哈佛大学客座教授，天津《益世报》主笔，1949 年后任北京政法学院首任院长，中国人民外交学会副会长，对外友协副会长，北京市政治协商委员会副主席，中国政治法律学会副会长，第一届全国人民代表大会代表、法案委员会副主任委员，第六届全国人大常委会委员兼法律委员会副主任委员，第一届政协代表，第三、四届政协委员，第二、第五届政协常委，外交部国际问题研究所顾问兼外交部法律顾问，中国政治学会名誉会长，中国法学会名誉会长，参与中华人民共和国五四宪法的起草和八二宪法的制定工作，著有《德国的政府》《法国的政府》《民国政制史》《比较宪法》《中国政府与政治》（英文）等著作。参见钱端升：《我的自述》，收入赵宝煦等编《钱端升先生纪念文集》，中国政法大学出版社 2000 年版。

[2] 梅汝璈（1904—1973），山西、南开、武汉、复旦、中央政治学校等校教授，国民政府内政部参事兼行政诉愿委员会委员，立法院委员，立法院涉外立法委员会主任委员和外交委员会代理委员长、国防最高委员会专门委员、中山文化教育馆编译部主任及《时事类编》半月刊主编，1946—1948 远东国际军事法庭法官，1948 年底被国民政府任命为行政院政务委员兼司法部长拒绝到任，第一届全国人大代表，法案委员会委员，第三、四届全国政协委员，燕京大学法律系兼职教授，世界和平理事会理事，中国人民外交学会常务理事、中国政法学会理事、外交部顾问、专门委员兼条约委员会委员。参见梅汝璈：《东京大审判——远东国际军事法庭中国法官梅汝璈日记》，江西教育出版社 2005 年版，扉页关于梅氏的介绍。

[3] 向哲濬（1892—1987），上海高等法院首席检察官、1946—1948 远东国际军事法庭陪席检察官。参见梅汝璈：《东京大审判——远东国际军事法庭中国法官梅汝璈日记》，江西教育出版社 2005 年版，第 18 页关于向哲濬的介绍。

[4] 燕树棠（1891—1984），北京大学法律学系主任，武汉大学法律学系主任（三入武大，皆任系主任），清华大学法律学系第一任主任，西南联合大学法律学系主任、系教授会主任，中央法制局编审、宪政实施协进会会员、监察院监察委员、第一届司法院大法官、联合国教育科学文化组织中国委员会第一届委员、中华民国法学会编辑委员会委员，1949 年后兼任湖北省政协委员、湖北省政协政治学习小组副组长、中国对外文化协会武汉分会理事、中国政法学会理事会理事。

杨光洰、王化成、甘介侯、刘师舜、刘驭万、段茂澜、时昭瀛、李迪俊、陈之迈；行政：吴国桢[1]；社会贤达：王造时（著名的七君子之一）、罗隆基。

# 三　清华系统的法政教育时期

1925 年 9 月，清华学校正式设立大学部。1926 年 4 月 26 日，清华学校第一次评议会决定在大学部设立十七个系，其中十一个系先行设立专修课程，包括国文学系、西洋文学系、历史学系、政治学系、经济学系、教育心理学系、物理学系、化学系、生物系、农业学系、工程学系。同年 4 月 29 日，教授会选举产生了各系主任，政治系主任为余日宣。[2]此乃清华系统的法政教育之开始。这一时期，又可分三部分展开论述：（一）1925—1937 年清华学校——国立清华大学时期；（二）1937—1945 年西南联大时期；（三）1945 年复校——1952 年最后阶段。本文仅讨论至 1937 年。

在 1925—1937 年这段时间，清华的法政教育主要由政治学系来承担，法律学系虽曾短暂设立，无奈时代大背景下，兼主客观各类因素影响，只能感叹生不逢时，终成雪泥鸿爪。本时期笔者主要围绕如下问题展开：政治学系发展概略、师资、课程设置、法律学系筹建之经纬、研究生教育。

---

[1]　吴国桢（1903—1984），历任湖北省财政厅厅长、汉口市市长、重庆市市长、外交部政务次长、国民党中央宣传部副部长及部长、上海市市长（1946.2—1949.3）。曾任蒋介石秘书。1949 年 4 月去台湾，历任"台湾省主席""行政院政务委员"。因与台湾蒋家父子政见不一，1953 年 5 月"请假赴美"，从事教育与著述。参见百度百科关于吴国桢的介绍。

[2]　陈俊豪：《生不逢时的法律学系——20 世纪二三十年代清华法律学系设立之周折》，《清华法学》第九辑，2006 年，第 49 页。

（一）发展概略[1]：

在这个时期，政治学系经历了三位系主任，余日宣（1926—1927）、吴之椿（1928—1930）和浦薛凤（1930—1937）。

余氏主持系务时期，教员为 5 人。1926 年首届学生有 29 人（二年级生，此时期清华大学部学生一年级新生不分系），在清华各系人数中占第一位。此阶段政治学系课程逐步增加（1926 年 4 门、1927 年 11 门），1927 年起更加以系统整顿，分为各组，拟定预修科目，使得选修时有所依循，庶免猎等荡级，避难趋易之弊。资料方面：1926 年订购西文杂志 12 种，年费美金 56 元；1927 年订购西文杂志 19 种，年费美金 88 元。

1928 年清华正式改为大学，校长罗家伦改聘吴之椿为系主任。这是变化甚巨的一年。在师资和课程上，同时倍增。其中尤值注意的有两处：一是美国普林斯顿大学的政治学教授，堪称当时权威的恪而温来校讲授《政治问题》一科；二是新置课程半属于法学方面，诸如宪法、行政法、民法、商法与国际私法等。其原因是当时法律学系尚未设立，政治学系的学生又需要选修法律课程。借此法学类实体法的课程已经略备，为成立法律学系奠定基础。此年开始招收女生，全校共收女生十五人，入政治学系有四分之一强，新生入学，亦开始分系。四级学生共 90 人，全校各系中，仅次于经济学系。该年图书杂志购置费用总 8800 元，所购书籍，多偏向国际公法及国际关系方面；订购西文杂志 23 种，年费美金 125 元。

1929 年暑假，大学部首届毕业生毕业，全校共 82 人，政治学系有 22 人，居全校之首。此年教员继续增加，课程增开八种（共21 门），其中有曾任教于哈佛和芝加哥大学的国际法权威莱特，讲

［1］ 本部分主要根据下列诸文整理而成：赵德洁：《清华政治学系发展之概况》，《清华周刊》向导专号，第 35 卷，第 11、12 期，1931 年 6 月 1 日；王化成：《政治学系概况》，《清华周刊》向导专号，1935 年 6 月 14 日，收入《清华大学史料选编》第二卷，清华大学出版社 1991 年版，第 362—364 页；浦薛凤：《政治学系概况》，《清华周刊》向导专号，1936 年 6 月 27 日。

授《条约论》《国际关系专题研究》及《国际法案》三科。图书费用9919 元；订购西文杂志 28 种，年费美金 150 元。该年 6 月依教育部部令，学校分文理法三院，首任法学院院长为陈岱孙（陈总）[1]，法学院下设政治、经济与法律三系，法律系暂缓开办。本年度政治学系四级人数男女共 93 人，外加第一级毕业学生留校特别研究者 4 人，凡97 人，全校各系中仅亚于经济学系。

1930 年，教授继续增聘、课程继续增加。法科研究所政治学部开始招生，首届录取三人；该年有日籍特别生一人，四级学生 85 人，共 89 人，人数位于经济学系和工程学系之后，居学校第三位。该年度资料方面有显著变化：图书杂志购置费用达预算为 15000 元；西文杂志猛增至 50 种，新添 22 种以法文杂志居多，年费美金 260 元。该年下学期吴之椿因病辞去主任职，由浦薛凤继任。该年暑假，第二级本系毕业生为 19 人。

浦氏继续革新。1931 年教师增至 19 人，课程加至 32 种。课程分为三类（研究所）五门（本科）。三类为：（一）公法、（二）制度、（三）思想；五门为：（一）宪法与行政法、（二）国际法与国际关系、（三）政治制度、（四）市政学、（五）政治思想。浦氏注意培养本国应用人才，对于本国政治方面各学科及市政学，更予以特别重视。本年度图书杂志购置费仍维持为 15000 元。本年学校有筹办法律学系之

---

[1]    陈岱孙（1900—1997），福建闽侯（今福州）人，1920 年毕业于清华学校，1922 年毕业于威斯康星大学经济系，获学士学位，1926 年毕业于哈佛大学经济系，获哲学博士学位。1927 年起任清华经济系教授，1928 年起，兼任系主任，1929 年起兼任法学院院长。1933 年 6 月—8 月，任伦敦国际经济货币会议中国代表团专家，1937—1945 年任长沙临时大学、西南联大紧急西教授兼经济系主任。1952—1953 年任中央财经学院第一副院长。1953 年后任北京大学经济系教授，1959—1984 年兼任经济系主任。历任全国政协第二届至第八届委员，第六、七届常委。著有《从古典经济学派到马克思——若干主要学说发展论略》、《政治经济学史》（主编）。参见陈岱孙自撰小传手稿，收入氏著：《陈岱孙遗稿和文稿拾零》。

计划，故对法律课程，继续兼顾。该年暑假，第三级本系毕业生为21人。

1932年，法学院添置法律学系，本年为政治学系自身发展时期，对政治学系课程，增加颇多。该年萧公权加盟，授中国政治思想等科。本年度图书杂志购置费仍维持为15000元。该年暑假，第四级本系毕业生为17人，其中女生1人。

1933年，因法律学系奉部令暂缓加设，一部法律课程，又划归政治学系开班。浦薛凤本年休假赴欧，王化成代理主任。学校评议会通过社会科学各系之课程，应尽量向有关国情方面发展。因学校添设工学院，预算紧缩，图书购置费减至13000元。该年暑假，第五级本系毕业生为24人。另，研究所业经三载，有同学一人应毕业试验，成绩颇优，经本校评议会通过，资遣留美。

1934年，政治学系更具评议会之议决，特别注意本国之各种设备，尤其是地方政府方面。多次邀请校外服官久长，行政经验丰富的人士，如梅思平、胡次威、吴时中等先生向学生作经验谈话。该年暑假，第六级本系毕业生为13人。

1935年春季，美国哈佛大学教授何尔康来校做演讲四五次，内容关于宪法和行政。该年暑假，第七级毕业，本系毕业生10人。

1936年第八级本系毕业生为15人，其中女生1人。此时，校图书馆中有关政法之新旧书籍近万册，中日文杂志约40种，西文杂志约80种，其中完全成套之杂志，颇为不少。八年来所购图书杂志，约值15.6万余元。

1937年第九级本系毕业生为13人。

（二）师资

师资是教育之关键。在此时期内，清华经历了曹云祥（1922.4—1928.1）、温应星（1928.4—1928.6）、罗家伦（1928.6—1930.5）、吴南轩（1931.4—1931.5）与梅贻琦（1931.12—1948.12）五位校长，[1]其中尤以罗、梅二位，与法政教育的发展关系颇深。

两位即位，皆以延揽人才为要任。罗氏在 1928 年就职典礼上以《学术独立与清华》为题发表演讲，就明确提出"要大学好，必先要师资好。为青年择师，必须破除一切情况，一切顾虑，以至公至正之心，凭着学术的标准去执行……我希望能吸收大量青年而最有前途的学者，加入我们的教学集团来工作。只要各位能从尽心教学、努力研究八个字上做，一切设备，我当尽力添置。我想只要大家很尽心教学，又有设备，则在这比较生活安定的环境之中，经过相当年限，一定能为中国学术界放一光彩。若是本国人才不够，我们还当不分国籍的借才异地。一面请他们教学，一方面帮助我们研究。我认为罗致良好教师，是大学校长第一个责任！"[2] 1931 年梅氏到校视事，召集全体学生训话，亦提道："一个大学之所以为大学，全在于有没有好教授。孟子说：'所谓故国者，非谓有乔木之谓也，有世臣之谓也。'我现在可以仿照说：'所谓大学者，非谓有大楼之谓也，有大师之谓也。'我们的智识，固有赖教授的教导指点，就是我们的精神修养，亦全赖有教授的 inspiration。但是这样的好教授，决不是一朝一夕所可罗织的。我们只有随时随地留意延揽而已。同时对于在校的教授，我们应

[1] 参见《历任校长一览表》（1909—1929 年），《清华大学史料选编》第一卷，清华大学出版社 1991 年版，第 18 页；《国立清华大学（1928—1937）历任校长一览表》，《清华大学史料选编》第二卷，第 136 页。

[2] 罗家伦：《文化教育与青年》，商务印书馆 1945 年版，收入《清华大学史料选编》第二卷，清华大学出版社 1991 年版，第 201 页。

该尊敬，这也是招致的一法。"[1]罗氏在任时，努力提高教员薪俸[2]，建立专任教授休假制度，资助专任讲师、教员及助教休假、出国研究，[3]首倡图书仪器费用占全年总预算至少20％之举[4]。梅氏以虚怀若谷之度、谦谦君子之风，甚至放弃政府授予的校长治校之权力，身体力行地发扬民主，尊重教授，巩固教授治校制度。[5]凡上种种，皆为延揽人才奠定良好的基础。两人主政时期，法政教员名单如下[6]：

[1]《国立清华大学校刊》第341号，1931年12月4日，收入《清华大学史料选编》第二卷，清华大学出版社1991年版，第219页。

[2] 罗氏在《整理校务之经过及计划》中提到"在过去清华教员待遇，并不比国内其他大学为优，所好的只是不欠薪而已。但是现在情形就不同了，如中山大学、中央大学、武汉大学都一样的不欠薪，而且待遇均加高，均在清华之上。清华要想吸收一部分人才，势非亦改善教授待遇不可。加之年来生活程度日高，清华纵不能与中山中央等大学相比，也须顾及教授生活的安定，方可使其精心授课研究。再者北平旧为京城，人才较多，比较上教育易于聘请。今则环境改变，首都南迁，如若待遇仍旧，颇难延揽良好学者。现在清华大学教授待遇约自二百六十元至三百六十元（原已超过三百六十元者，大都照旧，颇少变更），较先前约增加自四十元至六、七十元不等。将来设正教授时，其薪水约自三百六十元至五百元为度。"《国立清华大学校刊》第12期，1928年11月23日，收入《清华大学史料选编》第二卷，清华大学出版社1991年版，第10—11页。从《国立清华大学教师服务及待遇规程》关于"薪俸"部分的规定，可见罗氏的主张已经予以制度化。《清华大学一览》1937，收入同卷，第176页。陈寅恪先生在1937年的薪俸为480元。《请改填陈寅恪先生聘书薪额》，清华大学档案，全宗号1，目录号2—1，卷宗号111：4，收入同卷，第183页。

[3] 详见《国立清华大学教师服务及待遇规程》第七章"休假"，《清华大学一览》，1937；《专任教授休假条例》，清华大学档案，全宗号1，目录号2—1，卷宗号109。皆收入《清华大学史料选编》第二卷，清华大学出版社1991年版，第179—182页。

[4] 罗家伦：《文化教育与青年》，商务印书馆年版1945，收入《清华大学史料选编》第二卷，清华大学出版社1991年版，第202页。

[5] 参见苏云峰：《从清华学堂到清华大学》（1928—1937），生活·读书·新知三联书店2001年版，第49—51页。

[6] 本表以苏云峰编：《清华大学师生名录资料汇编（1927—1949）》（台北，中研院近代史研究所2004年版）为基础，另据笔者掌握的情况对名单疏漏、贻误之处进行补订。又，所谓讲师，指的是兼课的教员；教授、专任讲师、助教乃本校的教员。

| 姓名 | 籍贯 | 生卒年 | 职称 | 在校时间 | 经历 |
|---|---|---|---|---|---|
| 王化成 | 江苏丹徒 | 1902—1965 | 教授 | 1928.8—1937 | 1923年清华学校毕业。美明尼苏达大学学士，芝加哥大学博士，哈佛大学研究<br>1925—1942年历任清华大学教授，中央政治学校讲师，国防部最高委员会参事<br>1942年国民政府外交部条约司司长，1947年驻葡萄牙公使<br>1965年2月18日病逝于美国哥伦布市 |
| 何基鸿 | 河北藁城 | 1892—? | 讲师 | 1928.8—? | 日本京帝大学毕业，留德，历任大理院书记官、推事<br>司法部参事，国民政府考试院第三院主任及法律，政治系主任。<br>清大政治系讲师，河北政政府委员兼民政厅长，河北教育厅教育设计委员会高等教育委员<br>1936年北平大学法商学院名誉教授 |
| 何尔康（Holcombe） | 美国 | 1884—? | 教授 | 1935.4—12做演讲数次 | 1912—1933年历任美哈佛大学政治系教授，主任<br>1928年来华考察政治情形，回国后著有《中国的革命》《中国革命》《中国革命的精神》二书。为美国最早研究孙中山之学者 |
| 余日宣 | 湖北蒲圻 | 1888—? | 政治学系主任，教授 | 1922—1927 | 武昌文华大学毕业，美普林斯顿大学政治学硕士<br>曾任南开大学教务长，清大中等科教员兼校务调查委员会会长 |

续表

| 姓名 | 籍贯 | 生卒年 | 职称 | 在校时间 | 经历 |
|---|---|---|---|---|---|
| 吴之椿 | 湖北江陵 | 1894—? | 政治学系主任、教授 | 1928—1930 | 美哈佛大学硕士，国民政府外交部秘书长、广州中山大学法科讲师，山东大学秘书长，教育部简任秘书 |
| 沈乃正 | 浙江嘉兴 | 1899—? | 教授 | 1933.8—1936.7 | 清华学校，1927年美哈佛大学哲学博士，南开大学政治系教授，军官团上校教官，内政部民政司科长，浙江大学政治系教授兼主任 |
| 恪而温（Corwin） | 美国 | | 教授 | 1928.8—? | 美哈佛大学博士，普林斯顿大学教授 |
| 柳哲铬 | 浙江鄞县 | 1900—? | 专任讲师 | 1932—? | 清华律贴生，1939年威斯康星硕士 |
| 胡道维 | 湖北彝陵 | 1900—? | 教授 | 1928—1937 | 1923年清华学校，1927年美普林斯顿大学博士，北京市政府参事，北大政治学教授，北京女子师范学院经济组教授，中华教育总会委员 |
| 唐悦良 | 广东中山 | 1888—1956 | 讲师 | 1932.9—1933.6 | 上海圣约翰大学毕业，美国普林斯顿大学政治学硕士，北大教授，师大外文系讲师，中国大学英文系教授兼系主任，曾任国民政府外交部常任次长，代理外交部部长，1936年任冀察政务委员会委员，1945年任北平市外事处处长 |

续表

| 姓名 | 籍贯 | 生卒年 | 职称 | 在校时间 | 经历 |
|---|---|---|---|---|---|
| 浦薛凤 | 江苏常熟 | 1900—1997 | 政治学系主任，教授 | 1928.8—1936.7 | 1921年清华学校，1925年美哈佛大学硕士。曾任云南东陆（云大前身）、浙江、西南联大、台湾政大等校教授 |
| 张映南 | 湖北江陵 | 1893—? | 讲师 | 1932.9—1936.6 | 日本早稻田大学政治，经济科毕业，1935年北大法律系副教授 |
| 张奚若 | 陕西朝邑 | 1889—1973 | 教授 | 1929.8—1949 | 政治学家，教育家，早年加入同盟会，参加辛亥革命1917年美哥伦比亚大学学士，1919年硕士，任国际出版品交换局长，大学院高等教育处处长1925年中央大学教授，抗日时任国民政府国民参政员，胜利后参加爱国民主运动1949年后，任中央人民政府委员，教育部长，对外文化联络委员会主任，中国人民外交学会会长，全国政协委员 |
| 郭云观（闽畴） | 浙江玉环 | 1889—1961 | 教授 | 1928.8—? | 号文田，1915年毕业于天津北洋大学法律系；1916年为北京政治学会首届会员，兼任《政治学报》编辑；1917年被公费派往美国人哥伦比亚大学研究院改读国际法，获法学博士，1919年中国代表团参加巴黎和会，任专使秘书，1920年，北京大理院参事，国民政府司法部参事，兼修订法律编纂室主任。1921年，作为中国代表团秘书出席华盛顿开裁减军备会议。1932年就任上海第一特区高、地两级法院院长，仍兼任北京燕京大学校长，抗战胜利后再任上海高等法院院长。1961年在上海病逝 |

续表

| 姓名 | 籍贯 | 生卒年 | 职称 | 在校时间 | 经历 |
|---|---|---|---|---|---|
| 陈之迈 | 广东番禺 | 1908—1978 | 专任讲师、教授 | 1934.8—1936.7 | 1928年清华学校毕业，1933年美哥伦比亚大学博士北大政治系讲师，南开、西南联大及中央政治学校教授1938年行政院参事，后兼"法制专门委员会"兼任委员1944年驻美大使馆参事，1950年后一直从事外事工作1978年11月病逝合众总 |
| 陈复光 | 云南大理 | | 讲师 | 1924—1927 | 1920年清华学校，1922年美哈佛大学学士，1923年硕士 |
| 程树德（郁庭） | 福建闽侯 | 1877—1944 | 讲师 | 1932.9—1936.6 | 日本法政大学法科毕业，回国后通过留学生授职考试，赐予法政科进士出身，授翰林院编修。历任国史馆协修，法典编纂会纂修，福建法制局参事，留美生考试襄校官，法官考试襄校官，国务院法制局参事、帮办，北京大学、北平大学法学院、清华大学政治系讲师、教授 |
| 邹文海 | 江苏无锡 | 1909—1970 | 助教 | 1933.8—1934.7 | 1930年清华大学政治系，1935—1937年英伦敦政经学院研究1937年后，历任湖南大学，厦门大学教授，暨南大学教务长及法学院院长1955年政大政治系教授兼系主任，教务长，法学院院长政治研究所主任 |
| 赵凤喈 | 安徽和县 | 1898—？ | 教授 | 1933.8—1949 | 北大毕业。法巴黎大学法学硕士，中央大学讲师，西南联大政治系教授 |

续表

| 姓名 | 籍贯 | 生卒年 | 职称 | 在校时间 | 经历 |
|---|---|---|---|---|---|
| 赵德洁 | 河北大兴 | 1909—? | 助教 | 1933.8—1934.7 | 1930年清华大学政治系 |
| 刘彦 | 湖南醴陵 | 1880—? | 教授 | 1928.8—? | 日本早稻田大学政治经济科毕业，普林斯敦会议中国代表团咨议，北京中国大学外交史教授，清大外交史教授，北平大学法学院讲师，1934年民国学院政治系教授兼主任，北京法政大学校长 |
| 刘师舜 | 江西宜丰 | 1900—1996 | 教授 | 1925—1927 | 1920年清华学校，1923年哈佛硕士，1925年哥伦比亚大学博士 |
| 潘昌煦 | 江苏苏州 | 1874—? | 讲师 | 1929—? | 光绪戊戌科进士，留日，翰林院编修，国史馆协修，编查处协修，武英殿协修，政事制局参事，大理院推事兼庭长，大总统府顾问，燕京大学法律教授 |
| 燕树棠 | 河北定县 | 1891—1984 | 教授 | 1931.8—1934.7 | 1914年北洋大学毕业，1920年美耶鲁大学法学博士，任教北大、武大，清大，西南联大法律系教授，主任，兼任国民政府宪政实施促进委员会委员，国民参政会参政员，司法院大法官，1949年后武大法律系编译室，武大图书馆工作，兼任湖北省政协委员，中国对外文化协会武汉分会理事，中国政法学会理事 |

续表

| 姓名 | 籍贯 | 生卒年 | 职称 | 在校时间 | 经历 |
|---|---|---|---|---|---|
| 萧公权 | 江西泰和 | 1897—1981 | 教授 | 1931.9—1936.7 | 1918年上海青年会中学毕业，1920年清华学校，1923年美国密苏里大学文学硕士，1926年美康乃尔大学哲学博士，历任南方、国民、南开、东北、燕京、清华、四川、华西、政大、台大等校教职，1948年中研院院士，1949年西雅图华盛顿大学教授，1957年中研院近史所筹备处通讯研究员，1960年获全美学术团体协会第三届人文学术卓越成就奖，1968年退休。1981年病逝于美国西雅图市 |
| 钱端升 | 江苏上海 | 1900—1989 | 教授 | 1924—1927；1930—1934.7 | 1919年清华学校，1924年美哈佛大学政治学博士。1924年后，历任中央大学教授、北大法学院院长，政治系主任，1926清大教授，1938年西南联大教授，1947—1948年美哈佛大学客座教授，1948年中研院院士，北大教授，1952年北京政法学院教授兼院长，中国教育工会副主席，中国外交学会副会长，全国政协常务委员，1982年全国人大常务委员，法律委员会副主任；并任宪法起草委员会顾问。 |
| 戴克光 | 江苏阜宁 | 1906—？ | 助教 | 1929—？ | 1929年清华大学政治系，民国大学政治学教授，南京中央大学教授 |
| 杨沃特（Carl Walter Young） | | | 讲师 | 1934.2—1934.6 | |

续表

| 姓名 | 籍贯 | 生卒年 | 职称 | 在校时间 | 经历 |
|---|---|---|---|---|---|
| 龚祥瑞 | 浙江宁波 | 1911—1996 | 助教 | 1935.9—1936.7，1939.8—1947 | 1935年清华政治系毕业，1938年伦敦政治经济学院硕士，1939年西南联大副教授、教授，1945年重庆中央大学大学政治系教授，1946年后，历任行政院资源委员会委员、考试院铨叙部参事，清华政治教授、北大政治系、法律系教授 |
| 王彦美 | | | 助教 | 1935.9—1937.7 | |
| 曹保颐 | | | 助教 | 1935.9—1937.7 | 1936年清华政治系毕业。纽约中国银行工作 |
| 杨光泩 | 浙江吴兴 | 1900—1942 | 教授 | 1927—1928 | 1920年清华留美预备部毕业，1924年普林斯顿博士，1927年任清华政治学、国际法教授，后任职南京国民政府外交部，抗战爆发后任中国驻菲律宾马尼拉总领事，1942年被日寇杀害 |
| 苏尚骥 | | | 教授 | 1927—1928 | |
| 金岳霖 | 湖南长沙 | 1895—1984 | 教授 | 1927—1928 | 1920年哥伦比亚大学政治学博士、著名逻辑学家、清华哲学系教授，文学院院长，1948年第一届中研院院士 |
| 江之永 | | | 讲师 | 1927—1928 | |

续表

| 姓名 | 籍贯 | 生卒年 | 职称 | 在校时间 | 经历 |
|---|---|---|---|---|---|
| 黄右昌 | 湖南临沣 | 1885—？ | 讲师 | 1928—1929 | 日本法政大学毕业，北大法律学系第一任主任，1930—1937年国民政府立法院立法委员，1948年9—11月司法院大法官，后任湖南大学法律系教授 |
| 刘懋初 | | | 讲师 | 1928—1929 | 里昂大学法学博士，北平大学法学院经济系主任 |
| 蒋廷黻 | 湖南邵阳 | 1895—1965 | 讲师 | 1928—1929 | 清华津贴儿，哥伦比亚大学哲学博士，南开大学、清华大学教授，清华大学文学院院长，历史系主任，1935年任行政院政务处长 |
| 潘照昫 | | | 讲师 | 1928—1929 | |
| 张忠绂 | 湖北武昌 | 1901—1977 | 讲师 | | 1923年清华留美预备部毕业，哈佛硕士，Johns Hopkins博士，北京大学政治系主任及外交月报社总编辑 |
| 邱昌渭 | | | 讲师 | | |
| 稽文甫 | 河南汲县 | 1895—1963 | 讲师 | | 北大哲学系毕业，河南大学教授，校长，中国科学院学部委员 |
| 林彬 | | | 讲师 | | |

续表

| 姓名 | 籍贯 | 生卒年 | 职称 | 在校时间 | 经历 |
|---|---|---|---|---|---|
| 戴修瓚 | 湖南常德 | 1888—1957 | 讲师 | 1932—1935 | 日本中央大学毕业，历任国立北京法政大学教务长，京师地方检察厅检察长、河南司法厅厅长、国民政府最高法院首席检察官、上海法学院法律系主任、中国公学法律系主任、北京大学法律系主任、西南联系教授。1949年后任中央人民政府法制委员会委员、国务院参事、中国国际贸易促进会对外贸易仲裁委员会副主席 |
| 张锐 | | | 讲师 | | |
| 沈观淮 | | | 讲师 | | |
| 张慰慈 | | | 讲师 | | |
| 钟赓言 | 浙江 | | 讲师 | | 日本东京帝大毕业，曾任北京法制局参事 |
| 黄觉非 | | | 讲师 | | |
| 郑摩（相衡） | 广东潮阳 | | 教授 | | 哈佛、牛津大学研究。翻译家 |
| 杨宗翰 | 江苏镇江 | | 讲师 | | 哈佛大学政治学学士，国立北平师范大学名誉教授，河南大学教授 |

续表

| 姓名 | 籍贯 | 生卒年 | 职称 | 在校时间 | 经历 |
|---|---|---|---|---|---|
| 王觐 | 湖南浏阳 | 1890—? | 讲师 | 1932.9—1934.6 | 日本明治大学法学士，研究 历任河北大学法科教授，北大法律系主任，教授，中国大学讲师，朝阳学院教务长 兼北大法律系主任教授，中国大学法律系主任，教授 |
| 邵勋 | | | 讲师 | 1932.9—1934.6 | |
| 刘志敭 | 江苏武进 | 1886—? | 教授 | | 日本东京帝大法科毕业，北京法政专门校教务主任，大理院推事；南京国民政府最高法院首席推事，北平、成都大学法学院教授，司法行政部法官训练所主任，1935年北大法律系教授 |
| 邵同恰 | 浙江余杭 | | 教授 | | 日明治大学法律科毕业，京师地方审判厅推事，江西，京师等高等审判员厅厅长，大理院推事，最高法院推事，1936年最高法院东北分院东北高分院厅长 北大、朝阳、中国、清大、燕京、新民学院等校法律教授 |
| 郁芝章 | | | 讲师 | 1933.9—1934.6 | |
| 李浦 | | | 讲师 | 1933.9—1934.6 | |

应该说，这是一个既有成名已久之大家，亦有已露小荷尖角之新秀，更以高学历、在各自专攻领域上颇有创见的中青年学者为主的阵容。教员多处年富力强之阶段，尽管国家遭遇系列危机变故，但优美之校园、宽裕之待遇、稳定之生活、良好之氛围，仍是潜心问学、传道授业两相宜的大好时节。浦薛凤夫妇即认为浦氏在清华执教的十年生涯，是他们共同生活中的黄金时代。[1]这或许也是萧公权对清华念兹在兹的原因之一吧。正如何炳棣所谓："30 年代的清华不但是校史中的黄金时代，也构成全国高教史中最令人艳称的一章"[2]，"30 年代的清华文法两院表现出空前的活力。除各系师资普遍加强外，教授研究空气较前大盛，研究成果已非《清华学报》所能容纳，于是不得不另创一个新的学术季刊《社会科学》。冯友兰师的《中国哲学史》和萧公权师的《中国政治思想史》两部皇皇综合巨著更足反映文法教学研究方面清华俨然已居全国学府前列"[3]。

## （三）课程设置

就笔者掌握的史料，对政治学系课程有比较详细介绍的有《清华周刊》382 期、408 期、35 卷第 11、12 期以及 1937 年的《清华大学一览》。尤以刊登于最后者的民国廿五年至廿六年度（1936—1937）的《政治学系课程一览》最为详细。其提到关于学程的规定"自二

---

[1] 浦丽琳：《清华经历竟疑梦——追忆父亲浦薛凤教授》，收入宗璞、熊秉明主编：《永远的清华园——清华子弟眼中的父辈》，北京出版社 2001 年版，第 390 页。

[2] 何炳棣：《读史阅世六十年》，广西师范大学出版社 2005 年版，第 98 页。

[3] 何炳棣：《读史阅世六十年》，广西师范大学出版社 2005 年版，第 102 页。梅贻琦在《五年来清华发展之概况》中对当时学术刊物的发展有更详细的介绍："本校学术刊物，初仅有《清华学报》一种，创刊于民国十六年，年出二册，至今继续出版。但今年因为稿件增多，自二十四年期，即已增为年出四册。此外又于二十年起，刊行《理科报告》，计分三种，每种每年各刊六次，专载本校师生对于理科研究之成绩。又自二十四年期，刊行《社会科学》一种，年出四册，专刊本校师生在社会科学方面之著述。此外自二十一年起，又有《气象季刊》之刊行。至于非定期刊物，如学术专著、如大学丛书，年有出版，其不经本校印行者尚不计焉。"《清华大学史料选编》第二卷，清华大学出版社 1991 年版，第 43—44 页。

十二年秋季始业实行"，所以这份课程一览实际上可以看成是1933—1937年的课程介绍。

该课程一览内容，笔者择其精要，兼参考同年度《法科研究所·政治学部学程一览》整理介绍如下：

1. 要求："凡入本系肄业者，应按照本大学教务通则之规定，修满132学分及毕业论文及格者，方得毕业。"

2. 课程分为四大类，其内容与学分分配如下：

| | | 应修 | 必修 | 选修 |
|---|---|---|---|---|
| 第一类 | 大学本科共同必修学程 | 36 | 36 | |
| 第二类 | 本系学程 | 48 | 26 | 22 |
| 第三类 | 历史经济及外国语文三系学程 | 40 | 40 | |
| 第四类 | 本系及别系学程 | 8 | | 8 |
| | | 共132学分 | 共102学分 | 共30学分 |

3. 各类课程中的必修学程：

| 第一类 | 国文 | 第一年英文 | 自然科学 | 中国通史或西洋通史 | 数学或逻辑 |
|---|---|---|---|---|---|
| 第二类 | 政治学概论 | 近代政治 | 国际公法 | 西洋政治思想史 | |
| 第三类 | 中国近代外交史或欧洲十九世纪史 | 经济学概论 | 财政学 | 第二外国语一年、二年 | 第二年英文 |

4.各年级之必修学程及学分

| 第一年级 | 国文（6） | 大一英文（8） | 中国通史或西洋通史择一（8） | 自然科学（普通物理、普通化学、普通地质学、普通生物学择一）（8） | 数学或逻辑（逻辑、高级算学、微积分择一）（6或8） |
|---|---|---|---|---|---|
| 第二年级 | 大二英文（6） | 政治学概论（6） | 经济学概论（6） | 中国外交史或欧洲十九世纪史（6或8） | 第二外国语第一年（8） |
| 第三年级 第四年级 | 第二外国语第二年（8）　近代政治制度（6）　国际公法（8）财政学（6）　西洋政治思想史（6） | | | | |

5.本系学生应按照年级次序先后修习必修与选修之学程。选习本系或他系学程时，应受系中教师之指导，以专门于下列数组之一为标准：甲、普通政治学，乙、政治制度，丙、市政，丁、国际法与国际关系，戊、政治思想。

6.本系学生选课时应注意与政治学相关之他系课目，如市财政学、城市卫生工程、政治地理、经济地理、初民社会、中国社会史等。

7.本系第四年学生，应于上学期十月底以前，与本系主任商定毕业论文题目。毕业论文应于下学期五月十五日以前交进。

8.本系学程说明（有＊号者每年开班，余则每年或每两年开班，逐年酌定。101—199者为大学本科之学程，201—299为本科四年级与研究院之学程。301—399为研究院之学程。但301以上之某项数项课程，得酌定情形，准许本科四年级生选习，惟须个别得到授课者之允许。）

| 代号 | 名称 | 教师 | 内容 | 周学时 | 年学分 | 课程性质 |
|---|---|---|---|---|---|---|
| *101—102 | 政治学概论 | 浦薛凤 | 本学程为研究政治学之必修初步，求读者认识基本的政治观念、政治制度、政治现象及政治势力。内容包括政治学之范围、国家之起源与性质、宪法之内容、政府之权能、组织与职务，代议与选举之原则及制度等等。本课目以 Garner, Political Science and Government 之原本为教科书；此外有指读单一份，详载全年应读之参考书。除小考外，须按期交读书札记。 | 3 | 6 | 本系二年级必修 |
| *111—112 | 近代政治制度 | 陈之迈 | 本学程范围是近代各国的政治组织及习惯及其历史上的背景。其中如英美法德瑞士等国，有较长大的历史，就要较详细地加以讨论。我们的目的是要从讨论近代国家个别的组织习惯及历史之中，研究出所谓"政治制度"的概念与原则来。 | 3 | 3 | 本系三年级必修 |
| 113—114 | 行政学原理 | 不详 | 本学程说明行政之原理，不及各国之行政制度。惟阐述原理时，则必举例以实之。 | 2 | 4 | 选修 |
| 115—116 | 行政法 | 赵凤喈 | 本学程讲述行政法之原则与制度，依据吾国现行法规并参考欧美日本之条例。 | 2 | 4 | 选修 |
| 131—132 | 市制度 | 沈乃正 | 本学程首论市之性质及市政治与乡村政治之所以殊异。次论各国市政府与上级机关之关系及其内部组织与职权界限（选民团已视为市政府之一部分）。再次论各国之都会制度。最终研究本国之市政，而与各国相比较，以为结束。 | 3 | 6 | 选修 |

续表

| 代号 | 名称 | 教师 | 内容 | 周学时 | 年学分 | 课程性质 |
|---|---|---|---|---|---|---|
| 133—134 | 市行政 | 沈乃正 | 本学程以增进行政效率为研究之中心目标。内容包括两大部分：第一部分讨论市政府全体所共有之行政问题，而尤注重组织、员吏、手续、物料与市设计诸项，大别之为公安、卫生、社会、公用、教育、工务、土地、财政各类。本国之市行政，即并合于上列各问题中，说明讨论之。 | 3 | 6 | 选修 |
| 151—152 | 法学原理 | 不详 | 本学程为法学入门。以有系统之方法，说明法学全体之原则要义与夫范围部类及其相互关系之处。讲述时征举例证，务求切合本国现行法律及社会实际情况。藉收体用兼赅之效。 | 2 | 4 | 不详 |
| 153—154 | 宪法 | 陈之迈 | 本学程首论宪法的原理，次详述欧美及我国宪法发展的历史及法中关于个人基本权利义务的规定，复次讨论国家组合的诸种方式，最后讨论国家组合的诸国历届所届约法、宪法及组织法。举凡世界各重要国家的宪法，悉在比较之列，尤注意我国历届所届约法、宪法及组织法。除教科书外，尚须阅读大量的参考书籍。 | 3 | 6 | 不详 |

续表

| 代号 | 名称 | 教师 | 内容 | 周学时 | 年学分 | 课程性质 |
|---|---|---|---|---|---|---|
| 155—156 | 民法通论 | 赵凤喈 | 本学程目的，在使习政治经济诸生，对于民法得有确切及整个的认识，故其内容包括现行民法典全部（总则、债编、物权、亲属、继承），唯嫌分量过多，不得不择要教授。于总则部分，侧重于"自然人""法律行为""条件及期限"与"消灭实效"等部分；于债编，侧重于"契约""无因管理"及"侵权行为"各部。物权编，侧重"所有权""典权"与"占有"等编，来属编，侧重"婚姻"及"监护"各章，继承编，侧重"遗产继承"及"遗嘱"二章，讲解时，对各项同题，先予以原则之说明，并将条文加以详细之分析。使初学者，对于民法中已讲到的部分，不虑图吞枣，而于未讲到的部分，亦可举一反三。 | 4 | 8 | 不详 |
| 159—160 | 刑法通论 | 赵凤喈 | 本学程包括现行刑法典总则，分则两部分。首冠诸论，略述刑法概念，刑法进化及我国刑法之沿革。次将总则各章纳于犯罪论，刑罚论及多数犯罪与多数犯人三章之中，而论其要略。至分则部分，分三十四章，将择内容重要者二十余章，如妨害秩序罪、公共危险罪、妨害风化罪等等讲授。 | 4 | 8 | 选修 |
| 161—162 | 国际公法 | 王化成 | 本学程研究国家相互间公认必须遵守之规则。总计分为四部。第一部，总论：述国际公法之定义、性质、历史及与国内法之关系；第二部，平时国际公法：述国家之产生、性质、消灭、继承及其基本权利与义务，条约之缔结，使领之交换，国际争议之解决等；第三部，战时国际公法：述战争时交战国彼此间质关系及应守之规则，中立国际公法：述中立国家人民之权利义务。 | 4 | 8 | 本系三年级必修 |

续表

| 代号 | 名称 | 教师 | 内容 | 周学时 | 年学分 | 课程性质 |
|---|---|---|---|---|---|---|
| 171—172 | 国际关系 | 王化成 | 国际关系范围甚广，本学程侧重现代问题，期于最短时间内，得以世界大事明确之认识。欧战之起因与结果及欧战以前帝国主义者之竞争与弱小民族之奋斗、战债、赔款，经济复兴，民族自决，门户开放，机会均等，门罗主义、治外法权，废约运动，满洲问题等等。 | 2 | 4 | 选修 |
| *173—174 | 近代中国外交史 | 蒋廷黻 | 本学程之目的，在叙述及分析中国加入世界国际系统之过程，以期了解中国今日之国际地位。所用书籍普通中外关系史之著作外，特别注重中国方面之外交史料。 | 3 | 6 | 本系二年级必修 |
| 181—182 | 西洋政治思想史 | 张奚若 | 本学程讲述欧洲自上古至现代各重要政治思想家之政治学说及其在历史上之影响，尤注重近代著名思想家如柏拉图、亚里斯多德、霍布斯、洛克、卢梭、黑格尔及马克思等。教科书用 Gettell, History of Political Thought，另有西文参考书八十余种，内半数为必读。本学程仅限于本科第三或第四年级学生修习。 | 3 | 6 | 本系三年级必修 |
| 213 | 议会制度 | 陈之迈 | 本学程以国家的职权、现代立法的范围为背景，详细讨论各国议会目前的困难及其救济的方法。选此课程者必须阅读大量的参考书籍，并按期交读书札记。 | 2 | 2/上学期 | 选修 |

续表

| 代号 | 名称 | 教师 | 内容 | 周学时 | 年学分 | 课程性质 |
|---|---|---|---|---|---|---|
| 215 | 独裁政治 | 陈之迈 | 本学程详细讨论世界各国所行的独裁制度，希望从历史及事实的研究里寻求出所谓"独裁政治"的概念来。选此学程者须阅读大量的参考书籍，并按期交读书札记。 | 2 | 2/上学期 | 选修 |
| 222 | 中国政府 | 陈之迈 | 本课目根据法规、公报及学术著作，叙述民国十七年后中央政府的演变，分析其目前的结构，以见五权制度实际运用的情况。选习者以先习近代政治制度一课目为宜。 | 2 | 2/下学期 | 选修 |
| 229—230 | 中国历代政制专题研究 | 浦薛凤 | 选习者得于教师所拟若干题目中择一研究。论文须于下学期五月中旬完成。本科四年级生及研究生得选修此学程。 | 2 | 4 | 选修 |
| 249—250 | 地方政府 | 沈乃正 | 本学程研究欧美各国各级地方政府之制度与行政，而尤集中注意于英法两国之地方政府。本国之省县政府，亦于第二学期中详述之。 | 2 | 4 | 选修 |
| 251—252 | 中国法制史 | 程树德 | 法制二字，广义言之，所有一切典章制度均包括在内，断非短时间所能卒业。兹依次解释，分为三篇：首总论，次历代律令，次四代刑制。世界三大法系，英美长于公法，大陆长于私法，故于汉律言之特详，我国则长于刑法。中国之法汉唐，犹西律之有罗马法也，余述其概略而已。所采用古籍，约百余种，均注明出处，（惟读者易于检查，故似简而实详。（重要参考书为程树德《九朝律考》） | 不详 | 不详 | 不详 |

| 代号 | 名称 | 教师 | 内容 | 周学时 | 年学分 | 课程性质 |
|---|---|---|---|---|---|---|
| 261—262 | 国际公法判例 | 王化成 | 本学程研究国际公法种种原则在实际上之应用。就世界法庭、海牙国际仲裁法庭以及欧美各国国家法庭之判例及意见书中，择其重要而与国际法有关系者八十件，详细研究。观察美各国国内法庭对于国际法应用所不同之处，法庭判决与仲裁结果根本区别所在等。本学程重在各生自修与课堂讨论。 | 2 | 4 | 选修 |
| 263—264 | 国际私法 | 燕树棠 | 本学程讲述国际私法之一般原则，现行之法律适用条例、国际法、中外国籍法之冲突，中外条约关于国际私法之特别订定以及其他涉外法规。欧陆英美所采主义之异同，普通学理与实际情形是否相应，均讨论及之。 | 2 | 4 | 选修 |
| 275—276 | 国际组织 | 王化成 | 本学程首述国际组织之意义与需要，此述国际间立法行政司法各种组织之由来与工作，对于国际联盟世界法庭等机关，更作详细之研究。 | 2 | 4 | 选修 |
| 281 | 近代西洋政治思潮 | 浦薛凤 | 本学程所研究之范围，约自卢梭以迄穆勒，对于各家政治思想互之相关系尤特注重。 | 3 | 3/上学期 | 选修 |
| 283 | 当代西洋政治思想 | 萧公权 | 讲述当代西洋政治较重要之各派政治思想，如法理学派、唯心论派、多元论派等等。 | 3 | 3/上学期 | 选修 |
| 285—286 | 西洋政治思想名著选读 | 张奚若 | 已曾读过西洋政治思想史者方能选读此项学程。选修时须注明全学年或一学期（上下学期均可），不得更改。 | 3 | 6/全学年或3/一学期 | 选修 |

续表

| 代号 | 名称 | 教师 | 内容 | 周学时 | 年学分 | 课程性质 |
|---|---|---|---|---|---|---|
| 291—291 | 中国政治思想 | 萧公权 | 讲述中国往昔政论，尤注重先秦诸子及两汉各家之学说。 | 3 | 6 | 选修 |
| 301—302 | 专门选读与研究 | 本系教师 | 本学程之目的，在使研究所一年级各择专门学科一项，在导师指助之下，作初步的切实工作，俾能进而作专题研究。本课目之范围，由各导师分别决定，但均以选读原本书籍，定期作札记（评论或报告）及随时应口试为准。本学程共分下列三项：甲　公法（宪法或国际公法）专门选读与研究　王化成、浦薛凤　乙　政治制度专门选读与研究　沈乃正、陈之迈、浦薛凤　丙　政治思想专门选读与研究　张奚若、萧公权、浦薛凤 | 由指导师分别订定 | 6（每项） | 本系研究生一年级必修 |
| 312 | 政党论 | 浦薛凤 | 本学程侧重历史、分析、比较、综合的方法，研究民治国家中政党之所以由起，政党政治之各种基本势力，政党之重要功用与其可能的与实际的流弊及最近一党专政之理论与时期。本学程重视札记与课堂讨论。 | 2 | 2／下学期 | 选修 |
| 314 | 不列颠帝国 | 陈之迈 | 本学程叙述不列颠帝国演进之经过，制度之发展及其对内对外之重要问题。 | 2 | 2／下学期 | 选修 |
| 319—320 | 近代政治制度专题研究 | 陈之迈 | 本学程在择定题目为有系统之研究。于学年之始，由学生与导师商定题目，并于指定时期报告讨论工作之进行，学期终了时，将研究所得，作成论文，交导师批阅。 | 2 | 4 | 选修 |

| 代号 | 名称 | 教师 | 内容 | 周学时 | 年学分 | 课程性质 |
|---|---|---|---|---|---|---|
| 321—322 | 中国地方政府研究 | 沈乃正 | 本学程为训练学生研究中国地方政府而设。除由教员就本国之省县市政府，讲述其治革、组织、职权、行政外，再由学生认定研究专题，作成论文。本学程尤鼓励学生之实地调查工作，并随时约请校外人士之服官久长，行政经验宏富者，同学生作经验谈话，俾切实用。 | 2 | 4 | 选修 |
| 351 | 英国宪法史 | 不详 | 本学程首虽以英国的宪法史为范围，但联合全国其他部分的及不列颠帝国的宪法史之足以使英国宪法发生重大影响者，办将为本课目所顾及。除丁课本之外，选习者须阅读多量专题的及分期的宪法史。 | 3 | 3/上学期 | 选修 |
| 352 | 条约论 | 王化成 | 本学程首述条约之性质与种类，次述条约之如何缔结、如何执行、如何解释以及如何告终，最后讨论中国近年来修约问题。（须先修国际公法） | 2 | 2/下学期 | 选修 |
| 379—380 | 近代中国外交史专题研究 | 邵循正（？）蒋廷黻（？） | 本学程于每年年初，约有十次讲演讨论：（一）中国外交史研究之学术现状；（二）尚待解决之问题；（三）中外史料之概况。余时由年生选题研究。（以已修外交史者为限） | 2 | 4 | 选修 |
| 381—382 | 柏拉图政治哲学 | 张奚若 | 本学程研究柏拉图关于政治及社会问题之三种最要著作：即《共和国》《政治家》及《法律》。如时间允许，兼详其他与政治有关之读者。参考方法，首重书中之精义，次及作者思想之系统及各书在历史上之影响。参考书中，Barker, Greek Political Theory; Plato and His Predecessors 以及 Nettleship, Lectures on the Republic of Plato 皆系必读者。每学期作论文一篇。（本课目与"卢梭政治学"一课隔年轮流讲授。） | 2 | 4 | 选修 |

续表

| 代号 | 名称 | 教师 | 内容 | 周学时 | 年学分 | 课程性质 |
|---|---|---|---|---|---|---|
| 383—384 | 卢梭政治哲学 | 张奚若 | 本学程研究范围以"艺术与科学论""人类不平等论""政治经济论""社会契约论""高西加宪法刍议""波兰政府管见"等为中心。如时间允许，并及其他著作。参考书中以 Vanghan, *The Political Writings of J.J.Rousseau* 为必读。每学期作论文一篇。（本课目与"柏拉图政治哲学"一课隔年轮流讲授。） | 2 | 4 | 选修 |
| 388 | 当代政治思想问题 | 张奚若 | 当代政治思想中之各问题择要加以讨论。选修此课者，必须预修西洋政治思想史、近代政治思潮或当代西洋政治思想。 | 3 | 3/下学期 | 选修 |
| 389—390 | 西洋政治思想专题研究 | 张奚若 | 本学程转为本系研究生研究西洋政治思想特别问题而设。每学期之始，由教授提出专门问题若干种，由学生自由选定一种研究。每周或两周报告讨论一次。每学期做论文一篇。 | 2 | 4 | 选修 |
| 397—398 | 中国政治思想专题研究 | 萧公权 | 此课为训练学生研究中国政治思想而设，研究题目每年临时拟定。 | 2 | 4 | 选修 |

从课程设置中，我们可以看到如下特点：

一、大学的通识教育模式。在必修的 102 个学分中，国文、外语、自然科学、数学、逻辑、历史、经济等课程占据了至少 76 个学分，近 75% 之比重。此种情况非政治学系所特有，其他院系皆同。这种颇具清华传统的模式，在梅贻琦的教育思想中有了清晰深刻的表达。对于通识（一般生活之准备）与专识（特种事业之准备）的关系，梅氏认为："大学期内，通专虽应兼顾，而重心所寄，应在通而不在专……夫社会生活大于社会事业，事业不过人生之一部分，其足以辅翼人生，推进人生，固为事实，然不能谓全部人生即寄予于事业也……通识之用，不止润身而已，亦所以自通于人也。信如此论，则通识为本，而专识为末。社会所需要者，通才为大，而专家次之。以无通才为基础之专家临民，其结果不为新民，而为扰民。此通专并重未为恰当之说也。大学四年而已，以四年之短期间，而既须有通识之准备，又须有专识之准备，而二者之间又不能有所轩轾。即在上智，亦力有未逮，况中资以下乎？并重之说所以不易行者此也。"梅氏乃将专门人才的培养，寄寓于大学研究院、高级之专门学校和社会事业本身之训练。[1] 清华史上培养出众多中西兼通甚至文理兼通的人才，足以证明这样通识教育的价值。

二、就政治学系自身而言，首先，史论的课程同样占据了相当的比例；其次，既重视国际问题，亦关注中国国情，两者保持比较均衡的状态，关注本国的原因应该是出自两个方面，一是浦薛凤之重视，一是学校评议会要求社会科学各系之课程应尽量向有关国情方面发展。据浦氏介绍，课程的目标在于（一）灌输学生以政治科学之基础智识，训练其思想之缜密，理解之确切，并授以研究学问之经验与方法，使能力里作高深学术之探讨；（二）养成学生应付社会环境之学识与技能，使于毕业后，或服务社会，或参加考试，皆能举措裕如。

---

[1]  梅贻琦：《大学一解》，《清华学报》第 13 卷第 1 期，1941 年 4 月，"清华三十周年纪念号"上册，收入《清华大学史料选编》第三卷（下），清华大学出版社 1994 年版，第 199 页。

故理论与事实并重，同时对于各种考试（如留学考试、高等试验、县长考试等）之科目，亦求能互现衔接。[1]再次，法学类的课程仅具备了实体法之基础，惟程序法则付阙如，其中缘故，笔者推测很可能是与法律学系筹建的夭折不无关系。唯觉遗憾的是，如果法律学系成立，两者结合，更兼文学院之优势，在史论、公法（宪法与行政法）、国际法与国际关系、行政制度等领域，可能会发生奇妙的"化学反应"，拓展出更广阔之空间。

（四）法律学系筹建之经纬

此段历史，清华首任法学院院长，经济学家陈岱孙有简明之介绍：

十八年（笔者按：1929年），始根据新颁之大学组织法，分为文理法三院，以已有之政治、经济二系，划归法学院，是为本学院之始期。依照大学组织法，法学院应有法律、政治、经济三系，而十八年分院以前，本校未有法学系，其政治、经济二系学生所需要之法律课程，皆附设于政治系之内。故于分院之后，即有添设法学系以完全法学院组织之议；惟是时本校经费未充，而已有之各院系急待发展，故特呈请教育部，于短期内暂缓设立法学系……民国廿年廿一年之间，本校收入因金贵银贱稍为充裕，而同时已有各系亦相当之发展，故与廿一年春呈请教育部二是年秋季始业时，正式添设法学系，以政治系附设之法学课程归并入之。一以完成本院组织，再则以减轻政治系之负担，以谋该系自身之发展。得教育部批准后，本院乃着手组织法学系，添设教授，购置图书，招考新生等事项于廿一年夏间积极进行。不幸是年秋间，教育部忽有本大学法学系此后暂停收生之指令，此新创之法学系乃受意外之挫折。惟是时尚冀此暂停收生指令有效之期为时较暂，则法学系虽一时未能发展，尚无大碍。廿一、廿二年间，历

―――――――――
[1]　浦薛凤：《政治学系概况》，《清华周刊》向导专号，1936年6月27日，第18页。

由学校向教育部呈陈设立法学系之经过与理由，俱未蒙谅解，廿三年学校乃议决法学系于是年起暂行停办，所有政治系、经济系学生所需要的法律课程，仍附设于政治系内。[1]

依此脉络，笔者更添史料，详加复述并予以分析。

以法律、政治、经济三系合一的大法学院建制，应该是受到当时大陆法系法学院模式之影响，究其根源，在于大陆法系对于"法"的认识，正如 Salmond 指出："大陆派普通对于 Droit 这个字义的解释，因为受到哲学派的影响，不是专指法律，他们于法律的意义之外，包含有理想的公正意义在内，其意义非常广泛，所以他们的法律教育制度，因为法律和政治、经济的关系非常密切，遂不免放在一起研究了。"因此，"在大陆派方面的法律学校，都以法律、政治、经济三门包括在一个学院内，统称叫做法学院。所以他们的法学院，不是单一的法律学院，法学院毕业生，无论是研究法律、经济或政治的，都是给以法学士或法律博士的学位。"[2]

1929 年暂缓设立法律学系，学校经费不充裕自然是重要原因，当时全年可支配的预算资金尚不足八十万元，而学校正是大力发展之时，面临着四大工程即生物学馆、学生宿舍第四院、扩充图书馆和气象台的建设，[3] 乃至罗家伦要向银行借款四十万，分期拨付筹建。[4]

但经费虽紧，却非没有，在如何分配上，主政者的办学理念、重

[1]　陈岱孙：《法学院概况》，《清华周刊》向导专号，1936 年 6 月 27 日，收入《清华大学史料选编》第二卷（上），清华大学出版社 1991 年版，第 361—362 页。

[2]　Salmond, Jurisprudence, English and Foreign Jurisprudence, pp.9—11, 转据孙晓楼：《法律教育》，中国政法大学出版社 1997 年版，第 47—48 页。Salmond 认为："英美派因为受到历史法学派、分析法学派的影响很深，所以普通对于法律（Law）这个字义的解释非常狭窄，好像不能有别的问题牵涉在内，因此英美派的法律教育制度，是以纯法律研究的机关来研究法律。"

[3]　陈俊豪：《生不逢时的法律学系——20 世纪二三十年代清华法律学系设立之周折》，《清华法学》第九辑，2006 年，第 50—51 页。

[4]　冯友兰：《校史概略》，《清华周刊》第 35 卷第 8、9 期，1931 年 5 月，收入《清华大学史料选编》第二卷（上），清华大学出版社 1991 年版，第 3 页。

心亦不容忽视。罗家伦就职演讲中有一段话颇能体现此点："我动身来以前，便和大学院院长蔡先生商量好如何调整和组织清华的院系。我们决定先成立文、理、法三个学院……法学院则仅设政治、经济两系，法律系不拟添设，因为北平的法律学校太多，我们不必叠床架屋。我们的发展，应先以文理为中心，再把文理的成就，滋长其他的部分。文理两学院，本应当是大学的中心。文哲是人类心灵能发挥得最机动最弥漫的部分，社会科学都受到他们的影响。纯粹科学是一切应用科学的基础，也是源泉。断没有一个大学里，理学院办不好而工学院能单独办得好的道理。"[1]所谓大学院（即后来的教育部）的蔡先生，即罗氏在北京大学时的恩师蔡元培。笔者认为，从就职演讲中可发现罗氏的办学理念与蔡氏颇多相似之处，其很可能是受到蔡氏的影响。蔡氏主张大学应该是以文理两科为基础，专门探索高深学问，以研究真理为旨趣的学术机构，当年任北大校长，大刀阔斧进行改革之时，曾主张将法科从大学中分离出去而成为专门的法政学校，但遭反对未能实行。[2]所以，就罗氏本人而言，法律学系是"缓设"，抑或干脆"不设"，颇耐玩味。其背后折射出来的更深层次的问题，乃法政教育应该如何定位。就罗家伦而言，"政治经济二系的学科与国家政治社会生活的改造关系最为重要，现在党治之下，应以中国国民党的原则为归宿，养成实际的行政人才"[3]。其对法律系的看法，与梅贻琦之间存在着差异。

　　1931 年梅贻琦接任校长后，稳定局势，经济亦有好转，陈岱孙乃向梅氏与校评议会发函（1932 年 1 月 7 日），阐明法律学系应尽快设立之四点理由：一、依大学组织法，法学院应有三系，清华法学院

---

[1]　罗家伦：《学术独立与新清华》，商务印书馆 1945 年版，收入《清华大学史料选编》第二卷（上），清华大学出版社 1991 年版，第 200 页。

[2]　参见李贵连等编：《百年弦学——北大法学院院史》（1904—2004），北京大学出版社 2004 年版，第 53 页。

[3]　罗家伦：《整理校务之经过及计划》，《国立清华大学校刊》第 12 期，1928 年 11 月 23 日，收入《清华大学史料选编》第二卷（上），清华大学出版社 1991 年版，第 12 页。

缓设法律学系已近三年，长此拖延有悖法令精神；二、政治法律本为相辅而行之系。政治学系学生毕业以投身行政为业者为多数，国民政府行政人员考试即包括法律科目且门数甚多，清华政治系毕业生参加考试者因法律学识不足，甚为中馁，这种情况应急弃改正。三、当时政治系中已有法律学科若干门，聘请讲师多人，事实上法学科目已稍具雏形，但无专任教授，课程之分配，时间之排定，颇欠统系，长此以往，政治系之课程，将永无整理之希望。四、学校来年因建筑费减少，预算中未经分配之款有十二万元，法律系完全成立常年经费（薪金书费在内）不过三万余元，时机稍纵即逝，需予以把握。[1]

陈氏主张获得梅贻琦和学校支持，梅氏以《呈为下半年增设工学院暨成立法律学系仰祈鉴核备案由》学校公函送达教育部（1932年2月3日）。同年2月22日教育部指令（字1215号）准予备案。于此，法律学系筹建工作展开，燕树棠氏被任命为首任法律学系主任。

就理工出身的梅贻琦而言，设立清华法律学系之目的何在呢？梅氏认为："本校之拟设法律系，非欲使国内各校已嫌太多之科门，再增一个。实乃吾辈认法学理论之研究，为大学所应注重，而为普通法校所忽视者，故愿此方向，一为矫正。"又，"本学系之宗旨，系对于应用及学理两方面，务求均衡之发展，力避偏重之积习，以期造就社会上应变之人才，而挽救历来机械训练之流弊"[2]。罗、梅所处的民国时代，的确存在着广设法律院校，乃至泥沙俱下，良莠不齐之虞，唯与文科出身的罗家伦相比，梅氏似乎更加敏锐地注意到大学与专门学校相比的优势所在：在理论方面做出自己的贡献。在近代以降以移植为模式的法律改革下，法与社会之间的隔阂，已是不争之事实，如何

---

[1] 参见"国民政府教育部一九三二年批准成立工学院暨批驳增设法律学系的部令和来往文书"（清华大学档案馆藏，全宗号1，目录号2—1，案卷号17，陈俊豪整理）之"陈岱孙信函"，《清华法学》第九辑，2006年，第317—318页。本部分有关部令和信函，如无注明出处，皆来源于此。

[2] 梅贻琦：《清华一年来之校务概况》，《清华副刊》第39卷第7期，二十二周年纪念特号，1933年4月29日，收入《清华大学史料选编》第二卷（上），清华大学出版社1991年版，第22、31页。

结合国情在学理上加以论证诠释，进而为建设中国特色之法治国家张本，正是时代问题。在"学术方面应向高深专精方面去做"[1]的大学，正可大有作为。平允而论，梅氏此番"门外汉"之言，实乃大智慧之体现，在今天看来，亦不乏启迪意义。

但形势总比人强，1932—1933年间危机，梅贻琦在1933年总结道："吾校在过去的一年期内，遭遇两层困难。一层是外患的紧迫，敌兵侵入，日深一日，校址所在，几成前线地带，使我们感觉工作要被停顿的危险。一层是经费的缺乏，校中自去年二月，美庚款停付以后，收入骤减，直至今年二月，只由财政部陆续拨到一百万元，暂资接济。而今年三月以来，因政府又有庚款再停付一年之议，学校常款，仍未领到。吾校处此两层非常困难之中，精神与物质方面，同受打击。"[2]可见法律系筹建伊始，即处举履维艰之中。

很快，1932年5月7日，教育部一纸训令（字3046号）下达"该校应就现时财力扩充工学院，法律学系暂缓招生，令仰遵照由"。理由是"工科人才之培植本为我国所急需，值兹国难迫切，物力维艰，该校应就现时财力所能及，力谋工学院之扩充"云云。该令出台之背景，亦与当时"提倡理工，限制文法"的教育政策有关。此年5月，时任国府委员的陈果夫提出激进的"改革教育方案"，主张10年内依国家建设计划所需农工医专门人才数目，分别指定各专门以上学校，切实培养训练，以便应用；并限定各大专院校10年内一律停招文法艺术等科学生，以其经费划拨农工医科使用。公费留学生之派遣，亦以农工医等应用科学为限。后经中央政治会议修改为"文法科办理不良者停止招生；艺术学院加设实用艺术课程，以促工商业之发展；边远诸省为养成法官及教师，以后仍准设文法等科。内地各大学

---

[1]《梅校长到校视事召集全体学生训话》，《国立清华大学校刊》第341号，1931年12月4日，收入《清华大学史料选编》第二卷（上），清华大学出版社1991年版，第219页。

[2] 梅贻琦：《清华一年来之校务概况》，《清华大学史料选编》第二卷（上），清华大学出版社1991年版，第2□页。

均不得请求设置，其节省经费，移作扩充现有农工医药各科之用。"[1]
尽管如何炳棣所言，梅贻琦和教授会只积极响应"提倡理工"而绝
口不谈"限制文法"，[2]从该训令下达后，以梅氏名义发出的学校公函
（1932年6月4日，《为呈覆本校下学年增设工学院暨成立法律学系
拟请维持原函仰祈鉴核遵由》；11月30日，《呈覆本校招收法律学生
缘由及其不得已之苦衷仰祈钧部鉴核准予备案由》）及梅氏私人发给
教育部钱乙藜次长、高等教育司沈云程司长和杨公兆先生的信函中，
皆是校方和梅贻琦积极斡旋，试图挽回局势之体现。尽管这些函件中
或晓之以理（阐明法律学系与工学院之设立并不冲突，设立之积极
意义及现有师资、图书[3]和学生之基础），或动之以情，惟言者谆谆，
听者藐藐，终是无可奈何。

　　1932年12月19日，教育部指令（字第10608号）要求清华"仍
应遵令停招法系学生，至本年度已招者姑予承认，惟一年级生应饬改
任认他系，其不愿改系者，得与二年级生办至本年度终了时结束，再
送北大平大等校肄业"。

　　尽管校方仍在做最后之努力，梅贻琦讲道："法律系即无专修学
生，于该系之存在不生问题，而学术上之研究，师资之延至，校中当
仍有需要而应力予维持者也。"[4]1933年3月冯友兰、燕树棠到南京
斡旋疏通事宜中，就有法律学系事，惟教育部长朱家骅"甚不以清华

---

[1] 参见苏云峰：《从清华学堂到清华大学》（1928—1937），生活·读书·新知三联书
　　店2001年版，第57页。

[2] 何炳棣：《读史阅世六十年》，广西师范大学出版社2005年版，第102页。

[3] 梅氏在1933年提到法律学系概况时，讲道："图书设备，因先有政治学系数年之
　　工作，法律书籍业有相当基础。本学系本年度图书费，合计普通特别两项，共有
　　一万八千元，由图书馆陆续购置……其中所搜集之中文旧书，尤为各大学图书馆
　　中所仅见。俟下学年开始时，本学系指图书，尽够普通参考之用。"可证当时图
　　书已经有相当之准备。梅贻琦：《清华一年来之校务概况》，《清华副刊》第39卷
　　第7期，二十二年纪念特号，1933年4月29日，收入《清华大学史料选编》第
　　二卷（上），清华大学出版社1991年版，第31页。

[4] 梅贻琦：《清华一年来之校务概况》，《清华副刊》第39卷第7期，二十二周年纪
　　念特号，1933年4月29日，收入《清华大学史料选编》第二卷（上），清华大
　　学出版社1991年版，第21页。

为然"，认为"清华尽可有法律功课，但另设系实难办到"，至此，两人认为"纵观各方面情形⋯⋯法律系事似无可挽回"。[1]

1934 年 8 月 13 日，学校评议会决定遵照教育部指令第 10898 号，自 1934 年起，研究院裁撤社会学、地学、心理学三研究部，本科法学院裁撤法律学系。政治学系得斟酌需要设置法律课程并得酌加预算。原法律学系教授燕树棠、赵凤喈等也转入了政治学系。[2]

此处附带小考一下清华法学院之地点。清华文、法学院的办公场所和研究室乃在清华图书馆的一层，其中法学院位于西部馆舍，占有 13 个房间（其中法律学系 3 间、经济学系 4 间、政治学系 5 间、院长室 1 间）。[3] 冯友兰氏在 1936 年曾讲道："清华本拟有文法学院之建筑，地址已定在生物学馆南之岛上，现因故未能进行，然终望其必能实现也。"[4] 因何之故？乃是在 1933—1935 年，清华作为唯一对战事表现出远见卓识的学校，果断地停建了文法大楼，将节省下来的 40 万元基建款转投长沙秘密购买岳麓山土地筹建清华分校，作为华北战事爆发后的退路。可以说如无清华此步，两年后的西南联大根本无落脚之地。[5] 平允而论，清华文法学院乃为时局做出了牺牲。遗憾的是，冯氏的理想后来并未实现，战后计划拟建之文法大楼，因未请

［1］参见《冯友兰、燕树棠致梅校长函》，清华大学档案，全宗号 1，目录号 2—1，卷宗号 11，收入《清华大学史料选编》第二卷（下），清华大学出版社 1991 年版，第 708 页。

［2］陈俊豪：《生不逢时的法律学系——20 世纪二三十年代清华法律学系设立之周折》，《清华法学》第九辑，2006 年，第 53 页。

［3］《国立清华大学图书馆概况》，《清华周刊》第 41 卷向导专号，1934 年 6 月 1 日，收入《清华大学史料选编》第二卷（下），清华大学出版社 1991 年版，第 739—741 页。

［4］《文学院概况》，《清华周刊》向导专号，1936 年 6 月 27 日，收入《清华大学史料选编》第二卷（上），清华大学出版社 1991 年版，第 295 页。

［5］参见《水木年华九十年》（上），凤凰卫视，2001 年，转据陈俊豪：《生不逢时的法律学系——20 世纪二三十年代清华法律学系设立之周折》，《清华法学》第九辑，2006 年，第 51 页注 2。

得经费，未能修建。[1]一直到 1999 年，清华法学院复建后才有自己独立的大楼明理楼，以为师生砥砺学习之所。

（五）研究生教育

1930 年，清华法学院设置法科研究所，包括政治学部与经济学部，此乃法政研究生教育之滥觞。依据 1937 年的《清华大学一览》上的《法科研究所·政治学部》和《法科研究所·政治学部学程一览》（民国廿五年至廿六年度），将其要点整理如下：

一、政治学部的工作方针为：（一）确定研究范围；（二）侧重本国题材；（三）着重材料之搜集；（四）实施严格训练与培养认真切实之风气。

二、研究生毕业期限，原定最少三年，后于 1934 年 5 月遵教育部令改为最少二年，实际上并无人能于两年内完成。对研究生的修学要求是：（一）第二外国语考试及格；（二）选修学科至少满 24 学分；（三）毕业初试应考及格（考试委员会应有经教育部核准之校外人员参加）；（四）毕业论文经研究导师认可，本部预审合格，再经论文考试委员会（组织同前条）考试及格。

三、研究生于第一学年始业时，应于部中导师及部主任切实商定整个研究计划，包括选修课程、认定学科、预备各项考试，决定论文题目等。导师及其指导范围如下：萧公权（中国政治思想）、王化成（国际公法及国际关系）、沈乃正（中国地方政府）、陈之迈（中央政治制度）、张奚若（西洋政治思想）、浦薛凤（近代政治思潮）。

四、研究生要求就下列三种专门选读与研究选修一门：（一）公法（宪法或国际公法）专门选读与研究；（二）政治制度专门选读与研究；（三）政治思想专门选读与研究。其意在使研究生初步专门化，并期于研究过程中，能获得一适当之论文题目。

--------

[1]《学校近况》，《清华校友通讯》复员后第三期，1948 年 4 月 29 日，收入《清华大学史料选编》第四卷，清华大学出版社 1994 年版，第 69 页。

五、第二外国语（除导师及部主任特许者外，应于德法语文中，选择其一）考试最迟须于入学后一年内应试及格。及格程度以等于已曾修习该项文字至少二〔三？〕年以上，能译读流利为准，未及格者，不得参与毕业初试。

六、凡应毕业初试者，应于下列五项学科中，择一为主科，择二为副科，共计三项，为其初试范围。（一）政治制度、（二）宪法与行政法、（三）国际公法及国际关系、（四）政治思想、（五）市政。凡应毕业初试得下等者，得于三阅月后，补考一次。凡应毕业考试不及格者，其所著论文，研究部概不接受审查。毕业初试至迟应于毕业前六个月，应试及格。

七、论文考试之范围，得包括主科。

应该说，政治学部的研究生训练是相当严格的，第二外语、毕业初试、论文考试环环相扣。在专业智识的训练上，非常注意奠定学生扎实之基础，再养成其专精。据何炳棣回忆，当年靳文翰（1935年政治学系毕业，同年进入研究生院——笔者注）曾对他大谈基本功的重要性，谓其把奥本海姆（Oppenheim）的国际公法包括小注，已经读了八遍。[1]可证当时的政治学系严谨扎实，注重基础之学风。

非常有意思的现象是，在1933—1943年清华研究院授予硕士学位学生中，政治学部只有1933年毕业的邵循恪一人。[2]其原因主要有：一是考核非常严格，有中途辍学者；二是优秀的学生考取当时难

---

[1] 何炳棣：《读史阅世六十年》，广西师范大学出版社2005年版，第99页。

[2] 参见《清华研究院1933—1943年授予硕士学位人数报告》，清华大学档案，具体卷宗号不详，《清华大学史料选编》第三卷（上），第102页。笔者依据《法科研究所·政治学部》（《清华大学一览》，1937）和1930—1936年的《研究生院新生名单》（《国立清华大学校刊》第200、305、436、514、592、676、765号）（两者皆收入《清华大学史料选编》第二卷〔下〕），可发现1930—1937年政治学部研究生有：邵循恪、谢志耘（1930）、万昪、陈春沂（1932）、王铁崖（1933）、罗孝超、楼邦彦（1934）、靳文翰（1935）、宋士英、池世英（1936）、张天开、刘信芳、陈明鬻、鞠秀熙。

度颇高的中美、中英庚款考试，出国留学。[1]其中有如徐义生（第一届中美庚款留学考试，1933，专研公共行政）、王铁崖（第四届中美庚款留学考试，1936，专研国际公法）、楼邦彦（第四届中英庚款留学考试，1936，专研行政法）、张天开（第五届中英庚款留学考试，1937，专研社会立法）、谢志耘（第六届中英庚款留学考试，1938，专研近代史）、陈春沂与靳文翰（第七届中英庚款留学考试，1939，专研行政法）。[2]

作为当时硕果仅存的毕业生，邵氏的成绩如下：

历年选修学分：第一年18，第二年8、第三年6。

学分成绩总平均：平均成绩1.097，按25%计0.273。

第二外语考试：及格。

**毕业考试：**

考试日期：二十二年（1933年）三月三十日下午二至五时。

考试委员：浦逖生、钱端升、王化成、萧公权、张奚若、燕召亭、蒋廷黻、萧叔玉

应考学科：一、国际公法与国际关系

　　　　　二、宪法与行政法

　　　　　三、政府

评定成绩：上，1.1

按25%计：0.275

**论文考试：**

考试日期：二十二年十月十六日

[1] 参见《法科研究所·政治学部》，《清华大学一览》，1937，收入《清华大学史料选编》第二卷（下），清华大学出版社1991年版，第596—597页。

[2] 孙宏云：《中国现代政治学的展开：清华政治学系的早期发展（1926—1937》，生活·读书·新知三联书店2005年版，第154页。

考试委员：王化成、浦逖生、张奚若、钱端升、萧公权、沈乃正、蒋廷黻、燕召亭

论文题目：The Doctrino of Rebus Sic Stantibus（《现状如恒条款》）

评定成绩：上，1.1

按50%计：0.550

总成绩：1.098[1]

因为邵氏成绩特优，由学校遵照章程公决，遣送留美，并在芝加哥大学获得博士学位。[2]

## 结 语

从1909到1937年，清华由学堂而为学校、再为大学，伴随着学校的成长，清华的法政教育也随着展开。因为"十分之八习农工商矿等科，以十分之二习法政理财师范诸学"的留学政策等因素之影响，无论是1909—1911年的前三批直接留美学生，还是1911—1929年的留美预备部时期的各类放洋学生，学习法政的学生人数并不为多，约占总人数的十分之一强，但作为菁英选拔之人才，这批法政人在发挥专业智识之诸多领域，皆有杰出之代表和斐然之贡献，有如唐悦良、杨光洼、王化成、沈乃正等于外交，张福运于关税独立和海关管理，萧公权、钱端升、浦薛凤等于学术，燕树棠等于法学教育，梅汝璈、向哲濬等于司法。在他们的身上，有着会通中西的时代特质。

这批法政人中不少与后来清华系统的法政教育有着紧密之联系，

[1]《二十一年度研究院毕业生成绩一览表》，清华大学档案，全宗号1，目录号2—1，卷宗号52，收入《清华大学史料选编》第二卷（下），清华大学出版社1991年版，第645—646页。

[2]《法科研究所·政治学部》，《清华大学一览》，1937，《清华大学史料选编》第二卷（下），清华大学出版社1991年版，第597页。邵氏出国时间，该处写是"二十二年六月"（考虑其论文考试时间是"二十二年十月"），恐怕有误，仍有待考。

并成为其中坚力量。1925 年清华成立大学部并设立政治学系，拉开了清华系统的法政教育之序幕。从 1928 年开始的清华大学时代，罗家伦与梅贻琦在主持校务时期，对大学发展与人才延揽方面有巨大的贡献，政治学系也因此得以迅速发展。从课程的设置上，注意通识教育，专业课程上既注意国际问题，亦重视中国之国情。

1929 年，清华成立法学院，下设法律、政治、经济三系，但法律学系因为经费问题和罗家伦的教育理念等因素而被申请暂缓设立，法律课程由政治学系兼为承担。后来梅贻琦任校长时，虽曾于1932—1934 年短暂设立，并在师资、图书资料、招生等方面作好充分准备，梅氏对大学的法学教育与专门学校之区别，亦有注重法学理论之独到见解，无奈与当时政府"发展理工、限制文法"的教育政策冲突，更兼庚款停付等带来的财政危机，尽管梅氏与校方诸多斡旋努力，终是功败垂成，法律学系之命运，只能感叹生不逢时。

尽管政治学与法学，无法双剑合璧而比翼齐飞，此时代清华的法政教育，不免有所缺憾，但整体而言，仍在稳定与持续的发展当中，良好的师资条件、合理的制度安排、优美的校园环境、严格之考核标准、扎实之学习作风，皆是值得肯定、借鉴之处。可惜，校史上的一段黄金时代，因为日寇侵华，不得不戛然而止，接下来，是漫漫的南迁之路。

（原载《政法论坛》2009 年第 4 期）

# 近代清华法政教育研究

（1937—1952）

## 引 言

本文是拙稿《近代清华法政教育研究（1909—1937）》(《政法论坛》2009 年第 4 期）的姊妹篇，主要探讨从 1937 年至 1952 年清华法政教育的沿革与变化。在此期间，清华经历了长沙临时大学、西南联合大学、战后复员和院系调整四个阶段。1937 年 7 月 7 日，卢沟桥事变，日寇全面侵华，国立北京大学、国立清华大学、私立南开大学三校师生不得不负笈南下，先短暂栖身于湖南，组成国立长沙临时大学，后因战局恶化，又千里跋涉至云南，更名为国立西南联合大学，直至抗战胜利，三校复员。彼时清华政治学系与北京大学法律学系、政治学系和南开大学政治学系共同开设法政课程，资源共享，同时亦保持各自相对的独立性。在民族危难之际，三校精诚合作，求同存异，师生们以刚毅坚卓之精神，撰写出一批经典名著，培养了众多优秀人才，并以各种方式积极地参与国家事务，为抗战胜利做出积极贡献、为民主运动谱写新章，铸就教育史上的一段奇迹。在战后复员回到北平后，1947 年清华曾经恢复过法律学系，但在 1949 年时代巨变的背景之下，在纷沓而至的院系调整浪潮之中被取消，法政教育的内容也发生重大的变化，1952 年清华政治学系被划拨至新成立的北京政法学院，清华由一所综合性的大学变成多科性高等工业大学，其法律教育的全面恢复，一直要到 1995 年清华法律学系的复建。

　　本课题相关的代表性研究，综合性著述有如《清华大学校史稿》（中华书局 1981 年版）、《国立西南联合大学校史》（北京大学出版社 2006 年版），对院系历史、课程设置、教员学生有概括介绍；易社强（John Israel）的《战争与革命中的西南联大》（饶佳荣译，台北传记文学出版社 2001 年版、九州出版社 2012 年版）对教授风貌有形象描写。专题性著述有如屠凯的《二十世纪上半叶清华大学法学教育的研究》（清华大学本科生综合论文训练，2004 年），对这段时期清华的法学教育机构、学术群体有很好勾勒，李贵连等编的《百年法学——北京大学法学院院史》（北京大学出版社 2004 年版）对长沙临时大学、西南联大时期的法律学系有详细介绍。拙文在上述研究基础上，试图从清华的视角出发，对这段历史加以细描，在丰富史实之余，于如史直书之中折射出时代变迁与制度变革，总结与思考其经验得失。

## 一　长沙临时大学时期
### （1937 年 9 月—1938 年 4 月）

　　1937 年 9 月 10 日，依据教育部 16696 号令，正式宣布以北京大学、清华大学、南开大学设立国立长沙临时大学。[1]选择长沙为校址，是从办此新校的物质条件出发的。首先，在卢沟桥事变前两年，清华大学曾拨巨款在长沙岳麓山下修建了一整套校舍，预计在 1938 年初即可全部交付使用；其次，卢沟桥事变前两年的冬季，清华大学曾秘密南运好几列车的教研工作所需的图书、仪器，暂存汉口，可以随时运往新校。[2]

[1]《国立西南联合大学校史》，北京大学出版社 2006 年版，第 366 页。

[2]　参见陈岱孙：《国立西南联合大学校史序》，第 1 页。从当时敌机空袭，清华向教育部呈报损失的报告中可窥得新校舍的格局，其共有六所：甲所（理工馆）、乙所（文法馆）、丙所（教职员宿舍）、戊所（工场）、丁所（学生宿舍）、己所。《清华长沙校舍被毁情况》，收入《清华大学史料选编》，第 3 卷（上），清华大学出版社 1994 年版，第 350 页。

国立长沙临时大学本部设于长沙，租用韭菜园路一号圣经学院校舍，后因校舍不敷分配，将文学院设于圣经学院的南岳分校。因为胡适等人富有洞见的建议，战时的教育仍采取常态教育的方式。[1]依据长沙临时大学常务委员会会议记录，其拟设4科，即文科、理科、工科、法商科，凡17系。法商科包括法律系、政治系、经济系、商学系四系，四系的教授会主席（按：后称为主任）分别推定是戴修瓒（北大）、张佛泉（北大）、陈总（即陈岱孙，清华）和方显廷（南开）。[2]依据《长沙临时大学各院系必修选修学程表》，其法政课程设置与师资如下：[3]

（按：必修或选修栏内，用罗马数码字填写者，系表示某年级必修学程，如Ⅰ、Ⅱ、Ⅲ、Ⅳ等码，各表示第一年级、第二年级、第三年级及第四年级必修课程。用阿拉伯数码字填写者，系表示某年级选修学程，如1、2、3、4等码，各表示第一年级、第二年级、第三年级及第四年级选修学程。学期栏内空白者，系表示全学年学程，填上下者，系表示上下学期学程。）

**（一）法律学系**

| 学程 | 必修或选修 | 学期 | 学分 | 教师 |
|---|---|---|---|---|
| 物权法 | Ⅱ、Ⅲ | 下 | 6 | 赵凤喈 |
| 债编总论 | Ⅱ | | 6 | 李祖荫 |
| 刑法分则 | Ⅱ | | 6 | 蔡枢衡 |

---

[1] 参见谢泳：《西南联大与中国现代知识分子》，福建教育出版社2009年版，第148页。

[2] 《国立西南联合大学史料》，第2卷，云南教育出版社1998年版，第7—8页。张佛泉后请辞政治学系教授会主席，改推张奚若为主席，未到前仍由张佛泉代理。《国立西南联合大学史料》，第2卷，第12页。

[3] 《长沙临时大学各院系必修选修学程表》（1937至1938年度），《国立西南联合大学史料》，第3卷，云南教育出版社1998年版，第117页以下。有必要指出，与会议记录相比，课程表少了化工系与商学系，且称谓上以学院代替原来的科，如称之为"法商学院"而非"法商科"。另外，尽管名单上有，但实际上有些教授并未到校，如萧公权便去了四川大学任教，氏著：《问学谏往录》，学林出版社1997年版，第121页以下。

续表

| 学程 | 必修或选修 | 学期 | 学分 | 教师 |
|---|---|---|---|---|
| 民事诉讼法（Ⅰ） | Ⅱ | | 6 | 张守正 |
| 法院组织法 | Ⅱ | 上 | 2 | 戴修瓒 |
| *民法通论 | | | 8 | 赵凤喈 |
| *刑法通论 | | | 6 | 蔡枢衡 |
| 债编各论 | Ⅲ | | 6 | 戴修瓒 |
| 亲属法 | Ⅲ | | 4 | 李祖荫 |
| 民事诉讼法（Ⅱ） | Ⅲ | | 6 | 陈瑾昆 |
| 刑事诉讼法 | Ⅲ | | 6 | 陈瑾昆 |
| 保险法 | Ⅲ，Ⅳ | 下 | 2 | 戴修瓒 |
| 国际公法 | Ⅲ | | 6 | 王化成 |
| 破产法 | Ⅲ | | 4 | 张守正 |
| 继承法 | Ⅳ | | 4 | 李祖荫 |
| 海商法 | Ⅳ | | 4 | 戴修瓒 |
| 民事执行法 | Ⅳ | | 4 | 张守正 |
| 国际私法 | Ⅳ | | 4 | 赵凤喈 |
| 民刑事诉讼实务 | Ⅳ | | 2 | 陈瑾昆 |
| 监狱学 | 4 | | 4 | 蔡枢衡 |

标 * 为政治系必修科

（二）政治学系

| 学程 | 必修或选修 | 学期 | 学分 | 教师 |
|---|---|---|---|---|
| 政治学概论 | | | 6 | 浦薛凤 |
| 近代政治制度 | | | 6 | 陈之迈 |
| 宪法 | | | 4 | 陈之迈 |

| 学程 | 必修或选修 | 学期 | 学分 | 教师 |
|---|---|---|---|---|
| 地方政府 | | | 4 | 沈乃正 |
| 市政府及市行政 | | | 4 | 沈乃正 |
| 国际公法 | | | 6 | 王化成 |
| 国际关系及组织 | | | 4 | 王化成 |
| 条约论 | | | 4 | 崔书琴 |
| 外交惯例 | | | 4 | 崔书琴 |
| 西洋政治思想史 | | | 8 | 张奚若 |
| 中国政治思想史 | | | 6 | 萧公权 |
| 西洋近代政治思想 | | | 4 | 浦薛凤 |
| 公民学原理 | | | 4 | 张佛泉 |
| 中国政治之改造 | | | 4 | 张佛泉 |

另，因经费与设备关系，研究院暂告停办。[1]研究生的招生培养，暂时停止。

但形势比人强，战局的恶化显然超出了预期设想，1937年11月12日上海失守，1937年12月13日南京沦陷，随之武汉告急，空袭时来，长沙已非安全之处，再次迁校不得不提上议程。梅贻琦倾注心血、寄予厚望的岳麓山下新校舍，只能借给与清华有合作关系的陆军交辎学院使用。[2]

从1937年10月18日开始旧生注册，10月25日举行开学典礼，11月1日开始上课，到1938年1月19日国民政府最高当局批准迁往昆明，[3]在长沙，临时大学的短暂存设，让人不免有"匆匆、太匆

[1] 教务处：《抗战二年中教务处工作概况》，收入《国立西南联合大学史料》，第3卷，云南教育出版社1998年版，第13页。
[2] 参见教务处：《抗战二年中教务处工作概况》，收入《国立西南联合大学史料》，第3卷，第13页。
[3] 《国立西南联合大学校史》，北京大学出版社2006年版，第367—369页。《校史》所记开学典礼日期为10月26日，但依据《长沙临时大学二十六年度校历》（《国立西南联合大学史料》，第3卷，第19页），开学典礼应为10月25日。

匆"的感叹，期间之曲折坎坷，恰是此时期中国多蹇命运之写照，而长沙临时大学与随后西南联大的血脉相连、弦歌不辍，乃中华民族国祚不断之映射。更需要指出，物质之贫乏不能抹煞精神上迸发的火花，恰如文学院冯友兰如椽大笔的传神记载：

> 我们在衡山只住了大约四个月，一九三八年春迁往昆明，最西南的边陲。在衡山只有短短的几月，精神上却深受激励。其时，正处于我们历史上最大的民族灾难时期；其地，则是怀让磨砖作镜，朱熹会友论学之处。我们正遭受着与晋人南渡、宋人南渡相似的命运。可是我们生活在一个神奇的环境：这么多的哲学家、著作家和学者都住在一栋楼里。遭逢事变，投止名山，荟萃斯文：如此天地人三合，使这一段生活格外地激动人心，令人神往。[1]

正如《西南联合大学校歌》所记"万里长征，辞却了五朝宫阙，暂驻足衡山湘水，又成离别"，接下来登场的，是"笳吹弦诵在山城"。

## 二　西南联合大学时期
### （1938 年 4 月—1946 年 7 月）

#### （一）概述

在学校和各方当局认真筹划、精心安排、妥善配合之下，长沙临时大学的近千名师生，历两月有余，水陆兼具，通过多种方式的艰苦跋涉，陆续抵达昆明。1938 年 4 月 2 日，奉教育部令：国立长沙临时大学改称国立西南联合大学。[2] 其英文名称为"The National Southwest Associated University"，校训为"刚毅坚卓"，校庆日即长

---

[1]　冯友兰：《中国哲学简史》，北京大学出版社 1997 年版，第 370—371 页。
[2]　《国立西南联合大学校史》，北京大学出版社 2006 年版，第 371 页。

沙临时大学开始上课的日期：11 月 1 日。

西南联大的本部设于昆明，期间校舍几易，1939 年建新校舍于昆明城外西北郊三分寺，在环城马路两侧，占地 120 余亩。[1] 因校舍不敷使用，文、法学院曾暂设蒙自（位处云南东南部，1938 年 8 月迁回昆明）。因战局不稳有再次迁校之议，一年级新生曾被安排于叙永分校（位处四川、云南、贵州交界，1941 年撤销）。

西南联合大学原由 4 院即文学院、理学院、法商学院、工学院构成，1938 年增设师范学院。凡 26 学系、2 个专修科（电讯和师范）和 1 个先修班。在西南联大存续的近九年期间（包括长沙临大），先后执教的教授 290 余人，副教授 48 人，前后在校学生约 8000 人，毕业的本科生、专科生和硕士研究生共 3882 人。法商学院原设政治学、法律学、经济学和商学 4 系，1940 年 5 月，社会学系从文学院的历史社会学系中分出来单独设系，并入法商学院。五系之中，政治、经济两系原为北大、清华、南开所共有，而法律、社会、商学则原来各为北大、清华、南开所独有。[2]

西南联大时期，法商学院的院长先后为方显廷（南开，1938 年 1 月—1938 年 4 月 19 日）、陈序经（南开，1938 年 4 月—1944 年 8 月）和周炳琳（北大，1944 年 8 月—1945 年 7 月），期间张奚若（清华）、陈岱孙（清华）曾代理院长。法律学系的主任原推为戴修瓒（北大），因其尚未到校，1938 年 7 月 12 日改推燕树棠（北大），一直至联大结束。政治学系主任由张奚若（清华）担任，经济学系主任由陈岱孙担任，商学系主任由方显廷（南开）担任，后方氏请辞，1938 年 5 月 10 日起由丁佶（南开）担任。在丁氏于 1940 年 10 月 6 日游泳不幸溺亡后，由陈岱孙兼任。社会学系主任由陈达（清华）担任，后陈氏请辞，1943 年 8 月 12 日起由潘光旦（清华）担任。

[1]《国立西南联合大学校史》，北京大学出版社 2006 年版，第 41 页。
[2]《国立西南联合大学校史》，前言，又，209—210 页。从联大的课程表上看，经济学与商学系的课程合并，统称为经济商业学系。

从 1938 年至 1946 年，法商学院共毕业学生 1356 人。其中属于清华学籍的毕业生，政治学系 26 人，经济学系 120 人，社会学系 1 人（按：从 1942 年起，社会学系毕业生始归于法商学院之下）。属于北大学籍的毕业生，政治学系 34 人，法律学系 20 人，经济学系 68 人。属于南开学籍的毕业生，政治学系 3 人，经济学系 32 人，商学系 56 人。属于西南联大学籍的毕业生，法律学系 91 人，政治学系 90 人，经济学系 562 人，商学系 103 人，社会学系 59 人。[1]

### （二）师资和教研

#### 1. 师资

笔者以《国立西南联合大学教职员名录》[2] 所列人名为基础，参考苏云峰编撰的《清华大学师生名录资料汇编（1927—1949）》（中研院近代史所史料丛刊 49，2004 年版），另加以搜集整理、补充修订资料，法政教员的基本情况如下：

---

[1]　参见《国立西南联合大学校史》，北京大学出版社 2006 年版，第 210 页、432—435 页。有必要指出，该书第 210 页统计法商学院的毕业生为 1296 人，并没把从 1942 年起的 60 名社会学系毕业生计算在内。

[2]　《国立西南联合大学教职员名录》，本名录原载西南联合大学北京校友会校史编辑委员会编印之《国立西南联合大学校史资料》一书，后收入《清华大学史料选编》，第 3 卷（下），清华大学出版社 1994 年版，第 302—304 页。

（1）政治学系：

| 姓名 | 籍贯 | 生卒年 | 职称 | 在联大（包括临大）时间 | 学、教履历 |
|---|---|---|---|---|---|
| 张佛泉 | 河北宝坻 | 1908—1994 | 教授 | 1937—1941 | 燕京大学哲学系毕业，美国约翰·霍普金斯大学学习，北京大学讲师，副教授，西南联大，燕京大学，台湾东吴大学，加拿大英属哥伦比亚大学教授 |
| 张奚若 | 陕西大荔 | 1889—1973 | 教授 | 1937—1946 | 美国哥伦比亚大学学士，政治学硕士，中央大学，清华大学，西南联大教授 |
| 崔书琴 | 河北故城 | 1906—1957 | 教授 | 1937—1946 | 南开大学毕业，哈佛大学政治学硕士，博士，中央政治学校，西南联大，北京大学教授 |
| 张纯明 | 河南洛宁 | 1903—1984 | 教授 | | 清华津贴生，美国伊利诺大学硕士，耶鲁大学政治学博士，南开大学政治学教授，文学院院长 |
| 钱端升 | 上海 | 1900—1990 | 教授 | 1938—1946 | 清华学校毕业，美国北达科他州大学学士，哈佛大学硕士，政治学博士，中央大学，北京大学，清华大学，西南联大教授兼院长，北京政法学院 |
| 罗隆基 | 江西安福 | 1896—1965 | 教授 | 1940—1942 | 清华学校毕业，威斯康星大学学士，伦敦政治经济学院政治学博士，美国哥伦比亚大学硕士，西南联大教授 |
| 邵循恪 | 福建福州 | 1911—1975 | 教授 | 1940—1946 | 清华法学院政治学系毕业，清华法学院法科研究所硕士，芝加哥大学法学博士，武汉大学，西南联合大学，清华大学，北京政法学院教授 |

续表

| 姓名 | 籍贯 | 生卒年 | 职称 | 在联大（包括临大）时间 | 学、教履历 |
|---|---|---|---|---|---|
| 吴之椿 | 湖北江陵 | 1894—1971 | 教授 | 1941—1946 | 美国依利诺大学文学士，哈佛大学硕士，伦敦政治研究院，法国巴黎大学深造，中州大学、中山大学、清华大学、山东大学、武汉大学、西南联大、北京政法学院教授 |
| 浦薛凤 | 江苏常熟 | 1900—1997 | 教授 | 1937—1939 | 清华学校毕业，哈佛大学硕士，翰墨林大学荣誉法学博士，云南东陆大学、清华大学、西南联大、台湾政治大学教授 |
| 王化成 | 江苏丹徒 | 1903—1965 | 教授 | 1937—1939 | 清华学校毕业，明尼苏达大学法学博士，清华大学、西南联大教授 |
| 沈乃正 | 浙江嘉兴 | 1899—? | 教授 | 1937—1939 | 清华学校毕业，印第安纳大学学士，哈佛大学硕士，博士，南开大学、清华大学、台湾大学教授 |
| 赵凤喈 | 安徽和县 | 1896—1969 | 教授 | 1937—1946 | 北京大学法律系毕业，巴黎大学法学硕士，中央大学讲师，西南联大、清华大学教授 |
| 王赣愚 | 福建福州 | 1906—1997 | 讲　师，教授 | 1938—1939，1941—1946 | 清华法学院政治学系毕业，哈佛大学博士，政治学博士，中央政治学院、云南大学、西南联大、南开大学教授 |
| 陈之迈 | 广东番禺 | 1908—1978 | 教授 | 1937—1938 | 清华学校毕业，俄亥俄州立大学学士，哥伦比亚大学博士，清华大学教授 |

续表

| 姓名 | 籍贯 | 生卒年 | 职称 | 在联大（包括临大）时间 | 学、教履历 |
|---|---|---|---|---|---|
| 周世逑 | 浙江吴兴 | 1913—1997 | 副教授 | 1939—1941 | 清华法学院政治学系毕业，哈佛大学政治学博士，西南联大副教授，北京大学，大夏大学，中央大学，华东纺织工学院教授 |
| 楼邦彦 | 浙江鄞县 | 1912—1979 | 副教授 | 1939—1940 | 清华法学院政治学系毕业，第四届中英款公费留学生，伦敦政治经济学院留学，西南联大副教授，武汉大学，中央大学，北京大学，北京政法学院教授 |
| 龚祥瑞 | 浙江宁波 | 1911—1996 | 副教授、教授 | 1939—1943 | 清华法学院政治学系毕业，第三届中美庚款公费留学生，英国伦敦政经学院，巴黎大学留学，西南联大副教授，教授，中央大学，北京大学教授 |
| 徐义生 | 江苏武进 | 1910—？ | 讲师 | 1938—1939 | 清华法学院政治学系毕业，第一届中美庚款公费留学生，哥伦比亚大学硕士，西南联大讲师，中央研究院，中国科学院研究员 |
| 曹保颐 | 河北天津 | 1913— | 助教 | | 清华法学院政治学系毕业，纽约大学硕士 |
| 瞿维熊 | 江苏崇明 | 1918— | 助教 | | 清华法学院政治学系毕业 |
| 钟一均 | 广东五华 | 1916— | 助教 | | 清华法学院政治学系法科研究所硕士，岭南大学，中山大学任教 |

| 姓名 | 籍贯 | 生卒年 | 职称 | 在联大（包括临大）时间 | 学、教履历 |
|---|---|---|---|---|---|
| 杜汝楫 | 广东 | 1919— | 助教 | | 西南联大法商学院政治学系毕业，清华大学讲师，北京政法学院（中国政法大学）教授 |
| 陈体强 | 福建闽侯 | 1917—1983 | 行政研究助理 | | 清华法学院政治学系毕业，牛津大学哲学博士，清华大学副教授，北京大学、外交学院教授 |
| 施蕴成 | 江西南昌 | 1916—1971 | 行政研究助理 | | 清华法学院政治学系毕业 |

（2）法律学系：

| 姓名 | 籍贯 | 生卒年 | 职称 | 在联大（包括临大）时间 | 学、教履历 |
|---|---|---|---|---|---|
| 戴修瓒 | 湖南常德 | 1887—1957 | 教授 | 1937—1942 | 日本中央大学法学士，东吴大学，北京法政大学，北京大学，西南联大教授 |
| 燕树棠 | 河北定县 | 1891—1984 | 教授 | 1938—1946 | 北洋大学法科毕业，哥伦比亚大学法学硕士，耶鲁大学法学博士，北京大学，武汉大学，清华大学，西南联大教授兼四校法律学系主任 |
| 蔡枢衡 | 江西永修 | 1904—1983 | 教授 | 1937—1946 | 日本中央大学法学士，东京帝国大学法学硕士，北京大学，西南联大教授 |
| 罗文干 | 广东番禺 | 1888—1941 | 教授 | 1939—1941 | 牛津大学法学硕士，西南联大教授 |

续表

| 姓名 | 籍贯 | 生卒年 | 职称 | 在联大（包括临大）时间 | 学、教履历 |
|---|---|---|---|---|---|
| 张企泰 | 浙江海宁 | 1909— | 教授 | 1939—1941 | 清华法学院政治学系毕业，巴黎大学法学博士，西南联大教授 |
| 李士彤 | 河北天津 | 1903—1993 | 教授 | 1941—1946 | 北大法律学系毕业，第三届中美庚款公费生，德国柏林大学法学博士，西南联大教授 |
| 陈瑾昆 | 湖南常德 | 188?—1959 | 教授 | 1937—1938 | 日本东京帝国大学法学士，北京大学、朝阳大学教授 |
| 李祖荫 | 湖南祁阳 | 1897—1963 | 教授 | 1937—1938 | 北平朝阳大学法律学系毕业，日本明治大学留学，燕京大学、北京大学、湖南大学教授兼法学院院长 |
| 张守正 | | | 专任讲师 | 1937—1938 | 北京大学法律学系毕业 |
| 费青 | 江苏吴江 | 1907—1957 | 1938年聘为讲师，1940年聘为教授 | 1938—1940，1945—1946 | 东吴大学法律学院毕业，第二届中美庚款公费留学生，柏林大学法学硕士，云南大学教授、西南联大讲师、教授 |
| 芮沐 | 浙江吴兴 | 1908—2011 | 教授 | 1941—1945 | 巴黎大学法学硕士，德国法兰克福大学博士，中央大学、西南联大、北京大学教授 |
| 马质夫 | 江苏如皋 | | 讲师、教授 | 1942—1945 | 巴黎大学法学博士，中央大学、中山大学教授、西南联大讲师、教授 |

| 姓名 | 籍贯 | 生卒年 | 职称 | 在联大（包括临大）时间 | 学、教履历 |
|---|---|---|---|---|---|
| 章剑 | 安徽 | | 教授 | 1941—1946 | 比利时鲁汶大学硕士，法国里昂大学法学博士，复旦大学，西南联大教授 |
| 林良桐 | 福建闽侯 | 1914—1951？ | 专任讲师（兼历史社会学系）、副教授（兼社会学系） | 1939—1942 | 清华法学院政治学系毕业，第四届中美庚款公费留学生，美国哥伦比亚大学硕士，西南联大专任讲师，副教授 |
| 胡觉 | 江西吉安 | | 讲师 | 1938—1939 | 江西豫章法政专门学校毕业，云南大学教授，西南联大讲师 |
| 吴徽生 | 浙江东阳 | | 讲师 | 1943—1945 | 浙江公立法政专门学校毕业，西南联大讲师 |
| 徐长龄 | 河北 | | 助教 | | 西南联大法律学系毕业 |
| 胡正调 | 江西新建 | 1917—1996 | 助教 | 1940—1943 | 北京大学法律学系毕业 |
| 曹树经 | 江苏 | | 助教 | | 北京大学法律学系毕业 |
| 邓明睿 | | | 助教 | | |
| 崔道录 | 江苏东台 | | 助教 | | 西南联大毕业，北大法科研究所肄业，法学博士（意大利） |

续表

| 姓名 | 籍贯 | 生卒年 | 职称 | 在联大（包括临大）时间 | 学、教履历 |
|------|------|--------|------|------------------------|------------|
| 闻鸿钧 | 江苏宜兴 | | 助教 | | 武汉大学法律学系毕业，北大法科研究所肄业 |

西南联大时期的师资主要有两个特点：

首先，学术代际及其传承正在有序形成。清华的情况最为明显，从上表可以看出，早期毕业于清华政治学系的优秀学生如张企泰、王赣愚、邵循恪、林良桐、周世述、楼邦彦、龚祥瑞，以及上表没有显示的曾炳钧、王铁崖、邹文海等人，已经陆续在如巴黎大学、哈佛大学、芝加哥大学、伦敦政经学院、哥伦比亚大学等国外一流大学取得学位或完成学业，回国任教，这从一个侧面反映了之前清华法政教育的成功。这批人与早期清华留美预备部出身的钱端升、王化成、陈之迈、浦薛凤、罗隆基、沈乃正等一起，成为西南联大教研的中坚力量。与此同时，更为年轻的学子如杜汝楫、钟一均、陈体强等也开始担任助教或研究助理，发表论著，崭露头角。

其次，教员由于三校合一，得以资源共享，如清华的王化成到法律学系开设《国际公法》，南开的陈序经到政治学系开设《主权论》等。但因为战争等因素的影响，教员处在较为频繁的变动之中，虽然并非无人可代，但原本熟手的专任课程突然换人，效果难免会受到影响，则是弊端。例如清华政治系在联大初期就有三位资深教授离校，其中陈之迈赴行政院，浦薛凤和王化成赴国防最高委员会，对西南联大来说，可谓重大损失。北大法律系也出现一名教授开设多个领域课程的情况，一方面固然可赞其博学多能，另一方面也不能不说是无奈之举。

2. 教研

战争改变了原来物质比较宽裕的教授们的生活，通货膨胀使得1942 年 11 月昆明一个家庭一月最低生活费达到 7500 元，[1]而在 1943 年，即便是资深教授如钱端升、吴之椿者，月薪也不过 4000 元，[2]这对上有老人需要赡养，下有小儿嗷嗷待哺的联大教员们来说，其拮据

[1]　《昆明教授家庭最低生活费的估计》（按 1942 年 11 月份昆明物价），收入《清华大学史料选编》第 3 卷（下），清华大学出版社 1994 年版，第 336 页。

[2]　清华大学档案（全宗号）1——（目录号）3：2——（案卷号）193——（页码）75。

窘迫，可想而知，若不幸遭遇其他变故，则更为艰难。法律学系的费青教授久病之下，只能将自有德、英、日文全部图书出售，最后由北大法律研究所收买；[1] 社会学系的陶云葵教授病逝，生后萧条，其夫人林亭玉生活无着，投水自尽，幸为渔民所救。[2] 皆是让人不胜唏嘘感慨的例子。

但令人感佩的是，生活急剧的落差、条件的艰苦并不能阻挠教研的开展。端木正回忆道：

抗战八年我是在读大学和研究生度过的，目睹我的老师们怎样艰苦卓绝教育我们这一代人。日寇空袭、颠沛流离、法币贬值，资料不足、住房狭小，电灯昏暗（有时无电则一灯如豆在油灯或烛光下开夜车）……但他们为了延续民族的文化，为了民族的未来，甘之如饴，保证质量地讲课，还不断出科研成果。[3]

端木正追忆的情景，恰与在西南联大法商学院兼任讲师的瞿同祖之记忆颇为契合：

在昆明时生活和工作条件艰苦，敌机不时来袭，在呈贡乡间住了一年，夜间以菜子油灯为照明工具，光线昏暗，不能写读，八时即就寝，于是就在床上反复思考写作中遇到的问题。有了腹稿，次晨便可奋笔疾书了。[4]

正是如此极端不便的情况下，甚至在缺乏如《宋刑统》这样重要

---

[1] 《燕树棠函梅常委关于收购费青售书事》，收入《清华大学史料选编》第3卷（下），清华大学出版社1994年版，第332—333页。

[2] 《国立西南联合大学校史》，北京大学出版社2006年版，第406页。

[3] 端木正：《〈王铁崖文选〉序》，载于邓正来编：《王铁崖文选》序，中国政法大学出版社2003年版，第4页。

[4] 瞿同祖、赵作栋：《为学贵在勤奋与一丝不苟——瞿同祖先生访谈录》，《近代史研究》2007年第4期。

图书资料的条件下，《中国法律与中国社会》这部介绍中国法律史的典范作品，直至今天仍然一版再版的不朽名著诞生了。

桃李不言，下自成蹊，有这样君子德风的老师，耳濡目染的学生们又怎能不感动努力？

法律学系的蔡枢衡讲道：

> 侵略破坏了一切秩序，炮火阻止了书本学问的向前。唯一可能的工作是：观察现实，回顾已往，憧憬未来，偶有所感，每以一吐为快……自二十七年末至于三十二年春，我个人便产生了一个散文时代。[1]

在这一特殊时空之下，蔡枢衡进行着对中国法学深刻的批判性反思，写就了《近四十年中国法律及其意识批判》《新中国之文明与文化》《中国法学及法学教育》等一系列作品，集成《中国法理自觉的发展》。他有当头棒喝"三十年来的中国法和中国法的历史脱了节，和中国社会的现实也不适合。这是若干法学人士所最感烦闷所在，也是中国法史学和法哲学待决的议案"[2]，该书寻求中国法学主体性的问题意识，时至今日仍然有重要的意义。

1940年9月，颇具特色的行政研究室成立。该研究室以研究中国现代及过去各种行政问题为目的，由法商学院担任行政部门之各教授与研究助理员若干人组织之。钱端升、周世逑、龚祥瑞、戴修瓒等为委员，钱端升任主席。行政研究室的前身是钱端升战前在中央大学政治系任教时建立的图书室，后随其迁往北大。[3]该研究室的设置，代表着钱端升对中国政治问题的持续关注和对年轻学人的着力栽培。该研究室的系列丛刊中，后起之秀陈体强的《中国外交行政》（商务

---

[1]　蔡枢衡：《中国法理自觉的发展》，清华大学出版社2005年版。
[2]　蔡枢衡：《中国法理自觉的发展》，清华大学出版社2005年版，第29页。
[3]　参见《国立西南联合大学校史》，第386页；《清华大学史料选编》第3卷（下），清华大学出版社1994年版，第261页之《国立西南联合大学行政研究室规程》。

印书馆）这一坚实厚重的著作获得教育部 1944 年第四届学术奖励社会科学类的三等奖。[1]

此外，邵循恪的《国际法与中日事件研究》、*The Obsolescence of Treaties*（Private Edition, Chicago, 1939），吴之椿的《自由与组织》、《青年的修养》（国民图书出版社，1941—1942），王赣愚的《中国政治的改进》（商务印书馆，1940）、《民治独裁与战争》（正中书局，1941），钱端升的《战后世界之改造》（商务印书馆，1943）、《中国政府》，崔书琴的《三民主义新论》，燕树棠的《西洋法律哲学及中国法律思想》，赵凤喈的《民法亲属编》，章剑的《保安处分制度之沿革及其将来》，李士彤的《买卖法中之瑕疵担保》等著述，加之相关课程的讲义，[2] 散布于各期刊的论文，以及法政人积极参与的《当代评论》《时代评论》等杂志的创立，[3] 皆是筚路蓝缕中坚守本职、笔耕不辍的有力证据。

---

[1] 摘自《第二次中国教育年鉴》，第六编，第五章，收入《国立西南联合大学史料》，第 3 卷，云南教育出版社 2006 年版，第 763 页。

[2] 依据《国立西南联合大学史料》，第 3 卷，第 555—556 页；清华大学档案（全宗号）1——（目录号）3：2——（案卷号）193——（页码）76、81、83、85—87 整理。例如芮沐先生的讲义《民法法律行为理论之全部》（后于 1948 年经河北第一监狱印刷刊行，2003 年中国政法大学出版社再刊）就被民法学者认为"是 1949 年以前中国民法著述中的'绝响'。1949 年以来大陆地区的民法著述，也无有出其右者。这是中国民法学者撰写的一部可以和世界对话的作品"，参见张谷：《"历百年沧桑，观四海潮涌，先生堪为跨世通儒"——名实之间忆芮翁》，http://law.hust.edu.cn/Law2008/ShowArticle.asp?ArticleID=9056。

[3]《国立西南联合大学校史》，北京大学出版社 2006 年版，第 392、419 页。

（三）课程设置

1. 政治学系的必修课程和本系开设的选修课程[1]：

| | |
|---|---|
| 专业必修课 | 政治学概论（1 年级，6 学分）、近代政治制度（2 年级，6 学分）、中国外交史（2 年级，6 学分）、国际公法（3 年级，6 学分）、西洋政治思想史（3 年级，6 或 8 学分）、中国政府（3 年级，3 学分）、行政法（4 年级，6 学分） |
| 非专业必修课 | 大一英文、大二英文、第二外国语、中国通史、西洋通史、自然科学课程、社会科学课程 |
| 本系开设的选修课 | 近代西洋政治思想（4 学分）、国际关系（6 学分）、英国宪法史（6 学分）、现代西洋政治思想（4 学分）、主权论（3 学分）、宪法（4 学分）、各国地方政府（3 学分）、国际法及外交研究（4 学分，研究生课程）、条约论（4 学分）、中国政治思想史（6 学分）、国际公法判例（6 学分，研究生课程，高年级本科可选）、地方政府（4 学分）、中国地方政府（2 学分）、市政府及市行政（4 学分）、国际关系组织（4 学分）、极权政府（4 学分）、战后问题（3 学分）、各国行政问题（3 学分）、现代政治学（4 学分）、政治制度研究（4 学分）、行政问题及行政原理（3 学分）、行政学（6 学分）、比较行政法（6 学分）、行政程序（3 学分）、外交惯例（4 学分）、中国外交史研究（4 学分）、外交学（3 学分）、国际及殖民行政（3 学分）、边疆问题（4 学分） |

---

[1]　依据《国立西南联合大学校史》，北京大学出版社 2006 年版，第 212—213 页整理。有必要指出，西南联大时期，课程处在持续变化之中，1937—1946 年度具体每一学年的课程情况，可见"国立西南联合大学文法学院各学系必修选修学程表"，收入《西南联大大学史料》，第 3 卷，云南教育出版社 1998 年版，第 133 页以下。关于法律系的课程亦是如此。

2. 法律学系的必修课程和本系开设的选修课程[1]：

| 专业必修课 | 法学绪论（1 年级，2 学分）、民法总则（1 年级，6 学分）、宪法（1 年级，4 学分）、刑法总则（2 年级，6 学分）、民法债编（2 年级，6 学分）、民法物权（2 年级，4 学分）、国际公法（2 年级，6 学分）、中国司法组织（2 年级，2 学分）、民法亲属继承（3 年级，6 学分）、商事法概论（3 年级，6 学分）、行政法（3 年级，6 学分）、刑法分则（3 年级，4 学分）、中国法制史（3 年级，4 学分）、刑事诉讼法（3 年级，6 学分）、国际私法（4 年级，4 学分）、破产法（4 年级，2 学分）、劳工法（4 年级，3 学分）、民事诉讼法（4 年级，8 学分）、强制执行法（4 年级，2 学分）、法理学（4 年级，4 学分）、诉讼实习（4 年级，2 学分）、毕业论文（4 年级，2 学分） |
|---|---|
| 非专业必修课 | 大一国文、大一英文、大二英文、第二外国语、中国通史、西洋通史、逻辑、哲学概论、自然科学课程、社会科学课程 |
| 本系开设的选修课（按：选修与必修课程性质有时会发生变动） | 海商法（3 或 4 学分）、保险法（2 或 3 学分）、民事执行法（4 学分）、监狱学（2 或 4 学分）、犯罪学（2 或 3 学分）、犯罪心理学（4 学分）、公司法（3 或 6 学分）、近代大陆法（2 学分）、罗马法（4 学分）、土地法（3 学分）、刑事政策（2 或 3 学分）、法医学（2 学分） |

3. 司法组课程：

1942 年，教育部与司法行政部会商，指令西南联大的法律系增设司法组，注重司法实务训练，[2]1943 年，西南联大开始在法律系中增设司法组，其"目的在造就专门人才，以备收回法权后之亟需，该组学生在校享公费待遇，毕业后亦有优待条款"。[3]司法组的必修科

---

[1] 依据《国立西南联合大学校史》，北京大学出版社 2006 年版，第 230—234 页整理。

[2] 参见清华大学档案（全宗号）1——（目录号）3：2——（案卷号）088——（页码）1。

[3] 《西南联大三十三年度录取新生标准》，收入《国立西南联合大学史料》，第 3 卷，云南教育出版社 1998 年版，第 88 页。

目表[1]如下：

| 第一学年 | 三民主义（4学分）、军训（4）、体育（2）、国文（6或8）、外国文（6或8）、社会学（4或6）、经济学（6）、政治学（4或6）、伦理学（3）、法学绪论（2或3）、宪法（4）、民法总则（6）、 |
|---|---|
| 第二学年 | 体育（2）、外国文（6或8）、伦理学（3）、中国司法组织（2或3）、公司法（2或3）、民法物权（4）、刑法分则（4或6）、※第二外国语一（6）、※罗马法（6）、※劳工法（3）、※土地法（3）[有※号者二年级学生每学期得任选六学分] |
| 第三学年 | 体育（2）、民法亲属继承（4或6）、民事诉讼法（8或10）、刑事诉讼法（6）、行政法（6）、中国法制史（4或6）、票据法（2或3）、保险法（2或3）、※第二外国语二（6）、※比较法学绪论（6）、※罗马法（6）、※刑事特别法（3）、※犯罪学（3）、※监狱学（3）、※劳工法（3）、※土地法（3）[有※号者三年级学生每学期得任选六学分] |
| 第四学年 | 体育（2）、国际私法（4或6）、法理学（4或6）、强制执行法（3或4）、海商法（2或3）、破产法（2）、刑事审判实务（4）、民事审判实务（4）、检察实务（2）、论文（2或4）、※比较民法（6）、※比较刑法（4或6）、※英美法（3）、※近代欧洲大陆法（3）、※中国司法问题（2或3）、※比较司法制度（4或6）、※证据法（3）、刑事政策（3）[有※号者四年级学生每学期得任选6或9学分] |

依据《西南联合大学本科教务通则》[2]第30条规定:学生在修业期间，须修满132学分，及党义2学分，体育8学分，军事训练6学分。但第13条在规定除党义、体育及军事训练之学分外，每学期所选学分以17学分为准，不得少于14学分，亦不得超过20学分的同时，已有法律学系与工学院各系另有规定的例外。可见，法律系的学分要超过教务通则规定的基准数，以司法组为例，"其学生最少须修够必修科目143学分至176学分，选修科目18至21学分，方得毕业。但每学期修习学分总数至多不得超过26学分"，可证其课业负担

[1] 依据清华大学档案（全宗号）1——（目录号）3：2——（案卷号）088——（页码）7—9整理。
[2]《西南联合大学本科教务通则》，收入《清华大学史料选编》，第3卷（下），清华大学出版社1994年版，第157页。

较重。

　　（四）研究生培养

　　1939 年 6 月 27 日，西南联大常委会第 111 次会议决议："本校暂不举办研究院，由三校就现有教师设备并依分工合作原则酌行恢复研究所部。其研究生奖金等费用亦由各校自筹拨发"[1]，即此，开始恢复研究生的培养。

　　1940 年，开始恢复法政研究生的招生。依据《国立西南联合大学清华、北大、南开研究院二十九年度招生简章》，清华的法科研究所设有政治学部，组别及考试内容如下：（1）政治制度组；（2）国际法组。a 国文、b 英文（作文及翻译）、c 近代政治制度、d 西洋政治思想史、e 国际公法。

　　北京大学的法科研究所设有法律学部，组别及考试内容如下：（1）中国法律史学及中国法律思想史组，a 国文、b 中国经文解释、c 英文（作文及翻译）、d 罗马法及法理学、e 民法、f 刑法；（2）国内司法调查组，a 国文、b 英文（作文及翻译）、c 民事诉讼法、d 刑事诉讼法、e 民刑法。[2]

　　1942 年，规模扩大，法科研究所的法律学部分为三组，分别是：中国法律史学及中国法律思想史组（北大）、国内司法调查组（北大）、犯罪学组（北大）；政治学部分为四组，分别是：政治制度组（清华）、国际法组（清华）、行政组（北大）、国际关系组（北大）。[3]

　　依据《国立清华大学、国立北京大学、私立南开大学研究院暂行办法》，研究院学生学费暂免，可担任本校半时助教（半时助教者不给予津贴，但仍得领受奖学金）。成绩及格者得请求津贴（每年每人

［1］《国立西南联大大学史料》，第 2 卷，云南教育出版社 1998 年版，第 96 页。

［2］《国立西南联合大学清华、北大、南开研究院二十九年度招生简章》，收入《国立西南联大大学史料》，第 3 卷，云南教育出版社 1998 年版，第 443 页以下。

［3］《国立西南联合大学清华、北大、南开研究院三十一年度年度招生简章》，收入《国立西南联大大学史料》，第 3 卷，云南教育出版社 1998 年版，第 456 页。

600 元），成绩优异者给予甲种（总平均分 80 分以上，300 元）、乙种
（总平均分 75 分以上，150 元）奖学金，[1]津贴与奖学金虽然有人数
限制（如清华津贴名额以二十人为限，每部以四人为限，奖学金以十
人为限）。但考虑到研究生人数甚少，只要成绩符合标准（当然非常
严格），获得津贴和奖学金的概率不低。

从现有资料来看，北京大学的法律学部研究生有 4 人，1940 年
入学者为贺祖斌，1941 年入学者为闻鸿钧，1942 年入学者为张挹材，
1943 年入学者为崔道录。[2]其中，张挹材的论文是《司法调查》、崔
道录的论文是《隋唐法律思想与法律制度》，指导教授皆为燕树棠先
生。[3]

清华政治学部的研究生有 7 人，1940 年入学者为瞿维熊、吴明
金、屈哲夫，1941 年入学者为胡树藩，1942 年入学者为钟一均、罗
应荣，1943 年入学者为端木正。[4]目前可知，罗应荣于 1946 年毕
业，论文是 *The International Relation of Outer Mongolia in Relation to
Russia and China*；端木正于 1947 年毕业，论文是《中国与中立法》，
导师是邵循恪；钟一均于 1948 年毕业，论文是《不列颠自治领的宪
法地位》，导师是甘介侯。

以端木正在西南联大的教育历程为例，可见该时期研究生培养之
一斑。

端木氏于 1943 年 9 月考入清华研究院政治学研究所国际法组，
1945 年 6 月修满 26 学分后，进入相关的考试阶段。首先是外语考试，
1946 年 4 月 2 日在西南联大外国语文学系通过第二外国语考试（法

[1]《国立清华大学、国立北京大学、私立南开大学研究院暂行办法》，收入《国立西
    南联大大学史料》，第 3 卷，云南教育出版社 1998 年版，第 445 页以下。
[2] 清华大学档案（全宗号）1——（目录号）4：2——（案卷号）79——（页码）
    13。
[3]《国立北京大学研究生论文题目一览》，收入《国立西南联大大学史料》，第 3 卷，
    云南教育出版社 1998 年版，第 468 页。
[4] 清华大学档案（全宗号）1——（目录号）4：2——（案卷号）79——（页码）
    8。

文），主试人吴达元，成绩为及格。

其次是学科考试，1946 年 5 月 7 日，在清华大学会议厅（昆明）举行学科考试，考试范围为：国家公法与国际关系、各国政府及政治、西洋政治思想，主试委员是张奚若，委员有钱端升、赵凤喈、刘崇鋐、邵循恪、潘光旦和王赣愚，成绩为 81 分。11 月份起，端木正成为半时助教。

最后是论文考试。在其论文《中国与中立法》获得导师邵循恪认可后，进入最后论文考试。端木氏论文的审查意见摘要为："取材虽未完备，论断则颇为精审。本文能对中立法方面做初一步的历史叙述，实为尚有学术价值之作。"该论文考试于 1947 年 7 月 16 日下午 3 时至 6 时，在图书馆娄下文法学院讲讨室举行。考试委员阵容强大，有 9 人之多，其中本系教授 4 人：邵循恪（主试委员）、张奚若、赵凤喈、甘介侯，本校外系教授 3 人：吴泽霖（社会学系教授）、刘崇鋐（历史系教授）、邵循正（历史系教授），校外委员 2 人，崔书琴（北大政治系教授）、王铁崖（北大政治系教授）。端木正论文考试的成绩为 81.5 分。[1]

其培养考核，无论是程序方面还是具体内容，皆保持着与战前清华相当的连续性。考试委员的阵容强大，是让人印象深刻的一面。其中学科考试 7 人，论文考式甚至高达 9 人，各位考试委员的专业背景也各不相同，来自政治学、法律学、社会学、历史学各个领域。想必其所提之问题，也会从各自的专业出发，考生如果知识背景不够广博、专精，不具备"舌战群儒'的实力，准备不充分，在数个小时多对一的轮番"轰炸"下，实际上是很难过关，非常容易被"烤糊"的。

作为端木正的导师，邵循恪参与了学科考试和论文考试的全过程，在论文考试中，其甚至担任了主试委员，这里并无今天硕博士论文答辩制度设计上的所谓导师回避问题，联想到邵循恪当年考试，其

---

[1]　根据清华大学档案（全宗号）1——（目录号）4：2——（案卷号）80—1 和 80—2 相关内容整理。

导师王化成也是全程参加，大家似乎习以为常，此可以从一角度说明了学生素质和论文水准才是考试的关键，亦让人再次感叹何炳棣关于当时知识分子的评价：其"重趣味重性情而轻利害"，"道德"水准较高，没有鱼目混珠、自欺欺人、互相吹捧，树立利益集团等不良风气，[1]实不无道理。

端木氏的两次考试，成绩皆在80分以上，实际上是当时甲种奖学金的标准，可证其在联大相当优异的表现，但对其论文的审查意见仍然相当谨慎（按：笔者怀疑是出自其导师邵循恪之手），对该论文不足之处直言不讳，褒奖之处则留有余地。笔者以为，这样"苛刻"的评价不仅无损端木先生的声望，反倒是会让人对那个时代严谨、严肃、严格的学风好生敬仰。西南联大堪称中国乃至世界教育史上的一个奇迹，这种奇迹的基础正是建立在这种笃实的学风之上，端木先生在该时期所受教育的过程，正是其有力佐证。

如同其导师邵循恪，端木正也选择了毕业后赴国外深造之路。1947年，其考取留法公费，并于1950年在巴黎大学顺利地获得博士学位，毕业论文是 *Le rôle de la nationalité dans la composition et le fonctionnement de la Cour internationale de Justice*（《论国籍在国际法院组成和运用上的重要性》），1951年再获巴黎大学高级国际法研究所毕业文凭，毕业论文是 *Droit des prises maritimes chinoises*（《中国海上捕获法》）。不免有憾的是，1952年的院系大调整中，清华法学院被撤销，所属各系被划拨至其他学校，归国以后的端木正无法如导师邵循恪一样，在念兹在兹的清华大学，施展其本身所学。

## （五）爱国民主运动

法政师生们在认真地投入教研、学习之余，亦心忧国事，情系祖国，以各种方式积极地投入爱国民主运动。抗战时期，西南联大法商学院百余名学生积极从军，投笔从戎，为抗战胜利贡献自己的青春、

---

[1]　何炳棣：《读史阅世六十年》，广西师范大学出版社2005年版，第162页。

智慧乃至鲜血、生命。

清华法学院政治学系的第一届毕业生、后来担任政治系主任的曾炳钧，1941 年在美国哥伦比亚大学取得博士学位后，毅然放弃在美国供职机会，接受美国中共地下党委托，签下生死状，作为中方唯一代表，冒着被敌机轰炸的危险，押运挪威货船 S.S.Gunny 号（挪威和德国是交战国），将一船新型战斗机带回祖国，[1]有力地支持了当时饱受日机轰炸之苦的中国抗战。

抗战结束后，在反对内战独裁，争取民主法治运动中，法政人的身影尤为活跃。试举二例如下：

1945 年 10 月 1 日，张奚若、周炳琳、朱自清、李继侗、吴之椿、陈序经、陈岱孙、汤用彤、闻一多、钱端升等十教授为国共商谈致电蒋介石与毛泽东，电文内容主要包括三个方面：首先，要求召集包括各党各派及无党派人士的政治会议，共商成立联合政府，举行国民大会代表选举，召开国民大会以制定根本大法，产生立宪政府。其次，提出特别注意并应立即施行者四点：一、蒋介石应纠正一人独揽之风；二、今后用人应改变专重服从不问贤能之弊端；三、反对军人干政；四、严惩汉奸。最后，认为真正的民主国家，在于政府重视个人的价值、人格与自由，信赖人民之智慧，希望两党能自尊重人民始而树立宪政。[2]

该电文追求民主自由之情殷殷真挚，态度不卑不亢，分析时局洞若观火，解决问题切中肯綮，堪称大手笔，一代知识分子的才情风骨，可见一斑。

在 1945 年 12 月 1 日昆明军政当局屠杀爱国学生的惨案发生后，西南联大教授会组织法律委员会负责研讨，法律委员会由周炳琳、钱端升、费青、赵凤喈、燕树棠、蔡枢衡、章剑、李士彤八位教授，加

[1] 参见曾尔恕:《纪念我的父亲曾炳钧》，收入王振民主编:《法意清华》（印刷品），2009 年，第 101 页。

[2] 参见《西南联大张奚若等十教授为国共商谈致蒋、毛电文》，收入《清华大学史料选编》，第 3 卷（下），清华大学出版社 1994 年版，第 511—513 页。

以助教代表曹树经、闻鸿钧和丁则良组成。[1]经法律委员会之努力，以联大教授会之名义提出诉讼，诉状分为两份，一呈国民政府军事委员会，控告云南全省警备司令关麟征和第五军军长邱清泉，一呈法院，控告云南省政府委员前兼代主席李宗黄。其分为两项内容，第一项是被害事实及证据，第二项是被告和罪名。[2]

细绎诉状，其逻辑严密，持论有据，重事实，讲法理，联大的法政人以这种冷静理智的方式，来控诉国民党当局的独裁统治。虽然该案之结果只是李宗黄被免职，几名无业流氓被枪毙，但联大的法政人这种身体力行的法治实践，亦足给国民党当局极大的震慑，其对法治理想的服膺追求以及其间表现出来的专业素养，仍有值得为之喝彩和大书特书的一面。

## 三　战后复员时期
（1946 年 8 月—1949 年 5 月）

### （一）法律学系的复建

1945 年 8 月 15 日，日本正式宣布无条件投降，抗战胜利结束。1946 年 5 月 4 日上午，西南联大全校师生在新校舍图书馆举行结业典礼，梅贻琦代表常委会宣布西南联大教学活动结束，7 月 31 日，联大常委会举行第 385 次，也是最后一次常委会会议，西南联大正式宣告结束。[3]

三校复员，学生依志愿发至三校。其中分至北大的本科生 628人，研究生 19 人，分至清华的本科生 938 人，研究生 45 人，分至南开的本科生 64 人，研究生 6 人。其中，清华法学院的情况是，本科

---

[1]《国立西南联大大学史料》第 2 卷，云南教育出版社 1998 年版，第 552 页以下。

[2] 该诉状的详细内容，可见"西南联大教授会呈国民政府军事委员会告诉状"，抄自重庆各界反对内战联合会编印《昆明一二·一学生爱国运动》一书，收入《清华大学史料选编》，第 3 卷（下），清华大学出版社 1994 年版，第 525—536 页。

[3]《国立西南联合大学校史》，北京大学出版社 1998 年版，第 427—428、431 页。

生有 221 人：政治学系有王俊鹏等 26 人，经济学系有游兆炳等 117
人，社会学系有吴锡光等 77 人，法律学系有蒋荫昌 1 人；研究生有
14 人：政治学部有中钟一均等 3 人，经济学部有郑昌麟等 6 人，社
会学部有沈瑶华等 5 人。[1]

复员期中的清华，面对的是战时被日军改为伤兵医院、蹂躏破坏
的清华园，百废待兴，此时梅贻琦胸中，有如下宏大计划：

秋间复校后，为应国家社会之需要及本校学科顺序之发展，就院
系言之，将成立农学院，即以农业研究所至基础，设置四、五学系。
文学院增设语言人类学系，以注重边疆民族语言文化之研究。理学院
地学系原有气象系，今另成一系，以提倡高空气象之探讨。法学院将
添设法律系，以实现十年前原拟之计划。工学院添设之化工系在今日
之重要，固无待赘言。而建筑系则目前欲应社会之急迫需要，解决
人民居室问题、城市设计问题，于人才训练上、于学术研究上，皆当
另辟蹊径，以期更有贡献于社会者也。下年学生名额，约必有相当加
增……师资方面，当亦须增聘，除随校南来各教师，夏间当设法妥送
返校外，其休假或请教在国内或国外者，已敦促务于秋间返校任教，
另再增聘若干位，务使新旧院系，即设备尚多次缺，而师资必蔚然可
观，则他日诸校友重返故园时，勿徒注视大树又高几许，大楼又添几
座，应致其仰慕于吾楼大师更多几人。此大学之所以为大学，而吾清
华所最应致力者也。[2]

这位以"大学、大楼、大师"之名言传世，低调、理智、务实的
清华舵手，一直对三十年代法律学系的中辍念念不忘，在梅贻琦的大
力支持下，经教育部批准，清华法学院恢复了法律系。依据 1947 年
5 月的《国立清华大学规程》，清华大学共设文、理、法、工、农五

---

[1]《国立西南联合大学校史》，北京大学出版社 1998 年版，第 498 页以下。

[2] 梅贻琦：《复员期中之清华》，《校友通讯》1946 年 4 月，收入《清华大学史料选
　　编》，第 4 卷，清华大学出版社 1994 年版，第 28 页。

学院，法学院下设法律学、政治学、经济学和社会学四系，[1] 复员后的清华法学院重新恢复了当时大法学院的完整建制。

从 1946 年起，清华法律系开始招生，该年的新生有高林等 5 人；1947 年有汪恺曾等 6 人，二年级转入王敬松 1 人；1948 年有乐久成等 4 人，三年级转入朱洪文登 6 人，二年级转入李克威等 5 人。[2]

彼时的法律学系，虽然师资规模不大、学生人数不多，但已经从各方面显露出一些新气象，正如当时《院系漫谈》所介绍：

> 法律系在法学院，是比较冷静的。一来是因为战后才创办；二来是因为同学人数不多。可是这却丝毫未能影响到她的地位与前程。在专家的黾勉努力下，教学之外，仍进行着深深入微的研究工作，尤其是系主任赵凤喈先生，他看透了目前中国政治的不上轨道，社会秩序的紊乱，完全是大多数的人们失去了守法精神，以致公理泯灭，正义消沉，所以他在北京大学"五四"纪念会上曾大声疾呼："在中国有史以来，法家总是失败的，现在应使法律与民主、科学一样的被提倡。没有法律，民主与科学都会受到冷酷的摧残，人类社会的优良制度与秩序也要失去了保障。"他以他要建立一个新清华法律系的精神，是从两方面进行：第一是注重专门知识的基本训练，严格考试，增加课外阅读时间，参考书多半是英文本与法文本，亦有中文及日文本，同学可以自由的选择，对于阅读上是极为顺手的。杂志有专门的刊物，也有通俗的论文与短评，来补充教科书之缺陷。系里又有小的图书馆，也订有国内外的杂志报章，供给本系同学流瞰，虽不敢说蔚为大观，不患无书阅读倒是真的。第二是培养同学的守法精神，在不定期的全系同学谈话会中，我们同学可以随意发表意见，无话不谈，他常常以道德心、正义感来诱导青年，最后希望同学在学校内即养成守

---

[1]《国立清华大学规程》（民国三十六年五月），收入《清华大学史料选编》，第 4 卷，清华大学出版社 1994 年版，第 168 页。
[2]《国立清华大学本科一年级学生名录》（1946 年度），收入《清华大学史料选编》，第 4 卷，清华大学出版社 1994 年版，第 458 页以下。

法习惯。因为培养优良的法治人才是建设新中国首先要做的工作，所以这种清华法律学系的新作风，也许是对的。[1]

（二）课程和师资

**1. 课程**

1947 年的《清华大学学程一览》中，有当时法律学系和政治学系课程的完整介绍。[2]

（1）法律学系

法律学系必修课程：

| 第一年级 | 国文（6 学分），英文一（6），中国通史（6），逻辑（6），民法总则（6），微积分（普通物理学、普通化学、普通生物学、普通地质学择一，8 学分），三民主义，体育 |
|---|---|
| 第二年级 | 民法债编（8），刑法总则（6），中国司法组织（2），西洋通史（6），哲学概论（4），英文二（6），政治学概论（经济学概论、社会学概论择一，6 学分），伦理学、体育、选修（0—4） |
| 第三年级 | 民法物权（4），民法亲属（3），民法继承（2），商事法（8），刑法分则（4），民事诉讼法（8），国际公法（6），体育、选修（3—17） |
| 第四年级 | 行政法（6），刑事诉讼法（6），国际私法（4），法理学（3），中国法制史（4），毕业论文（2），体育、选修（3—17） |

法律学系选修课程

| 第二年级 | 罗马法（4），英美法（4），第二外国语（6） |
|---|---|
| 第三年级 | 土地法（3），刑事特别法（2），大陆法（4），宪法（4），第二外国语（6） |
| 第四年级 | 劳工法（4），破产法（3），诉讼实习（2） |

[1]《院系漫谈》,《清华年刊》1948 年，收入《清华大学史料选编》, 第 4 卷，清华大学出版社 1994 年版，第 201—202 页。

[2] 摘自《清华大学一览》中《法学院法律学习必修课程一览》部分，1947 年 6 月，收入《清华大学史料选编》, 第 4 卷，清华大学出版社 1994 年版，第 344—350 页。

（2）政治学系

政治学系必修课程

| 第一年级 | 国文（6学分），英文一（6），中国通史（6），逻辑（6），政治学概论（6），微积分（普通物理学、普通化学、普通生物学、普通地质学择一，8学分），三民主义，体育 |
| --- | --- |
| 第二年级 | 各国政府及政治（6），西洋政治思想史（6），英文二（6），西洋通史（6），经济学概论（法学通论择一，6学分），哲学概论（4），第二外国语一（4），伦理学，体育 |
| 第三年级 | 国际公法（6），西洋外交史（6），中国政治思想史（中国政府择一，6学分），财政学（6），法学通论（经济学概论择一，6学分），第二外国语二（6），选修（0—4），体育 |
| 第四年级 | 近代中国外交史（6），中国政府（中国政治思想史择一，6学分），行政法（6），毕业论文（4），选修（6—18），体育 |

政治学系选修课程

| 第三、四年级 | 市政学、宪法（4），各国政府专题研究、英国宪法史、条约论（3），外交学（3），近代西洋政治思想（4），国际私法 |
| --- | --- |

政治学研究所选修课程

| 政治制度研究（6），国际公法判例（6），条约论（3），中国外交史研究（6），外交学（3） |
| --- |

## 2. 师资

复员时期，师资短缺成了法学院最大的问题。如梅贻琦描述道：

三十五年本校复原，本系（按：政治学系）遭空前之困难，原在西南联大之教授，如钱端升、吴之椿、崔书琴三位随北大复原，本系只有张奚若、赵凤喈、邵循恪三位先生。同时张先生因病请假（下学期已上课），邵先生体亦不健，赵先生又兼顾法律学系之事，新聘教授，只甘介侯先生一人到校，旧教授浦薛凤、萧公权皆阻于交通，不能到校。师资困难，甚于抗战期中，只有勉请崔书琴、吴恩裕、楼邦彦、邸维周诸位先生来校兼授各项必修课程。关于图书一层，原留平校者，残缺不堪，整理补充，尚需时日；迁往西南者，损失大半；由昆明运回者，仅有一小部分到校。[1]

（法律学系）惟以复员伊始，图书设备及教师敦聘均感困难，故仅招收一年级新生一班，而大一新生除修法学院共同科目外，因学分限制关系，只能修习本系基本课程一、二门（若民法总则等）。因此，三十五年度本系系务，由原任政治系教授赵凤喈先生负责，只聘请教授一位（王克勤），助教一位（李声庭），共有教师三人……过去本校法律学系，仅有二年历史，法学书籍数量较少，目前视财力所及，正积极采购，补充各项必需之中西文书籍，期以充实设备……[2]

但困难虽有，言语之中，也可看到梅贻琦之倾力扶持，除将增聘教师、招生插班生外，他更提出"希望于一、二年内成立法律研究所，藉符本校研究高深学术之旨"[3]。在各方的积极努力下，系务大有起色，法律学系的教员从 1946 年的 3 人、1947 年的 5 人发展到 1948 年的 9 人，[4] 1948 年，法律学系和政治学系教员的具体情况如下：[5]

---

[1] 梅贻琦:《复员后之清华（续）》,《清华校友通讯》复员后第 2 期，收入《清华大学史料选编》，第 4 卷，清华大学出版社 1994 年版，第 49—50 页。

[2]《清华大学史料选编》，第 4 卷，清华大学出版社 1994 年版，第 51 页。

[3]《清华大学史料选编》，第 4 卷，清华大学出版社 1994 年版，第 51 页。

[4] 1946 年是赵凤喈、王克勤、李声庭；1947 年是赵凤喈、李声庭、陈禀、于振鹏、童介凡；1948 年是赵凤喈、陈禀、于振鹏、全陆麟、杨昌第、芮沐、何基鸿、陈沛寰、童介凡。清华大学档案（全宗号）1——（目录号）4:5——（案卷号）7。

[5] 参见清华大学档案（全宗号）1——（目录号）4：5——（案卷号）6——（页码）34—35。

（1）法律学系

| 职别 | 姓名 | 别号 | 性别 | 年龄 | 籍贯 | 简历 | 到校年月 |
|---|---|---|---|---|---|---|---|
| 教授兼主任 | 赵凤喈 | 鸣岐 | 男 | 五二 | 安徽和县 | 国立北京大学法学士、巴黎大学法学法学硕士、中央大学讲师 | 民国二十一年八月 |
| 教授 | 陈廪 | 仓亚 | 男 | 四二 | 广东 | 法国里昂大学法学博士、中法大学法国文学系教授兼主任、云南大学法律系教授 | 民国三十六年八月 |
| 教授 | 于振鹏 | 念平 | 男 | 四〇 | 山东文登 | 法国国家法学博士、曾任日内瓦国际联盟秘书厅中国秘书、国立云南大学法律学系教授 | 民国三十六年八月 |
| 副教授 | 全陆麒 | | 男 | 二八 | 北平 | 燕京大学毕业、美国弗拉其法律学院博士、哥伦比亚大学法学院研究 | 民国三十七年八月 |
| 讲师 | 杨昌第 | | 男 | 四七 | 江苏无锡 | 北平法政学校毕业、江苏贵州山东上海青岛各高等法院地方法院推事庭检察官院长等职、贵州大学大夏大学兼职教授 | 民国三十七年九月 |
| 讲师 | 芮沐 | | 男 | 四一 | 浙江吴兴 | 法国巴黎大学硕士、德国佛琅克府（按：法兰克福）大学博士、美国哥伦比亚大学访问教授、中央大学西南联合大学北京大学教授 | 民国三十七年九月 |
| 讲师 | 何基鸿 | 海秋 | 男 | 六〇 | 河北 | 日本东京帝国大学法学士、北京大学法律学系教授及主任 | |
| 助教 | 陈沛寰 | | 男 | 二九 | 广西兴安 | 西南联合大学毕业、广西兴安县立中学教员 | 民国三十七年八月 |
| 助教 | 童介凡 | | 男 | 二六 | 湖南平江 | 国立北京大学法律系毕业 | 民国三十六年八月 |

（2）政治学系

| 职别 | 姓名 | 别号 | 性别 | 年龄 | 籍贯 | 简历 | 到校年月 |
|---|---|---|---|---|---|---|---|
| 教授兼主任 | 曾炳钧 | 仲刚 | 男 | 四二 | 四川泸县 | 清华大学法学士、美国伊利诺伊大学硕士、哥伦比亚大学博士、云南大学教授、武汉大学教授 | 三十七年八月 |
| 教授 | 张奚若 | | 男 | 六〇 | 山西朝邑 | 美国哥伦比亚大学硕士、国际出版品交换局局长、前大学院高等教育处处长、中央大学教授 | 十八年八月 |
| 教授 | 甘介侯 | | 男 | 五二 | 江苏宝山 | 美国哈佛大学博士、东南暨南政治大夏等大学教授、湘鄂政委会委员、外交部次长、西南五省外交特派员 | 三十五年八月 |
| 教授 | 邵循恪 | | 男 | 三七 | 福建闽侯 | 清华大学学士、硕士、美国芝加哥大学博士 | 二十九年八月 |
| 教授 | 刘毓棠 | | 男 | 三四 | 广东台山 | 燕京大学学士、美国哈佛大学博士 | 三十七年八月 |
| 副教授 | 杨荣春 | | 男 | 三七 | 黑龙江 | 清华大学学士、美国哈佛大学政治学博士、益世报编译、天主教文化促进会秘书 | 三十六年八月 |
| 副教授 | 陈体强 | | 男 | 三一 | 福建 | 清华大学法学士、英国牛津大学博士 | 三十七年八月 |
| 助教 | 杜汝楫 | | 男 | 二九 | 广东 | 西南联合大学政治学系毕业 | 三十三年八月 |
| 助教 | 萧英华 | | 男 | 二六 | 湖南武冈 | 清华大学毕业 | 三十六年八月 |

（三）爱国运动

在解放战争中，清华师生积极拥护中国共产党领导的革命新政权，以各种方式投入到爱国运动中去，其中不乏法政人的身影。试举二例如下：

1948 年 6 月，张奚若领衔百十知名学者发表声明，反对美国扶日政策，抗议美国驻华使节对中国人民的污蔑和侮辱，拒绝美援的平价面粉，退还其配购证。[1]1949 年 1 月 24 日，清华、燕京大学五十二名教授发表对时局宣言，其中就有清华法学院的张奚若、费孝通、曾炳钧、杨荣春，该宣言提出"坚决贯彻毛主席八项主张，彻底粉碎反动派的阴谋"，[2]给当时的解放战争予以有力支持。

1948 级清华法律学系的学生魏廷琤，担任法学院地下党党支部负责人，在学生运动中发挥着骨干作用，积极领导开展学生运动，并发展地下党员。后来又同 250 名清华大学同学一起参加了四野南下工作团，并担任了清华大学的三个带队人之一，为北平的和平解放和解放战争作出积极的贡献。[3]

## 四　院系调整时期
### （1949 年 6 月—1952 年 5 月）

（一）法律学系的再次取消

1949 年 6 月 1 日，华北高等教育委员会成立，开始对大学进行改革。1949 年 6 月 27 日，公布了《华北高等教育委员会关于南开、北大、清华、北洋、师大等校院系调整的决定》，其中第二项为："取消下列各校中之各系：南开哲教系，北大教育系，清华法律系、人类

---

[1]　《张奚若等百十师长严正声明》，《清华旬刊》第 11 期，三十七年六月廿四日，收入《清华大学史料选编》，第 4 卷，清华大学出版社 1994 年版，第 587—588 页。
[2]　《清华、燕京教授发表对时局宣言》，《人民日报》1949 年 2 月 4 日，收入《清华大学史料选编》，第 5 卷，清华大学出版社 2005 年版，第 44 页。
[3]　参见连小童：《一年清华人 一生清华情》（魏廷琤访谈纪实）。

学系。南开哲教系、北大教育系三年级生提前毕业，二年级以下转系，清华法律系学生可转入该校各系或北大法律系或政法学院，人类学系并入该校社会学系。取消各系教授之工作，在征得本人同意后尽各校先分配，亦得由高教会分配。"[1]根据这项决定，重建三年的清华法律学系被取消。

现有两则当年清华大学发往北京大学的公函资料[2]，显示了当年清华法律系被取消，其中一三名学生转学至北京大学法律系的情况：

**资料一：**

中华民国三十八年七月二十八日

国立清华大学致国立北京大学公函：本校法律系奉令取消，学生希望转入贵校

案奉华北高等教育委员会三十八年六月廿七日发"高教秘字第二三四号"训令，关于各大学院系调整，议决本校法律系应予取消，该系学生可转入本校各系、或北大法律系、或政法学院。又规定："取消各系教授之工作在征得本人同意后，尽各校先分配，亦得由高教会分配"。余立即着手筹备，自下学期起实行……查本校法律系奉令取消后，该系学生廿七人中，志愿转入贵校法律系肄业者，经登记后，计二年级有夏长祥等三人，三年级有许慈耀等六人。教师同人亦希望转往贵校继续任教。兹将学生名单及成绩单随函送上，即希贵校同意接受。并希查照见覆，是为函荷。又尚有离校未及申请者，为荷保留空额数名，尤为【　】感。

此发 国立北京大学

附件

全衔 叶

---

[1]　中央档案馆编：《共和国雏形——华北人民政府》，西苑出版社2000年版，第420页。

[2]　清华大学档案（全宗号）2——（目录号）校3——（案卷号）077——（页码）4—5；13—14。

资料二：

国立清华大学

文别：公函

送达机关：国立北京大学

事由：续送本校法律系拟转入贵校法律系肄业之学生邓永堃等四名□□附后希查照准予入学并见复

校务委员会主席 企孙

教务长 周培源

民国三十八年九月三日拟稿

九月八日封发

发文□字 5537 号

案查关于本校法学系各年级学生转入贵校肄业事，前经函准。是校卅八年八月八日发京字第五三七号公函，复见接受夏长祥等九名，准予免试编入相当年级就学，至感。兹又有邓永堃、张静宇、叶履中、沈承运等四名，近日返校。学生补行申请转入贵校法律系肄业者。本校于前次函中，曾经谓予保留空额数名，以备。此返校学生之补行申请，谅荷（查）及。兹据呈请，相应照抄四人名单一纸、成绩单三份。又本校法学院院长陈岱孙先生为叶履中所出之证明书一件，一并备函送上。函希查照。惠允编入贵校法律系相当年级肄业，并希见覆，是为函荷。

此发 国立北京大学

附件

（二）课程的变化

在这一阶段院系初步调整的同时，课程设置也在发生变化。1949年 10 月 11 日，华北高等教育委员会发布了《各大学专科学校文法学院各系课程暂行规定》[1]，10 月 14 日，《人民日报》发表社论《认真

---

[1] 载《人民日报》1949 年 10 月 12 日，第 2 版。

实施文法学院的新课程》[1]。

社论提出：“华北高等教育委员会对于旧大学教育的总方针是'坚决改造、逐步实现'，现在这一课程规定即是极重要的一步。”

社论认为：“在国民党反动派统治时期，各大学专科学校的教育，尤其是文法学院各系的教育，充满着唯心论、机械论，以至封建、买办法西斯主义的反动思想。这些思想长期地毒害着广大青年学生。他们在学习了好多年之后，所得到的却只是一些糊涂的或是反动的世界观、社会观、和一套错误的方法论，对于时事政治的了解因而常常受了极坏的影响。有些青年依然具有改革社会的善良愿望，但是找不到实现这些愿望的正确途径；有许多青年则由于接受了错误的、腐朽的、反动的思想，逐渐地消失了原有的纯洁与热情，走上腐化堕落的道路。这种情形曾经引起了广大青年的不满和反抗，他们强烈地要求革命理论的指导。解放以后，人民政府接受了青年这一正当要求，对各级学校教育的内容逐步地作必要与可能的改革，使之适应于新民主主义社会的需要。”

社论重申了毛主席在“新民主主义论”提出的“新民主主义的文化教育应该是民族的、科学的、大众的反帝反封建的文化教育，这是用马列主义的思想观点与方法分析了中国的现实之后所得出的唯一正确的总方向”，也强调了应“注意研究与学习社会主义国家苏联大学教育的经验，并结合我们自己的情况，适当地采用他们的经验”。

依据《各大学专科学校文法学院各系课程暂行规定》，在课程改革中，各院系课程的实施原则是“废除反动课程（如国民党党义、六法全书等），添设马列主义的课程，逐步地改造其他课程”。

文学院、法学院的公共必修课程是：（一）辩证唯物论与历史唯物论（包括社会发展简史）（第一学期学完，每周三小时）；（二）新民主主义论（包括近代中国革命运动史）（第二学期学完，每周三小时）；（三）政治经济学（第二学年起，每周三小时，一年学完。）

---

[1] 载《人民日报》1949 年 10 月 14 日，第 1 版。

**政治学系课程**

（一）任务：学习以马列主义的立场、观点、方法分析政治时事问题，并培养新中国的一般行政事务的知识与技能，培养中等学校教授政治课的师资。

（二）本系基本课程：

（1）中国革命史；

（2）中国革命基本问题；

（3）近代世界革命史；

（4）现代世界政治；

（5）政治学概论（马列主义的阶级论，国家论，民族论等）；

（6）政策及法令；

（7）名著选读（共产党宣言，帝国主义论，列宁主义问题，马克思主义与民族问题，联共党史等）。

（三）本系得分组修习，如普通行政、外事行政、思想及制度研究等，其课程由各校酌定。

**法律学系课程**

（一）任务：培养以马列主义的科学观点分析政治法律问题，并培养新民主主义国家立法司法干部的基本知识。

（二）本系基本课程：

（1）马列主义法律理论——主要内容为马列主义的社会观、国家观及法律观。

（2）新民主主义的各项政策法令——主要内容为：

1 新司法制度——人民法院组织、新审检实务、监狱制度，

2 土地政策法令——土地改革、减租减息、城郊土地政策等，

3 城市政策法令——工商业政策、房屋租赁、民主建设、城市管理及建设、失业处理、乞丐妓女问题等，

4 劳工政策法令——职工运动、劳工立法、工会工作、工资政策等，

5 财经政策法令——金融外汇管理、对外贸易、财政、合作新法规等，

6 婚姻法令，

7 文化教育政策法令——新民主主义文化教育方针、知识分子政策等，

8 外交政策法令。

（3）名著选读：选读马、恩、列、斯和毛泽东的重要著作，如：共产党宣言、家族私有财产及国家之起源、论一元论历史观的发展、国家与革命、论国家、斯大林关于苏联宪法的报告、新民主主义论、论联合政府、论人民民主专政等；

（4）新民法原理；

（5）新刑法原理；

（6）宪法原理；

（7）国际公法；

（8）国际私法；

（9）商事法原理；

（10）犯罪学；

（11）刑事政策；

（12）苏联法律研究。

（除政策与法令、马列主义法律理论、名著选读等外，其他课目得酌量改为选修。）

一言以蔽之，此时期的法政教育乃适应当时新民主主义时期的社会发展阶段，以各种方式废除旧有课程，通过学习苏联的经验模式，建立马克思主义为指导的新法政教育。

## （三）全面的院系调整

这个时期清华法学院的情况，1951 年的《高等学校简介》关于

清华部分[1]中有所介绍：

政治学系：该系分国际（外交）组及内政组。任务在培养各级政府行政干部，外事工作干部及国际法国际关系专业人才。除着重马列主义的立场观点、方法的修养外，并着重必要地专门知识训练。专任教授 7 人，为辅助学系，设有资料室及国际问题研究室等。

经济学系：以培养学生用科学的观点和方法，分析实际经济问题的能力，造就新民主主义经济建设实际工作干部和研究工作干部为任务，在系统的理论知识的基础上注重适当的专业训练，以期达到理论与实际的结合。根据现有的条件，分为四组：（1）统计，（2）会计，（3）财政，（4）金融。

社会学系：自 1950 学年度起全系分为劳动、民族、内政三组，内政组与政治系合作办理，目的除培养学生以一般的社会科学知识、马列主义的理论观点与科学的分析与研究方法而？外，又设置重点课程，使其学业完成后，能分别充当有关劳动、民族与内政各部门的干部或担任有关方面的教学或研究工作。

1952 年，全面的院系调整开始。在其基本完成后，1952 年 9 月 24 日的《人民日报》社论总结："这次全国院系调整的总方针是：以培养工业建设人才和师资为重点，发展专门学院与专科学校，整顿和加强综合性大学，逐步创办函授学校和夜大学，并在机构上为大量吸收工农成份入高等学校准备条件。根据这个方针，原有的高等学校经过调整后，分别成为综合性大学、专门学院与专科学校，今后即可按照各校的性质和任务，朝着确定的方向发展。这就改变了原有大学一般化与盲目设校的不合理现象。"[2]其基本过程如下。

1952 年 4 月 16 日，《人民日报》刊登了《中央人民政府教育部关于全国工学院调整方案的报告》，其中包括：

---

[1]《高等学校简介——清华大学》，《光明日报》1951 年 6 月 24 日，收入《清华大学史料选编》，第 5 卷，清华大学出版社 2005 年版，第 32 页。

[2]《人民日报》1952 年 9 月 24 日，第 1 版社论《做好院系调整工作，有效地培养国家建设干部》。

将北京大学工学院、燕京大学工科方面各系并入清华大学。清华大学改为多科性的工业高等学校，校名不变。将清华大学的文、理、法三学院及燕京大学的文、理、法方面各系并入北京大学。北京大学成为综合性的大学。燕京大学校名撤销。[1]

1952年5月，教育部关于全国高等学校的调整设置方案[2]出台，清华大学由原清华大学、北京大学两校工学院及燕京大学工科各系科、察哈尔工业大学水利系、天津大学采矿系二年级、石油钻探组、石油炼制系、组及北京铁道学院材料鉴定专修科合并组成多科性高等工业大学。附设工农速成学校。

依据这个调整方案，清华法学院的政治系与北京大学、燕京大学的政治、法律系以及辅仁大学社会系民政组合并成立新设的北京政法学院；清华法学院的经济系财经部分、北京大学、燕京大学、辅仁大学的相同部分与中央财政学院各系科合并成立新设的中央财经学院；清华经济系的理论部分并入北京大学；社会学系被取消。

调入北京政法学院的清华教员有8人（3人未到职），其中教授4人：于振鹏、曾炳钧、赵德洁、邵循恪；讲师1人：杜汝楫。学生有33人。[3]

## 结　语

在抗战时期，南下的清华、北大、南开三校先短暂栖身湖南组成长沙临时大学，后跋涉至云南而为西南联合大学。战时的教育仍采取常态教育的方式，这时期的法政教育采取三校合作的方式，主要是北

[1]　载《人民日报》1952年4月16日，第1版。
[2]　何东昌：《中华人民共和国重要教育文献》，海南出版社1998年版，载150—151页。
[3]　"馆藏展示·档案里的法大记忆"之六：我校建校之初的师生员工。http://news.cupl.edu.cn/2010/content_012183.html

大的法律学系和以清华为主导的政治学系，清华政治学系培养出来的优秀学生如张企泰、王赣愚、邵循恪、林良桐、周世逑、楼邦彦、龚祥瑞、王铁崖、邹文海、曾炳钧等，已经在国外一流名校获得学位或完成学业，回国任教，成为当时西南联大及国内其他院校教研的中坚力量。在条件极其困难的情况下，法政教员们克服了种种的不便，以严格的标准，保证着教学秩序的正常进行，并产生了不少高质量的学术作品，培养出众多优秀人才。战前大学所奠定的良好基础、严谨笃实的学风和民族危亡时刻迸发升华的刚毅坚卓之精神，是优良学统得以延续乃至发扬光大的关键。在认真教研、刻苦学习的同时，法政师生们也心系国事，以各种方式积极地投入爱国民主运动。无论是抗战中的投笔从戎和战后的反内战、反独裁运动中，都能看到法政人活跃的身影，他们以自己的言论与行动，为抗战胜利做出了积极贡献，为民主运动谱写出新的篇章。

从 1946 年复员到 1949 年初步的院系调整、课程改革到 1952 年起全面的院系调整，这一期间清华法学院经历了法律学系的复建到再次取消，法学院被裁撤，各系被划拨至其他院校等重大事件，见证了大时代变迁之下法学的命运。梅贻琦重建法律系的赤子之心可鉴，师生们也付出了巨大的努力，颇有起色，但在时局动荡之中，或许只能与 1932—1934 年的法律学系的昙花一现一样，再次感叹生不逢时。1949 年后因为新中国百废待兴，国家建设发展工业的客观需要，兼之向苏联教育模式的学习，与清华大学的命运一般，法学院也发生了重大变化。院系调整后，清华大学成为一所多科性的工业大学，清华法学院的政治学系被调整至新成立的北京政法学院，经济学系被调整至北京大学和新成立的中央财经学院，社会学系被取消，兼之在此期间历次的思想改造运动，应该说这段时间的法政教育处在不稳定的状态之中。

就法政教育而言，何勤华的观点具有代表性：

1952 年全国政法院系调整，对之后法学教育的发展，以及新中国 60 年法和法学的面貌均产生了重大影响。一方面，它使中国的法学教育与苏联的模式接上了轨，走上了具有中国特色的社会主义道路：政法人才的培养，主要以单科性的五所政法学院为主……法学教育中的政治挂帅色彩，以及短、平、快培训特色迅速增强，法学教育面向司法实务、以接受工农子弟为宗旨，等等。另一方面，使原来学术色彩比较浓厚的综合性大学中的法律系，退居到中国法学教育的二线，加上新中国成立时留用的一批民国时期的著名法学教授或改行，或闲赋在家，以及许多法律图书资料散失，原来在综合性大学的知识背景之下的法学研究氛围大大淡化，中国现代法学研究的整体力量有所削弱，因而造成了该时期法学著作、论文寥寥的惨淡局面。这些，也是一个值得反思的历史教训。[1]

从 1909 年到 1952 年，近代清华法学的历史与近代中国法学的历史紧密相关，折射出法学在近代中国的命运。从 1909 年到 1929 年，清华留美预备部的一批年轻人秉承政治救国、法律救国的理念通过赴美学习法政，回国后成为国家法治建设和法政教育的中坚力量。1925 年清华政治学系成立，标志着清华自身法政教育的开始，但在 1929 年法学院建立，校史上的黄金时期来临之时，法律学系先因为大学主政者的理念而缓设，后又因为国家教育政策的调整戛然而止，无独有偶，后者一幕在 50 年代的院系调整浪潮中再次重演，而且其规模之大、影响之巨，远超于前。从 30 年代后期到 50 年代初期，因为战争爆发和教育政策的重大调整等因素，这一阶段的清华乃至中国的法政教育，处于一个不稳定的状态，但即便如此，当时的法政教育者们，仍然恪守本分职责，书写出经典作品，培养出优秀人才，使得法政之薪火，得以延续。即便经历了无法无天的不堪时期，仍可守得法治时代的到来。在提倡依法治国的当代，请允许我用燕树棠先生具有超越

---

[1] 何勤华：《1952 年政法院系调整》，《新民晚报》2009 年 8 月 9 日，B11 版。

时空意义的话作一结尾：

> 民治制度，若无法治，是根本上不能存在……这几年与法治相反的纷争，我们只认可过渡的状态，是社会进程的变态。但是这种纷乱情况之下，若是我们努力法治，这过渡期间可以缩短；若是我们不努力，这过渡期间必至延长。[1]

（原载《清华法律评论》2015 年第 1 期）

---

[1]　燕树棠：《青年与法律》，收入燕树棠：《公道、自由与法》，清华大学出版社 2006 年版，第 150—151 页。

# 人生何处不相逢
## ——瞿同祖与何炳棣的命运对照

## 引 子

生命之树漫长却又短暂，茫茫人海之中，潮起潮落之际，有些人之间会宛若前赴后继扑上海岸的浪花，有瞬时交集，便又消逝于无痕。这种微妙的关联，或许是如小概率事件般无意之邂逅，但结合其时代背景与人生际遇，却又可以做出"别有一番滋味在心头"的历史解读。有念于此，笔者不揣浅陋，试图以学术散文之笔法，挖掘法学圈外的两位广义的"法学家"——瞿同祖（1910—2008）和何炳棣（1917—2012）——梳理其生命中不为人所察觉的交集脉络，反思他们时代与学术、人生与人心问题。

说其是法律人，关于瞿同祖，法学圈的朋友自然不会陌生，先生虽是社会学出身，却以《中国法律与中国社会》《清代地方政府》等鸿著享誉于法学圈，其研究对汉语法学之典范意义，经诸多学者的用

心推介，已成为学界常识，毋庸笔者赘语。[1]关于何炳棣，其以人口
史、社会阶层流动、土地数量、文化起源等研究闻名于世，定位无
疑是历史学家。需要指出，香港中文大学曾授予其"名誉法学博士学
位"，但笔者并非就此妄加附会，之所以称他为"法学家"，是因为其
在求学过程中，尤其在哥伦比亚大学攻读博士学位时期体现出来对法
学知识的熟稔。例如对边沁生平与理论的了解、对英国宪法及英法
政治制度的掌握等等。[2]一个非常有意思却容易被忽视的典故是，何
炳棣对清代的"亩"并非耕地实际面积而是纳税单位的发现，正是
受到英国法学家梅特兰（Maitland）之名著《末日审判簿及其前史》
（*Domesday Book and Beyond*）的启发[3]——法学可以也应该不"幼稚"
嘛！[4]

　　从普通史和专门史关系的角度讲，中国自近代以降，历史学受到
现代学术分工的影响，呈现出"以收缩为扩充"[5]之趋势，即通过如

---

[1]　1981年中华书局再刊了《中国法律与中国社会》，1988年王健、范忠信等学者主
　　　持的"二十世纪中华法学文丛"整理出版了包括《中国法律与中国社会》在内的
　　　《瞿同祖法学论著集》，2003年范忠信、晏锋翻译出版了《清代地方政府》，并有
　　　对瞿先生的多篇访谈，代表性的作品有如王健：《瞿同祖与法律社会史研究——
　　　瞿同祖先生访谈录》，《中外法学》1998年第4期；王健：《瞿同祖先生谈治学之
　　　道》，《法制史研究》第6期，2006年12月；瞿同祖、赵作栋：《为学贵在勤奋与
　　　一丝不苟——瞿同祖先生访谈录》，《近代史研究》2007年第4期；林端：《由绚
　　　烂归于平淡——瞿同祖教授访问记》，《当代》第153期，2000年5月。

[2]　据何炳棣自述，他与边沁有三次相逢：一是在西南联大时为友操刀近代西洋政治
　　　思想史作业，了解到边沁思想；二是留美考试中有关边沁的经济思想史试题；三
　　　是哥伦比亚大学博士课程口试考题"评估边沁的主要理论及其对立法及议会改革
　　　的影响"。参见何炳棣：《读史阅世六十年》，广西师范大学出版社2005年版，第
　　　226—230页。另，何炳棣在1937—1938年即精读了白芝浩（Walter Bagehot）的
　　　《英国宪法》，从哥大博士课程的口试来看，其对英国宪法史的名著、英法政治的
　　　演变等颇有心得。详见何炳棣：《读史阅世六十年》，第124页、第231—237页。

[3]　参见何炳棣：《读史阅世六十年》，广西师范大学出版社2005年版，第267页。

[4]　1988年的"两会"上戴逸先生曾以"法学幼稚""哲学贫困""史学危机""经济
　　　学混乱"来形容当时哲学社会科学的状况，参见龚津航：《我国法学研究的纵向
　　　思考——与杜飞进一席谈》，《法学》1988年7期。此一坦率的当头棒喝，管见
　　　以为迄今仍有警醒意义。

[5]　梁启超：《中国历史研究法》，河北教育出版社2000年版，第41页。

法制史、文学史、哲学史等专门化的研究，从整体上推动历史学之深度广度。惟需要审慎的是，专业的划分仅仅是为了深入研究的需要，却不应以此为由而画地为牢、故步自封，所谓"法学的法律史"与"历史学的法律史"之分作为学科的事实存在即可，非要强加区别、优劣比较，则大可不必，因为王道乃是学者的素养与作品的质量，而非其身上所贴的专业标签。

从法学与历史学关系的角度讲，法律固然是解决现实社会问题的重要工具，但"知其然"之余，若要"知其所以然"，无疑需要到历史中去寻找答案，对于纠结古今中西问题的中国法学而言，历史不仅仅是一座博物馆，更是一座图书馆。[1]未来中国伟大的法学家，必然也是伟大的历史学家。

## 一　身世

瞿同祖出生于官宦世家，其祖父瞿鸿禨，是晚清政局中位极人臣的军机大臣，时有清流之誉，清季新政，正是他与权倾朝野的奕劻、袁世凯一掰手腕、一决高下，演出一段丁未政潮；其父瞿宣治是驻瑞士及荷兰的外交官。观其家世，用现在流行的话语来说，瞿同祖可谓典型的"官二代、官三代"。管见以为，这种背景出身的人也可能是做学问的好苗子，君不见，大富大贵，可造就宠辱不惊的心态，高朋满座，利增加求学问道的机会，把握这种机缘，只能说命好人好，端的是可遇不可求。君不见，祖父陈宝箴官拜湖南巡抚、父亲陈三立位列"维新四公子"的陈寅恪，亦是此中之例。平允而论，官宦世家，容易造就"我爸是某某"的衙内之徒，但若循循善诱，严加管束，也能培养品学兼优之人，可见此乃因人而异、因门风而异的事。对于当

[1] 列文森曾借喻"博物馆"来说明儒家传统的死亡，史华慈则认为对于非物质性的文化来说，用"图书馆"来比喻更加恰当。参见郑家栋：《列文森与〈儒家中国及其现代命运〉》（代译序），收入［美］约瑟夫·列文森：《儒教中国及其现代命运》，郑大华、任菁译，广西师范大学出版社2009年版，第10、16页。

代转型中国，如何消弭官、富阶层与普通人群的对立情绪，从培养学者这个角度讲，倒不无启发意义呢！优裕环境中，瞿同祖由其祖父开蒙《论语》，更有著名学者的叔父瞿宣颖指点汉赋，加上自身勤奋，奠定扎实国学基础，在中学毕业后，被保送入燕京大学攻读社会学。[1]

　　相对于瞿氏，何炳棣无如此显赫的家世，但也是比较殷实的金华旺族，父亲何寿权，旧式文人出身，科举废除后学习法政，曾担任过民国的检察官、法官，亦是一名儒医。[2]其父是老来得子，父子间的年龄差距有 47 岁之大，按何炳棣的说法，此造成其青少年时期心理和学业上长期的紧张和终身脾气急躁。[3]笔者曾于 2010 年在清华聆听了何先生的讲座并有幸在丙所拜会过他，深感其霹雳血性，并不因年龄之故而有所减弱，甚至老而弥坚，在西方汉学界中，何氏亦以直言不讳、批评尖锐而有"大炮"之名。父亲的影响是巨大的，怀才不遇的何父告之何炳棣，能够供得起其念好的国内教育，却无能力供他出洋留学，更坦言，"这种年头，如无法出洋留学，就一辈子受气"。因此，何炳棣从 9 岁起便以考取清华、进而留学作为两大志愿。[4]在1934 年，他如愿以偿完成第一大志愿，考入了梦寐已久的清华大学，先读化学，后转为历史学并终生为业。

　　尽管有学人批评何炳棣的自传多谈留学、出国，未免过于功利，但若深入地看，便会发现其发愿实际上是时代的深刻缩影，和瞿同祖同庚、与之同样出自吴文藻门下的费孝通就道出大实话：

　　30 年代，我在大学里念书时，周围所接触的青年可以说都把留学作为最理想的出路。这种思想正反映了当时半封建半殖民地的旧中

[1]　参见瞿同祖、赵作栋：《为学贵在勤奋与一丝不苟——瞿同祖先生访谈录》，《近代史研究》2007 年第 4 期。
[2]　参见何炳棣：《读史阅世六十年》，广西师范大学出版社 2005 年版，第 6 页。
[3]　何炳棣：《读史阅世六十年》，广西师范大学出版社 2005 年版，第 4 页。
[4]　参见何炳棣：《读史阅世六十年》，广西师范大学出版社 2005 年版，第 9 页。

国青年们的苦闷。毕业就是失业的威胁越来越严重，单靠一张大学文凭，到社会上去，生活职业都没有保障。要向上爬到生活比较优裕和稳定的那个阶层里去，出了大学的门还得更上一层楼，那就是到外国去跑一趟。不管你在外国出这多少洋相，跑一趟回来，别人也就刮目相视，身价十倍了。[1]

费孝通当年之所以从燕京转入清华，也是因为清华出国机会更多，这些聪颖的有志青年，怎敌他，形势比人强，不得不然也！那是时代冷酷却又真实的写照！

## 二　邂逅

1937 年，日寇入侵，北平沦陷，已经在燕京完成研究生学业的瞿同祖于 1938 年南下重庆，同一年，清华毕业的何炳棣在上海考取了燕京大学历史系的研究生，返回北平就读，从而与瞿同祖有了校友之谊，何炳棣称瞿同祖为学长，即渊源于此。一年以后，瞿同祖到云南大学社会学系任教，兼任西南联合大学法商学院讲师，也是这一年，何炳棣来到西南联大担任历史系助教。

西南联合大学时期是两人生命的第一次交集。

在这里，瞿同祖默默地耕耘学术，他谈道："在昆明时生活和工作条件艰苦，敌机不时来袭。在呈贡乡间住了一年，夜间以菜子油灯为照明工具，光线昏暗，不能写读，八时即就寝，于是就在床上反

---

[1]　费孝通:《留英记》，收入费孝通:《江村经济》，上海人民出版社 2007 年版，第 246 页。该文写于 1962 年（依据文章后所附时间），其收录在如 2002 年出版的费孝通的《师承·补课·治学》（生活·读书·新知三联书店）等书之中，当时费先生尚在人世，可见并非应景之作。

复思考写作中遇到的问题。有了腹稿，次晨便可奋笔疾书了。"[1]正是在极端不便，甚至在缺乏如《宋刑统》这样重要图书资料的条件下，《中国法律与中国社会》这部中国法律社会史的典范作品，直至今天仍然一版再版的不朽名著诞生了。笔者曾听到一个典故，数十年后，有学者访问瞿同祖时，略显突兀地问道："抗战时期怎么能安心研究写作呢？"老先生轻声作答："当时我也做不了其他事情。"真学人至纯至朴的本色，得见一斑！君不见，与《中国法律与中国社会》命运相似甚至更为坎坷的，还有同一时期金岳霖的名著《知识论》。[2]

国难时期，物质生活之贫乏与精神思想之丰富形成鲜明的对照，早在三校南迁至湖南组成长沙临时大学之时，冯友兰的如椽大笔便有传神记载："我们在衡山……只有短短的几月，精神上却深受激励。其时，正处于我们历史上最大的民族灾难时期；其地，则是怀让磨砖作镜，朱熹会友论学之处。我们正遭受着与晋人南渡、宋人南渡相似的命运。可是我们生活在一个神奇的环境：这么多的哲学家、著作家和学者都住在一栋楼里。遭逢事变，投止名山，荟萃斯文：如此天地人三合，使这一段生活格外地激动人心，令人神往。"[3]或许，正是这种历史感通与文化自觉，乃维系中华民族多难兴邦、国祚不断之力量，也是瞿同祖们能安于困境、从容不迫甚至迸发出惊人能量的原因之一。

此时的何炳棣，仍处于打基础阶段，正默默地为其第二大志愿而努力，1940年第五届庚款留美考试失利、妹妹病逝、父亲去世，打

<hr/>

[1] 瞿同祖、赵作栋：《为学贵在勤奋与一丝不苟——瞿同祖先生访谈录》，《近代史研究》2007年第4期。关于当时情况的描述又可见：瞿同祖：《中国法律与中国社会》1947年版序，收入《瞿同祖法学论著集》，中国政法大学出版社1998年版；王健：《瞿同祖与法律社会史研究——瞿同祖先生访谈录》，《中外法学》1998年第4期。

[2] 金岳霖在抗战时期完成了几十万字的《知识论》，但在躲空袭中不慎遗失了文稿，只能重写，终于在1948年年底写完。详见金岳霖：《知识论》"作者的话"，商务印书馆2000年版。

[3] 冯友兰：《中国哲学简史》，北京大学出版社1997年版，第370—371页。

击接踵而至，不得不返回沦陷区料理父亲遗产，接济家人。好在经历了"个人生命史上最不堪回首，最失败的篇章"[1]之后，命运终于否极泰来，1944年第六届庚款留美考试西洋史门一举中的，一偿平生夙愿，同榜生中，就有考取物理门，后来的诺贝尔奖得主杨振宁。留美庚款考试，每门只录取一人，各门总额全国不过十几、二十余人，可证其难度之高，历届考试中榜之人后来成为大家者，不知几何，可谓龙门之试也。

1945年，何炳棣来到了纽约，就读于哥伦比亚大学。巧的是，仍然是同一年，瞿同祖也来到了纽约，来到了哥大。他是受美国汉学家魏特夫之邀，担任该校的研究员。在哥大十年中，瞿同祖修订了《中国法律与中国社会》并将其翻译成英文，后来出版的《汉代社会结构》，也应该是在此期间打下的基础。当然，此段时间工作的重心，更可能是配合魏特夫的研究。对此，何炳棣在回忆录中就不无深意地写道：

（哥伦比亚大学东亚习书馆的）书库及下一层较大的房间都被魏特夫（Karl A. Wittfogel）所主持的"中国历史研究室"所占用……当时这研究室人才济济。冯家升燕京老学长因与魏合写的《中国社会史：辽代》业经出版，已经回到北京；瞿同祖和王毓铨两位杰出学长负责两汉；房兆楹、杜联喆夫妇在国会图书馆完成《清代名人传记》的编纂之后立即加入魏氏的研究室，负责清代。所有搜译的各朝代资料原则上仅供魏氏一人之用，这是使我非常惊异不平的。[2]

中国学人利用国外的优越条件，以客卿身份开展研究，写出一流作品，这种合作模式，当然值得肯定。只是其背后，也不免有淡淡的惆怅，学术固然是公器，但在"客随主便"之下，研究的独立自主

---

[1] 何炳棣：《读史阅世六十年》，广西师范大学出版社2005年版，第136页。
[2] 何炳棣：《读史阅世六十年》，广西师范大学出版社2005年版，第264页。

性，不免要打折扣，正所谓"自由共道文人笔，最是文人不自由"，一流的学人，不免且也无法避免某种"洋打工"的尴尬，这或许是大时代背景下海外中国学人命运之折射。直至今天，海外中国研究不少高水准学术作品的背后，实际上有着无数优秀中国学者、学生所做的包括资料搜集、整理、翻译在内的基础性工作，外国学者通过这些冰人们的成果，兼以良好的学术传统与学术训练，写出好作品，自然水到渠成。心高气傲的何炳棣为何会"惊异不平"，应该是有感而发的。

据悉，此前在中国红得发紫的某美国汉学家，在阅读中文文献上不无困难，甚至需要借助翻译，我绝非否定其"学术畅销书"有值得充分肯定、学习之处，当年林纾不谙外文，不也可以"翻译"出一流的文学作品吗？唯需要反省的是国人不应该妄自菲薄，设立双重标准来看待西方汉学与中国真正一流的学术著作（孙家红学兄一直强调此点）。更应该深刻检讨的是，为何在当代中国，古文甚至近代的白话文会越来越变成一门"外语"，进而丧失对西方汉学著述优劣高下的基本判断力？可能是我孤陋寡闻，当年清华法学院的高材生、有"汉学警察"之称的杨联陞先生对西方汉学"把天际浮云误认为地平线上的丛树"[1]这种自信、中肯的批评，今天似乎难得一见了。

## 三　抉择

1948 年，何炳棣在完成哥伦比亚大学西洋史的博士课程学习后，来到了另外一所哥大——加拿大的英属哥伦比亚大学（UBC）任教，并从 1952 年起进军其念兹在兹的中国史研究——"从此踏进国史研究辽阔无垠的原野"[2]，在关于扬州盐商、人口史、土地问题等领域佳作迭出，进入了其学术的高产时期，一举奠定在西方汉学界的地位。在 1955—1962 年期间，瞿同祖从哥伦比亚来到了哈佛东亚研究

---

[1]　萧公权：《问学谏往录》，学林出版社 1997 年版，第 226 页。
[2]　何炳棣：《读史阅世六十年》，广西师范大学出版社 2005 年版，第 266 页。

中心担任研究员，兼任讲师。在这里，他完成了另外一本重要的著作 *Local Government in China under the Ch'ing*（《清代地方政府》）。无独有偶，何炳棣也曾在 1956—1957 年期间在哈佛大学担任兼任研究员，在其 1957 年出版的 *Studies On the Population of China 1368—1953*（《明初以降人口及其相关问题 1368—1953》）这本人口史名著的前言中，特别致谢瞿同祖"经常为我查考，有时甚至抄录不少这项研究所必不可少的资料"[1]，恰是两人一段惺惺相惜、学术友谊佳话的注脚。

在这段时期，两个人的生活中都出现了一个相同的主题：回国。

何炳棣最初接受英属哥伦比亚大学一年聘书，原本计划在第二年接受美国经济史学会的资助，前往英国收集资料、访问名家以完成哥大博士论文的写作，并做进一步的打算。但天有不测风云，这个原本在 1948 年唾手可得、因故延缓一年申请的资助在 1949 年突然经费无着，随后更因大学院系中的人事纠葛，烦闷之中，加以祖国巨变的"精神号召"，使得其曾做出了回国的决定，甚至向校方申请回国旅费不足的补助，后因同事劝阻而罢。[2]

也在 1949 年，瞿同祖的妻子赵曾玖携子女从美国回到了祖国。因中美的紧张关系，在无法直接从美回国的情况下，1962 年瞿同祖来到了较为中立的加拿大，任教于英属哥伦比亚大学，并在 1965 年回国。[3] 1962 这一年，是何炳棣学术生涯的关键节点，其收到了来自芝加哥大学的聘书，回归学术重心之地。有意思的是，他在英属哥伦比亚大学的"中国通史"课程，正是由瞿同祖接手。根据何氏的回忆录，他在 1962—1963 年学术休假，1963 年秋季开始芝加哥大学教

[1]　何炳棣:《明初以降人口及其相关问题 1368—1953》"前言"，葛剑雄译，生活·读书·新知三联书店 2000 年版。

[2]　参见何炳棣:《读史阅世六十年》，广西师范大学出版社 2005 年版，第 248—250页。

[3]　参见瞿同祖、赵作栋:《为学贵在勤奋与一丝不苟——瞿同祖先生访谈录》,《近代史研究》2007 年第 4 期。

研，[1]不知在此期间，两人是否在温哥华有过短暂的相会？

　　1962—1963 年间的一别，两人从此天涯相隔，似不曾再见了。作为一个学者，何炳棣在被动与主动之中放弃回国，却使得其学术生命得以延续并继续发展，正如在多年后，其深感 1940 年第一次留美考试失败反倒是塞翁失马焉知非福之反思："我如果那年考取，二次大战结束后我应早已完成博士学位，一定尽快回国了。"[2]他的好友丁则良、罗应荣则与其形成鲜明对照。因此，也就不难理解 20 世纪 80 年代开会时遇见吴于廑这位第五届庚款考试的胜出者时，他会脱口而出："保安兄，我是你手下败将，可是你救了我的命！"[3]诚肺腑之言也。

　　而瞿同祖，则不能不让人惋叹其正处黄金年龄的学术研究之戛然而止。尽管回国时"满腔热情"，却报国无门，焦虑之中，数度住院，危及生命，最后得良医力劝，不得不放弃"再写一本好书"之心愿。[4]遥想西南联大时虽说条件恶劣，但筚路蓝缕中仍可写作，此番却是"一片芳心千万绪，人间没个安排处"了。1998 年米寿之际，中国政法大学出版社刊行其论著集，老先生在自序中提道："读者从我的著作及演讲稿目录里可以看出，八十年代以后，我便无专著问世了，仅有少量的论文及为参加国际学术活动而作的讲稿。有些学者比我年纪还大，仍勤于写作。我自愧不如，这就只能归咎于疏懒了。古人说，'少小不努力，老大徒伤悲。'我则是老大不努力，无所建树。言念及此，感慨不已。"[5]光阴荏苒，约十年后再接受采访，或许是访谈者格外贴心，或许是人瑞已感生命之限，老先生道出大实话："过去说回国后没能写出书，是自己的疏懒，那是谦虚，实际上，各方面的条件

[1]　参见何炳棣：《读史阅世六十年》，广西师范大学出版社 2005 年版，第 313、353 页。
[2]　何炳棣：《读史阅世六十年》，广西师范大学出版社 2005 年版，第 131 页。
[3]　参见何炳棣：《读史阅世六十年》，广西师范大学出版社 2005 年版，第 131 页。
[4]　参见瞿同祖、赵长栋：《为学贵在勤奋与一丝不苟——瞿同祖先生访谈录》，《近代史研究》2007 年第 4 期。
[5]　瞿同祖：《瞿同祖法学论著集》"自序"，中国政法大学出版社 1998 年版。

都不允许",[1]端的让人不胜唏嘘！这里笔者只能一声叹息，不管多优秀的学者，在命运面前，也永远是大时代、小人物！

进而追问，何种条件不允许呢？除了大的政治环境外，细节上的东西颇值注意。瞿同祖曾不止一次地谈到与回国时的资料条件相比，在国外图书借阅自由便利，而即便是抗战中在云南大学，也可不限册数，时间宽裕。[2]何炳棣同样比较、反思，坦言道："我如果……二战后回国执教，恐怕很难做出现在累积的研究成果。政治和学风固然有影响，更基本的是国内大学图书设备无法与美国第一流汉学图书馆比拟。北京图书馆……善本及一般中文收藏当然最为丰富，但不准学人进库自由翻检……这种措施不但大大减低研究者的便利，并且势必剥夺了研究者不时无意中遇到的新资料和开辟新思路的机会。"[3]诚哉斯言！此番英雄所见略同的诤言，对于当今试图建立国际一流大学的大大小小的主政者们，有着重要的参考价值。

## 余思

从燕京大学、西南联合大学、哥伦比亚大学、哈佛大学到英属哥伦比亚大学，瞿同祖与何炳棣这两位近现代杰出学人的学研生涯竟然有如此相似、相交的轨迹，命运之手冥冥中的安排，真是让人感叹！

如果将两人打一比方，那么何炳棣是火，瞿同祖是水。

何炳棣如一团炽热的烈焰，在竞争激烈的西方学界，他可发出"看谁的著作真配藏之名山"[4]这样豪情万丈的狮子吼，对学术买办和装蒜者，他不假颜色，直面斥责，对学术论辩，他不崇权威，积极应

[1]　瞿同祖、赵作栋：《为学贵在勤奋与一丝不苟——瞿同祖先生访谈录》，《近代史研究》2007年第4期。

[2]　参见瞿同祖、赵作栋：《为学贵在勤奋与一丝不苟——瞿同祖先生访谈录》，《近代史研究》2007年第4期；王健：《瞿同祖先生谈治学之道》，《法制史研究》第6期，2006年12月。

[3]　何炳棣：《读史阅世六十年》，广西师范大学出版社2005年版，第393页。

[4]　何炳棣：《读史阅世六十年》，广西师范大学出版社2005年版，第301页。

战。这种性格，或许过于刚烈，过于攻击性，甚至不免意气之嫌，但不虚伪、不矫作、不善巧，正是君子坦荡荡的真性情。一直到今天，年近期颐的何氏还在进行先秦思想的攻坚，即便妻子过世，在"家无妇，不为家"[1]的感慨之余，仍能写出数十页篇幅的长文，一如既往地参与论战，实在可称为学术斗士。

瞿同祖如一股潺潺的清流，那是荣华阅尽宠辱不惊的淡定，这种"上善若水"的性格帮助他较为安然地度过后来那个不堪的年代，得享高寿。学术作品的生命实际上是与作者的伟大人格紧密联系在一起的，瞿氏的著述如同他的清流人品，没有时髦理论呈张牙舞爪，没有奇怪词汇来吸引眼球，有的只是资料广博娴熟、理论深化内敛的自然融合。[2]在当今虚荣焦躁的时代，在没有持续作品的情况下，他的人性光辉，他的"桃李不言"仍能给予真正向往学术者以信心和力量。

必须指出，本文的目的绝非是为了孰优孰劣的比较，只是想从学术史的角度，补阙一段不应被遗忘的两位广义上的"法学家"、同时也是真学者之间的传奇故事。一言以蔽之，这团烈焰，这股清流，不是水火不容，而是水火交融。

（原载《比较法研究》2012 年第 3 期）

补记：我曾于 2011 年 8 月 17 日收到何炳棣先生亲笔的传真件（如下），介绍其身体与研究情况，并对我发表在《中国社会科学报》上的《法者还是墨者开启帝国》小文赞赏有加，先生奖掖后学的殷殷之情，铭感五内。何先生于 2012 年 6 月 7 日驾鹤西去，我在《比较

---

[1]　2010 年 5 月 13 日下午，何炳棣莅临清华做"国史上的'大事因缘'解谜——从重建秦墨史实入手"讲座时所说。其妻子邵景洛女士，已在几年前去世。

[2]　即便是主张以社会科学观点和方法治史的何炳棣，后来也对不少此类著作不能满足历史学家对坚实史料的要求，以致理论华而不实、易趋空诞，感到失望与怀疑。（参见何炳棣：《读史阅世六十年》，第 477 页。）对何炳棣的这一改变，当今治学者值得特别注意与借鉴。管见以为，有效承继古典乾嘉学风，合理融合现代理论方法，可能是法史学的出路之一。

法研究》这篇拙文原本计划写出后何先生批阅，却在无意间成为一篇纪念文章。

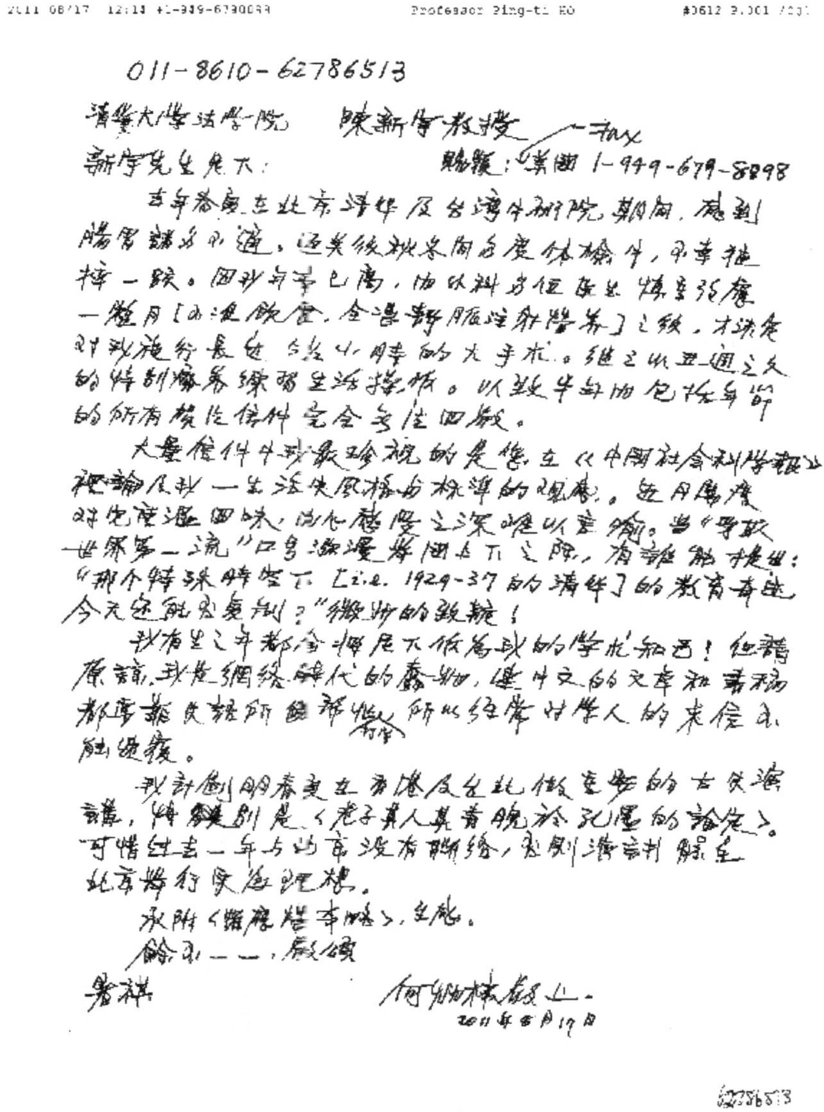

# 法治的恪守者
## ——燕树棠的生平与思想

　　2009 年，对于清华法学来说，是一个特别的时刻：1929 年法学院建立，标志着清华法政教育之全面展开。可当光阴如白驹过隙，我们却发现，在 80 年后的今天，那个时代的法政人，对当代人而言，多数已成陌路。寻找这些历史的"失踪者"，再现那个时代清华法政人之经历和问题，将是了解当时清华法学乃至近代法学和法治的途径之一。客观之评价，理性之总结，需要建立在坚实史料的基础上。有感于此，笔者将以传记法学之形式，回顾近代典范性的法学家、法律教育家，与清华渊源颇深的燕树棠先生之生平典故，并围绕其对法治和法律教育的认识展开讨论，最后予以小结。

燕树棠早年和晚年照片

一

燕树棠，字召亭，河北定县人，1891 年出生于一个书香门第的家庭，其父燕友三是前清举人，毕业于京师大学堂，后负笈东瀛入早稻田大学学习教育，回国后担任过河北大兴师范和顺德师范的校长。[1] 1914 年，燕树棠先生毕业于北洋大学法科，1916 年通过清华专科考试赴美。在清华建校初期，资金较为充裕而合格学生较少，为增加学生赴美学习，除留美预备部放洋学生之外，另有专科生、幼年生、津贴生和补助教部官费生。[2] 依据 1919 年《清华一览》所载《专科学生留美试验规则》，对报考对象的要求是：属本国籍，年龄在二十六岁以内，曾在国内外法、矿、电机、机械、土木工程、纺织、农林各专门学校毕业，能直接进美国大学院 Post-Graduate Course 各专科研究高深学问者。[3] 其人数，每年多者不过十人，实属菁英之选拔，与燕氏同期者，就有后来成为桥梁专家的茅以升先生。[4] 燕氏先后在哈佛、哥伦比亚、耶鲁大学学习，于 1917 年获得哥伦比亚大学法学硕士学位（L.L.M.），1920 年获得耶鲁大学法理学博士学位（J.S.D.）。

归国后，燕氏于法学杏坛，贡献斐然。其曾担任北京大学法律学系教授暨系主任，武汉大学法律学系教授暨第一任系主任（曾三入武大，皆任系主任），清华大学法律学系、政治学系教授暨法律学系第一任系主任，西南联合大学法律学系教授暨系主任、系教授会主席。讲授国际私法、国际公法、宪法、法理学、民法概论、民法总则等

[1]　参见戴克中：《法学泰斗》，收入燕树棠：《公道、自由与法》，清华大学出版社2006 年版，第 528 页。
[2]　参见曹云祥：《清华学校之过去现在及将来》，《清华周刊》清华十五年纪念增刊，1926 年 3 月，载《清华大学史料选编》第一卷，清华大学出版社 1991 年版，第42 页。
[3]　《清华大学史料选编》第一卷，清华大学出版社 1991 年版，第 224—225 页。
[4]　《1911 年清华学堂至 1929 年留美预备部时期各类学生名录》，载《清华大学史料选编》第四卷，清华大学出版社 1994 年版，第 639 页。

课程。[1]沙滩红楼、洛迦山下、水木清华，见证了他著述育人之匆匆身影。

"以学术为业"，在民初社会，对于富于实学色彩的法学而言，是需要奉献精神的。当时大学法科优秀专任教员匮乏，蔡元培先生在1917年就任北大校长的演讲中，就曾提到"我国精于政法者，多入政界，专任教授者甚少，故聘请教员，不得不聘请兼职之人，亦属不得已之举。"故燕氏的加盟，对于北大正是雪中送炭。对于武大，作为法律学系首任系主任，乃其法律教育的创始人之一。就清华而言，1929年成立的法学院，依当时《大学组织法》应设法律、政治、经济三系，惟因经费问题兼校长罗家伦的教育理念，法律学系暂缓设立，法律课程由政治学系开设。后在梅贻琦主政时期，于1932年起筹建法律学系，并获教育部备案，燕先生被延聘为首任系主任。但形势比人强，同年因庚款停付引发的经费问题旋踵而至，加之当时政府"限制文法、发展理工"的教育政策等特殊的时代因素，法律学系被要求停止招生，尽管梅贻琦多番努力，燕树棠与冯友兰更到南京斡旋疏通，辛苦备尝，惟言者谆谆，听者藐藐，终是无可奈何，法律学系于1934年被裁撤，燕先生转入政治学系任教。1931年8月至1936年7月，是燕先生执掌清华教鞭之时光，其间筹备斡旋、杏坛耕耘之付出，实不容抹煞。[2]随后在西南联大，国难之时，筚路蓝缕、步履维艰中之坚守，更是其伟大人格之体现。

传道授业之余，燕氏亦积极入世，曾兼任中央法制局编审、宪政实施协进会会员、监察院监察委员、第一届司法院大法官、联合国教育科学文化组织中国委员会第一届委员、中华民国法学会编辑委员会

---

[1] 李贵连等编：《百年法学——北京大学法学院院史（1904—2004）》，北京大学出版社2004年版，第86、120、122—123、170页；《国立西南联合大学校史》，北京大学出版社2006年版，第231—233页；《清华大学史料选编》第二卷，清华大学出版社1991年版，第603页。

[2] 关于这段历史的详细介绍，可参见陈新宇：《近代清华法政教育研究（1909—1937）》，《政法论坛》2009年第4期。

委员等诸多职务。他曾负责起草了《中华民国民法》亲属编草案，[1]
参与《中华民国宪法》草案之修改、讨论，[2] 在《现代评论》《太平
洋》《东方杂志》等影响甚广的杂志上发表大量评论。燕氏虽为孙中
山"特批"的国民党员，[3] 在政治立场上，却趋于中立，更多秉承的
是传统知识分子之道德勇气，铁肩道义，辣手文章，建言建策，针砭
时政。1926 年"三·一八"惨案发生后，燕氏曾有状告段祺瑞之举；
1945 年抗战结束后的"反内战"运动中，其是《国立西南联合大学
全体教授为 11 月 25 日地方军政当局侵害集会自由事件抗议书》的八
名起草委员之一；在"一二·一"惨案发生后，其为联大法律委员会
委员之一，对包括云南省前警备司令关麟征、第五军军长邱清泉在内
的涉案人员提起诉讼。[4] 珞珈山下，亦有周恩来"燕先生的话比国民
党的飞机大炮还厉害"之传闻。[5]

　　1949 年，燕先生拒绝了南京政府送来的机票，选择留在大陆，
他告诉家人，"我一辈子爱国，共产党不会杀我，我不愿意躲在外国
军舰上当'白俄'，改朝换代总还是要用人的"[6]。解放伊始，其曾被
武大军管会解聘，经韩德培等教授做工作，旋又复聘，[7] 经历该短暂
风波后，他人生的最后阶段乃在武汉大学法律系编译室、武汉大学图

［1］　谢振民:《中华民国立法史》,中国政法大学出版社 2000 年版,第 749 页。

［2］　参见荆知仁:《中国立宪史》,台北联经出版公司 1989 年版,第 433—436 页;燕
　　　树棠:《中华民国宪法草案的初稿》,收入燕树棠:《公道、自由与法》,第 306—
　　　316 页。

［3］　据说当时入国民党需按手印,燕氏认为只有犯人才按手印,不愿履此手续,孙中
　　　山为其特别变通。参见燕令伟:《一个悄然走过的老人》,收入燕树棠:《公道、自
　　　由与法》,第 4—5 页。

［4］　李贵连等编:《百年法学——北京大学法学院院史(1904—2004)》,北京大学出
　　　版社 2004 年版,第 112、178—183 页。

［5］　戴克中:《法学泰斗》,收入燕树棠:《公道、自由与法》,清华大学出版社 2006 年
　　　版,第 530 页。

［6］　燕令伟:《一个悄然走过的老人》,收入燕树棠:《公道、自由与法》,清华大学出
　　　版社 2006 年版,第 5 页。

［7］　戴克中:《法学泰斗》,收入燕树棠:《公道、自由与法》,清华大学出版社 2006 年
　　　版,第 531 页。

书馆工作，并兼任湖北省政协委员、湖北省政协政治学习小组副组长、中国对外文化协会武汉分会理事、中国政法学会理事会理事等职，[1]其间历经"运动"，风雨如晦，残灯如豆，仍以顽强之生命力，守得平反之日。1984年2月20日，贤者其萎，享年九十有三。

燕氏笔耕不辍，著有论文、时评与书评多篇，所论既有对西学理论之引介梳理，又有对中国问题之研究阐发，内容涉及法理、宪法、国际法、民法、刑法、司法制度与法律教育诸多领域，并以法理学、国际法居多。其著述经笔者整理编辑，以《公道、自由与法》之名，收入《汉语法学文丛》，于2006年在清华大学出版社刊行。

## 二

晚清以降，以撤废领事裁判权为契机的法律改革渐次展开，近代法治伴随立宪在中国生根发芽。惟农业社会向工商社会的转型、传统文化与近代思潮的扞格，理想与现实之间不免有了差距，生了裂痕，秉承法律救国理念的近代法律人群体，也有着不同的选择。典型有如董康，这位清末"礼法之争"时法理派的旗手，民国时代却"觉曩日之主张，无非自抉藩篱，自溃堤防，颇忏悔之无地也"，"前之所谓新者，视同土饭尘羹，所谓旧者，等于金科至律"。[2]彻底地主张回归传统，恢复旧制。有如杨荫航，这位当年《译书汇编》的创办者，在担任京师高等检察厅检察长时，将涉嫌贪污的交通总长许世英传讯拘押，虽然上级的电话一夜未停，仍坚持司法之独立，不准保释，反遭停职审查，心灰意冷，愤而辞职。[3]有如吴经熊，这位二十世纪中国的伟大法学家，少年成名，历经法曹、执业律师等职，一路光明，一

---

[1]　此处诸项社会职务由燕树棠先生之子燕今伟先生告之，谨表谢忱。

[2]　董康：《前清司法制度》，《法学杂志》1935年第8卷第4期。

[3]　杨绛：《回忆我的父亲》，收入《杨绛作品集》（2），中国社会科学出版社1993年版，第59—73页。

帆风顺，步入中年，却是"法律不足以慰藉心灵"，转而皈依宗教。[1]

与上述几位不同，燕氏以比较客观的态度来看此问题，在他看来：

> 民国的根基在民治。民治制度，若无法治，是根本上不能存在。中华民国自成立以来，关于中央与地方政府的组织，关于人民与国家及官吏的关系，关于人民与人民彼此间的关系，都制定了许多法规、条例和章程。就是这几年的国内纷争，这派"毁法"，那派"护法"，这派"革命"，那派"制宪"，这派主张地方分治，要制定省宪，那派主张中央集权，力谋统一。虽个人团体的意见不同，私利冲突，然若平心静气地观察，其中皆含有尊崇法治的意味……这几年与法治相反的纷争，我们只认可过渡的状态，是社会进程的变态。但是这种纷乱情况之下，若是我们努力法治，这过渡期间可以缩短；若是我们不努力，这过渡期间必至延长。[2]

唐德刚先生曾以"历史三峡"来比喻中国长时间社会—文化转型的颠簸曲折，[3]民国以降的法治状况，不妨可以看成这一比喻在法律维度上之注脚。其有武人干政，宪法如同一纸之一面，但也有宋教仁案发生，上海地方检察厅厅长传票国务总理赵秉钧之举，平允而论，正反两面一直交汇于近代法治之中。光阴荏苒，时至当代，海峡那边结束"动员戡乱"，大陆这方提出"依法治国"，法治再次成为政治生活之主题，回头来再反省燕氏当年之言论，不得不让人感叹其远见和洞察力。

需要特别注意的是，燕氏的法治观，并非固执于"法治"与"人

---

[1] 详见许章润：《当法律不足以慰藉心灵时——从吴经熊的信仰皈依论及法律、法学的品格》，《元旦民商法杂志》2004年第3期。

[2] 燕树棠：《青年与法律》，收入燕树棠：《公道、自由与法》，清华大学出版社2006年版，第150—151页。

[3] 唐德刚：《晚清七十年》，岳麓书社1999年版，第7页。

治"简单化的对立冲突，其持平允之论，通过反省历史与现状，他深刻地指出：

> 清末民初之间，中国国势不振，渐渐丧失从前重人重德之自信力，而以为泰西各国盛强，多赖法律，于是渐次崇尚法律，而轻视"人"的问题，迷信人事之一切可以取决于制度。[1]

又云：

> 近年来我国对于司法之建议及改革，多制度之形式，而忽略司法之精神，以致法官创建之精神和人格之修养，反不及旧制时代之提倡与努力。这种状态造成之主因，是由于我们迷信了西洋思想上对于司法之沿习的错解。我们采用西洋法制，反而以误传误，变本加厉。[2]

因此，燕氏是要摒弃简单的"法（制度）决定论"之成见，在坚持法治之前提下重新提倡"人"的重要性——"认真地对待人"。他认为："在法律秩序之中，绝对的人治——绝对依个人之意思支配他人之行为，是事实上和逻辑上的不可能；绝对的法治——绝对依法律规则支配个人一切之行为，也是事实上和逻辑上的不可能"，"凡主张绝对人治主义或绝对法治主义都是思想家好为一贯之论之偏见"，"现代社会不容法外之人治，重要问题是在如何在法律上及立法政策上分配人治与法治之领域……即裁量与规则适用之限度"。[3]这样精彩的论断，即便在今天看来，也不乏启发意义。

传统中国其实一直存续"治人"与"治法"之论辩，"人"之重

---

[1] 燕树棠:《法治与人治》，收入燕树棠:《公道、自由与法》，清华大学出版社2006年版，第93页。

[2] 燕树棠:《法官之自由与责任》，收入燕树棠:《公道、自由与法》，清华大学出版社2006年版，第169页。

[3] 燕树棠:《法治与人治》，收入燕树棠:《公道、自由与法》，清华大学出版社2006年版，第104页。

要性，典型如荀子从立法、执法与规则有限，人事无穷诸视角已有相当精辟之见解。帝制时代至明末清初，更有黄宗羲就"非法之法"的合法性问题提出质疑，随着帝制覆灭，民国肇建，黄氏的问题已得回应，其后虽有复辟余波，已属回光返照，法治已成为政治共识，近代的法律体系经由大规模的立法移植已经确立，如何结合中国实际真正实现法治，使其深入人心，成为时代之迫切主题。燕氏关心的是具体法治的问题，他结合东西方理论和经验，反对法律机械主义之论，其赞同德国 Gmelin 所谓"法官执行职务，不只宜以其头，并宜以其心"，认为"法官不但要有知识，并要有好心术。其说与中国旧有之人格修养之说正合。亦可见为人应世之情义，并无古今中外之别"[1]。更举实例，认为裁量之权限、欧陆民法中的"条理"、英美法的"平衡"与大判官之"良心"、欧陆法官所谓的法规合理之适用，正是"无法之执法"的显著例子。[2]

　　系统的法学训练，使燕氏对西方法学的历史有全面之了解，对其最新动态有敏感之把握，比如《论法律之概念》《法律与道德的关系》《法律之制裁》诸文，我们可以窥得他如庖丁解牛、举重若轻地勾勒西方法学诸流派的发展演变；《英美分析学派对于法学之最新贡献》及多篇书评，我们可以看到如 Hohfeld 的 *Fundenmental Legal Conceptions*, Kocourek 的 *Jural Relations*, Goodhart 的 *Essays in Jurisprudence & The Common Law*, Pound 的 *Interpretation of Legal History*, Munroe Smith 的 *The Development of European Law*, Frank 的 *Law and the Modern Mind* 等当时成名大家或年轻新锐的最新力著甫一面世，即被引介到中国来。同时，既有的中学功底，又使其对传统文化有深刻的理解同情。在会通中西的基础上，他可以用平和而非偏执的心态去看待中国的问题，对中国法治的看法，即是鲜明例证。

---

[1]　燕树棠：《法官之自由与责任》，收入燕树棠：《公道、自由与法》，清华大学出版社 2006 年版，第 173 页。

[2]　燕树棠：《法治与人治》，收入燕树棠：《公道、自由与法》，清华大学出版社 2006 年版，第 95 页。

# 三

"有其法者尤贵有其人"，法律人是沟通规范与社会事实之媒介，法治之理念，乃由他们的身体力行落诸实处，故法律人之素质，实乃一国法治成败之关键。在传统社会中，法律（律学）知识并非主流菁英之学识，法律职业或只是士人暂时谋生之道（如幕友），或社会地位不高（如胥吏），甚至是国家打击取缔之对象（如讼师）。近代以降，伴随法律移植的进行，法律教育迅速发展，惟转型之际，法科又往往容易成为如蔡元培先生所批判的"干禄之终南捷径"，其间不免鱼龙混杂、泥沙俱下，甚至危害到民众对法律的信心，正如燕氏所指出：

> 民国成立以后，十余年间，学习法政的人们充满了国家的各机关，在朝在野的政客，以及乡间无业的高等流氓，也以学习法政之人为最多。多年来官场之贪污、政治之勾结，许多造乱之源，当归咎于"文法"，而且秩序日就纷乱也直接可以证明法律之无用和无力。一般人从前对于法律事业之奢望，渐变而成为失望了。[1]

但对于燕氏而言，这种现象，乃"被环境恶化，不是由于法律事业的不良。法律事业性质是高尚的，是为人的，为公的，不是为私为己的……我们只宜从抵抗环境方面想办法，不能归咎法律事业的本体"[2]。在长期的法律教育中，燕先生形成了系统的理念，他所追求的理想的法律教育，不仅仅是专门知识的传授，更要有"法律头脑"之养成。所谓"法律头脑"，包括四方面内容：

---

[1] 燕树棠：《法律教育之目的》，收入燕树棠：《公道、自由与法》，清华大学出版社2006年版，第294—295页。

[2] 燕树棠：《青年与法律》，收入燕树棠：《公道、自由与法》，清华大学出版社2006年版，第153页。

第一，须要有社会的常识……法律问题都是人事问题，都是人干的事体问题……假设我们依据对社会的经验和视察而研究法律，我们了解法律的程度一定增进不少……第二，须要有剖辨的能力……从事法律职务的人评判和处决事情的机会更多，虽有法律可以依据，若是缺乏相当程度之剖辨能力，就不能找到问题之肯綮，就不能为适当之处置。对于人事之剖析犹如对于物体之分析……其内情虽复杂，若剖辨起来，也不难知道人与人彼此关系之构成要素。分析是科学方法，是科学精神，学习法律的人若是得不到剖辨的能力，若是不注意培养自己剖辨的习惯和精神，那就是等于没有受过法律的训练。第三，须要有远大的思想……法律所支配所干涉的事体都是人与人之间常发生争端的事体，从事法律职业的人，直接处理那些争端，常常与坏事接触，常常与坏人接触，往往于不知不觉之中，熏陶渐染，淹没于坏人坏事之中，以致堕落而不能自拔者，所在皆是……辨理俗事的任务而有超俗的思想，此乃法律教育不可少之要件。第四，须要有历史的眼光。法律问题是社会问题之一种……不明社会的过去，无以明了社会的现在，更无以推测社会的将来。学习法律必须取得相当程度的历史知识，才能了解法律问题在社会问题中所占之位置，才能对于其所要解决的问题为适当之解决。[1]

在燕先生看来，"法律头脑"的意义乃"在学习法规之外必须得到一种法学的精神"，只有如此，"机械的法律知识才有个生机，有了动力，才可以说是死知识变为活知识，死法律变为活法律"，具备这类素质的人，才可以说是"用之不竭的法律人才"。因此，其主张在法律教育中，"社会科学的功课，如政治学、经济学、社会学、政治思想史、经济思想史，以及伦理、心理、逻辑、哲学各项科目，应该

---

[1]　燕树棠：《法律教育之目的》，收入燕树棠：《公道、自由与法》，清华大学出版社2006年版，第296页。

与法律并重，作为必修的科目，以便使学生对于整个社会、全部的人生问题，得到相当的认识"[1]。

这篇《法律教育之目的》，刊行于 1934 年 1 月东吴大学《法学杂志》的"法律教育专号"，当时"限制文法、发展理工"的教育政策已经出台，清华法律学系之筹建已处于无可挽回之局势，近代中国的法律教育正处在一个特殊的十字路口。燕氏试图纠正当局仅仅将法律教育当作专门知识之训练，局限于规范注释，应付各项考试的狭隘认识，力图培养出可以适应急剧变化社会的法律人才。

这种努力，要求学生不仅需掌握精深之专业知识，亦要兼备博赅之通识，拥有高尚之情操，培养学力、修身养性"两手都要抓，两手都要硬"；这种努力，如老广煲汤，以文火加以时间，最后水到渠成；这种努力，在于治本，是解决具体法治之关键，乃妙手仁心之体现——借用吴经熊先生的话讲，就是"再妙不过"[2]。这种法律教育理念，与近代清华的通才教育颇有共通之处，可惜法律学系生不逢时，燕氏固无法施展其抱负，清华的法律教育，也失去了发展之契机而成历史一憾。时至当代，法律教育也面临着泡沫发展，追求实务教育而忽视伦理、素质修养等与近代时期相似之诸多问题，燕氏之言论，对于当代法律教育之定位和改革，有相当之裨益。

## 简短的结语

"法律不是长久不变更的，惟其变更，才有改良。但是在法律未变更之前，必须遵守，必须服从。这一点是法治的真髓，法治的精神。从事法律的人，至少必须修养这点精神，这点习惯。"[3]唯法是据，

---

[1] 燕树棠：《法律教育之目的》，收入燕树棠：《公道、自由与法》，清华大学出版社 2006 年版，第 297 页。

[2] 吴经熊：《法律教育与法律头脑》，《清华法学》第 4 辑，清华大学出版社 2004 年版。

[3] 燕树棠：《青年与法律》，收入燕树棠：《公道、自由与法》，清华大学出版社 2006 年版，第 154 页。

服膺法治，已经溶入燕先生的血液和灵魂深处。他以法为剑，去维护国家权益，保障人权；他积极地论证法律职业高尚性，努力培养人格高尚与专业精熟两者兼备的法律人才，以解决法治中不可匮乏的人之问题。在他身上，有着法学家的严谨、冷静、保守之气质，又有着传统知识分子洁身自好，爱国忧国之风骨。今天，限于资料，我们很难完全把握燕氏在后来那个特殊时代中的心理，或许，《麦田里的守望者》中的一句话可以概括，那就是"一个成熟男子的标志是他愿意为某种事业卑贱地活着"。

（原载《华东政法大学学报》2009 年第 4 期）

# 从邵循恪到端木正

## ——清华法政研究生教育的薪火传承

1930 年，清华法学院设置法科研究所，包括政治学部与经济学部。政治学部的设置，乃清华法政研究生教育之滥觞。在清华的法学史上，由于特殊原因造成了法律学系长时间缺位，法科研究所中的法律学部也一直没有建立，所以政治学部实际上就是清华法政研究生培养的主体机构。本文试图利用一些珍贵难得的资料，来考察当年政治学部的情况，同时结合其所培养的优秀学生、彼此间更有着师承关系两位杰出学人：邵循恪和端木正学习历程的素描，勾勒出清华法政研究生教育较为全面的面相。

一

依据 1937 年《清华大学一览》上的《法科研究所·政治学部》和《法科研究所·政治学部学程一览》（民国廿五年至廿六年度）[1]，政治学部的制度设置可概括为如下七点：

1. 政治学部的工作方针为：（一）确定研究范围；（二）侧重本国题材；（三）着重材料之搜集；（四）实施严格训练与培养认真切实之风气。

---

[1] 收入《清华大学史料选编》第 2 卷（下），清华大学出版社 1991 年版。

2.研究生毕业期限，最少三年［按：后于 1934 年 5 月遵教育部令改为最少二年，实际上并无人能于两年内完成］。对研究生的修学要求是：（一）第二外国语考试及格；（二）选修学科至少满 24 学分；（三）毕业初试应考及格（考试委员会应有经教育部核准之校外人员参加）；（四）毕业论文经研究导师认可，本部预审合格，再经论文考试委员会（组织同前条）考试及格。

3.研究生于第一学年始业时，应于部中导师及部主任切实商定整个研究计划，包括选修课程、认定学科、预备各项考试，决定论文题目等。导师及其指导范围如下：萧公权（中国政治思想）、王化成（国际公法及国际关系）、沈乃正（中国地方政府）、陈之迈（中央政治制度）、张奚若（西洋政治思想）、浦薛凤（近代政治思潮）。

4.研究生要求就下列三种专门选读与研究选修一门：（一）公法（宪法或国际公法）专门选读与研究；（二）政治制度专门选读与研究；（三）政治思想专门选读与研究。其意在使研究生初步专门化，并期于研究过程中，能获得一适当之论文题目。

5.第二外国语（除导师及部主任特许者外，应于德法语文中，选择其一）考试最迟须于入学后一年内应试及格。及格程度以等于已曾修习该项文字至少二年以上，能译读流利为准，未及格者，不得参与毕业初试。

6.凡应毕业初试者，应于下列五项学科中，择一为主科，择二为副科，共计三项，为其初试范围。（一）政治制度、（二）宪法与行政法、（三）国际公法及国际关系、（四）政治思想、（五）市政。凡应毕业初试得下等者，得于三阅月后，补考一次。凡应毕业考试不及格者，其所著论文，研究部概不接受审查。毕业初试至迟应于毕业前六个月，应试及格。

7.论文考试之范围，得包括主科。

从这些要点中，可得如下三点感受：

首先，政治学部的研究生可分为规范、制度和思想三个方向，每个方向的导师，皆堪称中国该领域最优秀的学者，其大都受过较为系统的中国古典教育，并在西方一流大学中取得学位或有长时间的游学经历，且当时正是年富力强的年龄。

其次，政治学部的培养考核相当严格，除了相关课程的学习，第二外语、毕业初试、论文考试，环环相扣，一项不过关就无法进入第二项。

第三，在专业智识的训练上，非常注意奠定学生扎实之基础，再养成其专精。学生貌似只需就三种研究方向中选择一门进行研究，进而形成论文，但毕业初试中的主、副科内容，实际几乎涵盖了各个方向的内容，且毕业论文考试，实际也不只限于论文本身，而是可包括主科这一更广阔之范围。

据史学家何炳棣先生回忆，当年靳文翰（1935年清华政治学系毕业，同年考上政治学部研究生——笔者注）曾对他大谈基本功的重要性，谓其把奥本海姆（Oppenheim）的国际公法包括小注，已经读了八遍。[1]可证当时的政治学系严谨扎实，注重基础之学风。

## 二

从现有资料上看，1930—1937年政治学部研究生有：邵循恪、谢志耘（1930）、万昇、陈春沂（1932）、王铁崖（1933）、罗孝超、楼邦彦（1934）、靳文翰（1935）、宋士英、池世英（1936）、张天开、刘信芳、陈明耋、鞠秀熙等人。[2]但有意思的是，从现有的资料上看，1933—1943年清华授予硕士学位的学生中，政治学部只有1933年毕

[1] 何炳棣：《读史阅世六十年》，广西师范大学出版社2005年版，第99页。
[2] 1930—1936年的《研究生院新生名单》（《国立清华大学校刊》第200、305、436、514、592、676、765号），收入《清华大学史料选编》第2卷（下），清华大学出版社1991年版。

业的邵循恪一人。[1]其原因主要有：一是考核非常严格，可能有中途辍学者；二是不少学生考取中美、中英庚款考试，未完成学业即出国留学。其中有如王铁崖（第四届中美庚款留学考试，1936，专研国际公法）、楼邦彦（第四届中英庚款留学考试，1936，专研行政法）、张天开（第五届中英庚款留学考试，1937，专研社会立法）、谢志耘（第六届中英庚款留学考试，1938，专研近代史）、陈春沂与靳文翰（第七届中英庚款留学考试，1939，专研行政法）。[2]这类庚款考试难度颇高，一般每个方向全国仅有一个名额（第七届中英庚款考试可能是例外），高中者无疑是这个领域全国的佼佼者，清华政治学部录取名额之多，可证明其培养学生之优秀。

邵循恪（1911—1975），字恭甫，福建闽侯（福州）人，1930年毕业于清华法学院政治学系，同年考入政治学部研究生。有意思的是，邵循恪的哥哥邵循正也是同年毕业于清华政治学系，其考上的是历史学部的研究生，后来成为著名的历史学家。

作为政治学部当时硕果仅存的毕业生，邵氏的成绩单无疑具有重要的史料价值，其具体如下：

1. 历年选修学分：第一年18，第二年8、第三年6。

学分成绩总平均：平均成绩1.097，按25%计:0.273。

2. 第二外语考试：及格。

3. 毕业考试：

考试日期：二十二年（1933年）三月三十日下午二至五时。

考试委员：浦逖生、钱端升、王化成、萧公权、张奚若、燕召亭、蒋廷黻、萧叔玉

---

[1]　参见《清华研究院1933—1943年授予硕士学位人数报告》，清华大学档案，具体卷宗号不详，《清华大学史料选编》第3卷（上），清华大学出版社1994年版，第102页。

[2]　孙宏云:《中国现代政治学的展开：清华政治学系的早期发展（1926—1937）》，生活·读书·新知三联书店2005年版，第154页。

应考学科：一、国际公法与国际关系

　　　　　二、宪法与行政法

　　　　　三、政府

评定成绩：上，1.1，按 25% 计：0.275。

4. 论文考试：

考试日期：二十二年十月十六日

考试委员：王化成、浦逖生、张奚若、钱端升、萧公权、沈乃正、蒋廷黻、燕召亭

论文题目：The Doctrino of Rebus Sic Stantibus（《现状如恒条款》）

评定成绩：上，1.1， 按 50% 计：0.550。

5. 总成绩：1.098[1]

　　因为邵氏成绩特优，由学校遵照章程公决，遣送留美，邵循恪后来在芝加哥大学获得博士学位，[2] 并于 1939 年回校任教。

　　对优秀学生无微不至的关照，并积极地为其成长创造机会，也是清华重要的传统。从邵循恪的成长经历上看，既保证了清华正在逐渐形成的学术传统之延续，也避免了可能的近亲繁殖之弊端。当然，更必须指出，正如何炳棣所讲，"旧中国"的知识分子是"重趣味重性情而轻利害"，"道德"水准较高，没有鱼目混珠、自欺欺人、互相吹捧，树立利益集团等不良风气。[3] 这是我们在借鉴那个时代经验时，应该首先了解的前提。

---

[1]《二十一年度研究院毕业生成绩一览表》，清华大学档案，全宗号 1，目录号 2—1，卷宗号 52，收入《清华大学史料选编》第 2 卷（下），第 645—646 页。

[2]《法科研究所·政治学部》，《清华大学一览》，1937，收入《清华大学史料选编》第 2 卷（下），第 597 页。邵氏出国时间，该处写是"二十二年六月"（考虑其论文考试时间是"二十二年十月"），恐怕有误，仍有待考。

[3] 何炳棣：《读史阅世六十年》，广西师范大学出版社 2005 年版，第 162 页。

# 三

邵循恪回国时的清华，因为日寇侵华，被迫南迁于昆明，正处于其特殊的战时状态：与北京大学和南开大学共同组成西南联合大学。

1939 年 6 月 27 日，西南联大常委会第 111 次会议决议："本校暂不举办研究院，由三校就现有教师设备并依分工合作原则酌行恢复研究所部。其研究生奖金等费用亦由各校自筹拨发"[1]，即此，开始恢复长沙临时大学时暂时停止的研究生教育，其培养上采取各校相对独立的方式。

1940 年，开始恢复法政研究生的招生。依据《国立西南联合大学清华、北大、南开研究院二十九年度招生简章》，清华的法科研究所设有政治学部，组别及考试内容如下：（1）政治制度组；（2）国际法组。a 国文、b 英文（作文及翻译）、c 近代政治制度、d 西洋政治思想史、e 国际公法。北京大学的法科研究所设有法律学部，组别及考试内容如下：（1）中国法律史学及中国法律思想史组，a 国文、b 中国经文解释、c 英文（作文及翻译）、d 罗马法及法理学、e 民法、f 刑法；（2）国内司法调查组，a 国文、b 英文（作文及翻译）、c 民事诉讼法、d 刑事诉讼法、e 民刑法。[2]

1942 年，规模扩大，法科研究所的法律学部分为三组，分别是：（1）中国法律史学及中国法律思想史组（北大）、国内司法调查组（北大）、犯罪学组（北大）；政治学部分为四组，分别是：（1）政治制度组（清华）、（2）国际法组（清华）、行政组（北大）、国际关系组（北大）。[3]

依据《国立清华大学、国立北京大学、私立南开大学研究院暂行办法》，研究院学生学费暂免，可担任本校半时助教（半时助教者不给予津贴，但仍得领受奖学金）。成绩及格者得请求津贴（每年每人

[1]《国立西南联合大学史料》第 2 卷，云南教育出版社 1998 年版，第 96 页。
[2]《国立西南联大大学史料》第 3 卷，云南教育出版社 1998 年版，第 443 页以下。
[3]《国立西南联大大学史料》第 3 卷，云南教育出版社 1998 年版，第 456 页。

600元），成绩优异者给予甲种（总平均分80分以上，300元）、乙种（总平均分75分以上，150元）奖学金，[1]津贴与奖学金虽然有人数限制（如清华津贴名额以二十人为限，每部以四人为限，奖学金以十人为限），但考虑到研究生人数甚少，只要成绩符合标准，皆有机会获得津贴和奖学金。

从现有资料来看，北京大学的法律学部研究生有4人，1940年入学者为贺祖斌，1941年入学者为闻鸿钧，1942年入学者为张挹材，1943年入学者为崔道录。[2]其中，张挹材的论文是《司法调查》、崔道录的论文是《隋唐法律思想与法律制度》，指导教授皆为燕树棠先生。[3]

清华政治学部的研究生有7人，1940年入学者为瞿维熊、吴明金、屈哲夫，1941年入学者为胡树藩，1942年入学者为钟一均、罗应荣，1943年入学者为端木正。[4]从目前的资料可知，罗应荣于1946年毕业，论文是 *The International Relation of Outer Mongolia in Relation to Russia and China*，导师是邵循恪；端木正于1947年毕业，论文是《中国与中立法》，导师是邵循恪；钟一均于1948年毕业，论文是《不列颠自治领的宪法地位》，导师是甘介侯。

学术薪火传承，以邵循恪的学生端木正在西南联大的教育历程为例，可见该时期研究生培养之一斑。

---

[1]　参见《国立西南联大大学史料》第3卷，第445页以下。

[2]　清华大学档案（全宗号）1——（目录号）4：2——（案卷号）79——（页码）13。

[3]　《国立西南联大大学史料》，第3卷，云南教育出版社1998年版，第468页。

[4]　清华大学档案（全宗号）1——（目录号）4：2——（案卷号）79——（页码）8。

端木正在西南联大的学籍卡

端木氏大学时本欲报考清华，因战时清华考试无法如期举行，转考燕京大学。后借读武汉大学，1942 年毕业于该校政治学系。1943 年 9 月，端木氏考入清华研究院政治学研究所国际法组，1945 年 6 月修满 26 学分后，进入相关的考试阶段。

首先是外语考试，1946 年 4 月 2 日在西南联大外国语文学系通过第二外国语考试（法文），主试人吴达元，成绩为及格。

其次是学科考试，1946 年 5 月 7 日，在清华大学会议厅（昆明）举行学科考试，考试范围为：国家公法与国际关系、各国政府及政治、西洋政治思想，考试委员 7 人，主试委员是张奚若，委员有钱端升、赵凤喈、刘崇铉、邵循恪、潘光旦和王赣愚，成绩为 81 分。11 月份起，端木正成为半时劫教。

最后是论文考试。在其论文《中国与中立法》获得导师邵循恪认可后，进入考核的最后一关：论文考试。

该论文考试于 1947 年 7 月 16 日下午 3 时至 6 时，在图书馆楼下文法学院讲讨室举行。考试委员9人，其中本系教授4人：邵循恪（主试委员）、张奚若、赵凤喈、甘介侯，本校外系教授3人：吴泽霖（社会学系教授）、刘崇鋐（历史系教授）、邵循正（历史系教授），校外委员2人：崔书琴（北大政治系教授）、王铁崖（北大政治系教授）。端木正论文考试的成绩为81.5分。端木氏论文的审查意见摘要为："取材虽未完备，论断则颇为精审。本文能对中立法方面做初一步的历史叙述，实为尚有学术价值之作。"[1]

其培养考核，无论是程序方面还是具体内容，皆保持着与战前清华相当的连续性。考试委员的阵容强大，是让人印象深刻的一面。其中学科考试7人，论文考试甚至高达9人，各位考试委员的专业背景也各不相同，来自政治学、法律学、社会学、历史学各个领域。想必其所提之问题，也会从各自的专业出发，考生如果知识背景不够广博，不具备"舌战群儒"的实力，准备不充分，在数个小时多对一的轮番"轰炸"下，实际上是很难过关，非常容易被"烤糊"的。

作为端木正的导师，邵循恪参与了学科考试和论文考试的全过程，在论文考试中，其甚至担任了主试委员，这里并无今天答辩制度设计上的所谓导师回避问题，联想到邵循恪当年考试，其导师王化成也是全程参加，大家似乎习以为常，此可以从一角度说明了学生和论文的水准才是考试的关键，亦让人再次感叹前引何炳棣关于当时知识分子的评价，实不无道理。

---

[1] 根据清华大学档案（全宗号）1——（目录号）4：2——（案卷号）80—1和80—2相关内容整理。

*16*

國立清華大學
NATIONAL TSING HUA UNIVERSITY
PEIPING, CHINA,

國立清華大學政治學研究所國際法組

論文考試

應考者　端木正

論文題目　中國與中立法

地點　文法學院講討室

日期　三十六年七月十六日

論文
成績　八十一·五分

導師　邵循恪

主試委員　邵循恪

委員　崔書琴　吳澤霖　劉崇鋐　甘介侯

王鐵崖　邵循正　張奚若　趙鳳喈

端木正的硕士论文考试资料

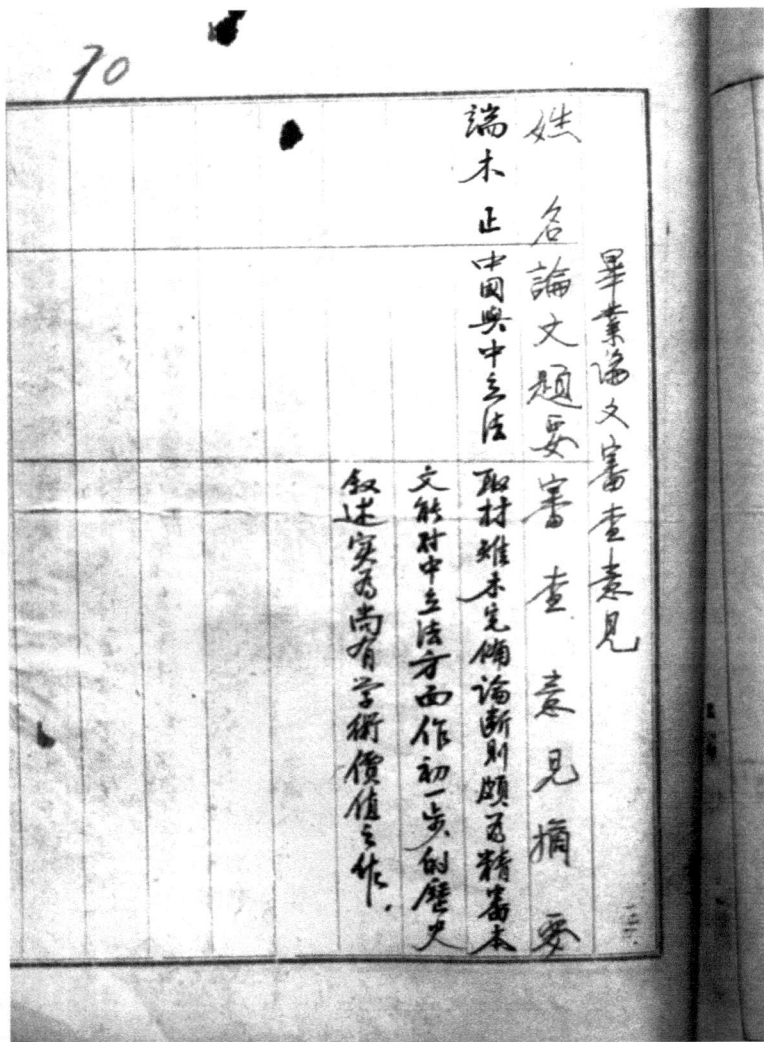

毕业论文审查意见

| 姓　名 | 论文题要审查意见摘要 |
|---|---|
| 端木正<br>中国与中立法 | 取材难未先备论断则颇为精审本文能对中立法方面作初一贯的历史叙述实为尚有学术价值之作。 |

端木正的硕士论文评语

端木氏的两次考试，成绩皆在 80 分以上，实际上是当时甲种奖学金的标准，可证其在联大相当优异的表现，但对其论文的审查意见仍然相当谨慎（按：笔者怀疑是出自其导师邵循恪之手），对论文未尽完美之处毫不客气地指明，褒奖之处也留有余地。笔者以为，这样的评价无损端木先生的声望，反倒是会让人对那个时代严谨、严肃、严格的学风好生敬仰。西南联大堪称中国乃至世界教育史上的一个奇迹，这种奇迹的基础正是建立在这种笃实的学风之上，端木先生在该时期所受教育的过程，正是其有力佐证。

如同其导师邵循恪，端木正也选择了毕业后赴国外深造之路。1947 年，其考取留法公费，并在巴黎大学顺利地获得博士学位。不免有憾的是，1952 年的院系调整，形势比人强，他无法如邵循恪一样，在其念兹在兹的清华大学，施展其本身所学。

## 简短的结语

从邵循恪到端木正，见证了清华法政研究生教育的薪火传承。少而精，是其人员构成的整体特征；高标准、严要求，是其培养考核的重要特点；广博且专深，是其培养人才素质的突出体现。这股学术与教育的薪火，虽非炙热，却足以持久地温暖，虽非熊熊，却能永恒地绚烂——那个时空下的那些人、那些事，将是近代中国法学不朽的传奇。

（原载王振民主编：《鸿迹：纪念法学家端木正教授》，清华大学出版社 2011 年版）

# 何处相思明月楼

## ——楼邦彦的清华往事

　　当今的法学界，听过王铁崖、龚祥瑞两先生大名的应该不少，而与之"三同"：同学、同事、同为钱端升先生高足的楼邦彦，则知者寥寥，这位法律史上的失踪者，其实学问才识，与前两位相比，毫不逊色，奈何天不假年，逝世于1979年。他历经"运动"坎坷，虽然最终拨乱反正，得以"右派"平反，却没有赶上改革开放的好时候。近日《楼邦彦法政文集》出版，先生昔日的皇皇大著得以旧文重刊，重现天日，借此机缘，楼先生的子女、亲属、学生，以及生前好友如王铁崖、戴克光、吴恩裕等学者的后人们，重返先生的母校清华大学，和国内各高校的法学、政治学的学者们一道，在清华法学院明理楼，举办了一场温馨隆重的座谈会，追忆楼先生的风范举止，探讨他的学术思想。斯人已逝，故园仍在，小文对此想做一补白，谈谈"恰同学少年"的楼邦彦与清华园的渊源，缅怀那一段不应忘却的学思与法意。

　　楼邦彦祖籍浙江鄞县，也就是今天宁波，1912年出生于上海。如果说传统律学家多出自内陆省份如陕西、河南，有所谓陕派、豫派律学的话，近代中国的法学家更多出自沿海地区，20世纪中国最具代表性的法哲学家吴经熊，就是浙江鄞县人，楼邦彦的老师、著名的政治学家钱端升是上海人，好友王铁崖是福建福州人，地域与法学智识的转型，似乎有着某种密切的联系。1930年楼邦彦先入上海沪江大学读书，一年后转学考入清华大学法学院政治学系。转学背后的原因，当时同为沪江同学、后来同样转入清华的龚祥瑞在回忆录《盲人奥里翁》中提供了一些线索，按照龚先生的说法，曾任清华政治学系主任的余日宣当时正在沪江大学任教，向他介绍过清华的情况，促成他转考清华，这种来自老师的影响很可能也发生在楼邦彦身上。

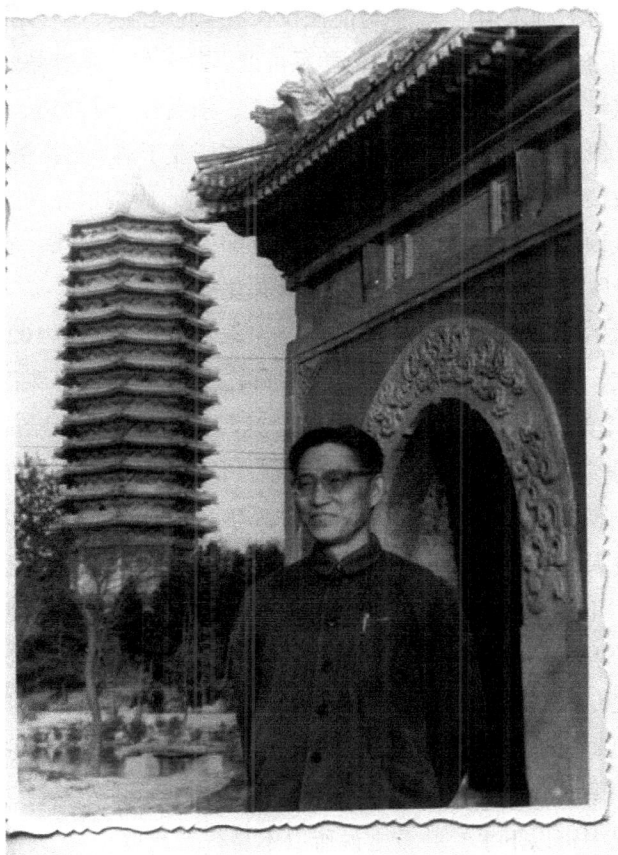

楼邦彦像[1]

依据史学家何炳棣的说法，20世纪30年代乃清华校史上的一段黄金时代，"30年代的清华文法两院表现出空前的活力。除各系师资

[1]　此照片由楼秉哲先生提供。

普遍加强外，教授研究空气较前大盛，研究成果已非《清华学报》所能容纳，于是不得不另创一个新的学术季刊《社会科学》。冯友兰师的《中国哲学史》和萧公权师的《中国政治思想史》两部皇皇综合巨著更足反映文法教学研究方面清华俨然已居全国学府前列"。(《读史阅世六十年》) 时任校长的梅贻琦先生有名言传世 "所谓大学者，非谓有大楼之谓也，有大师之谓也"，他与前任校长罗家伦先生皆用心延揽人才，在他们的努力之下，当时的政治学系可谓名师云集，阵容鼎盛，浦薛凤先生执掌系务，教授有王化成、沈乃正、张奚若、陈之迈、赵凤喈、燕树棠、钱端升、萧公权等人。这批学人多毕业于清华的留美预备部，后出国攻读法政，在哥伦比亚、哈佛、芝加哥、康奈尔等一流学府取得博士或硕士学位，返回母校任教，彼时正处于年富力强、才思敏捷的人生阶段，既有开阔的国际视野，又关注中国的国情。

当时清华大学的本科教育实行通识教育，在必修的 102 个学分中，国文、外语、自然科学、数学、逻辑、历史、经济等课程占据了至少 76 个学分，近 75% 之比重。关于这种教育理念，梅贻琦先生认为："大学期内，通专虽应兼顾，而重心所寄，应在通而不在专……夫社会生活大于社会事业，事业不过人生之一部分，其足以辅翼人生，推进人生，固为事实，然不能谓全部人生即寄予于事业也……通识之用，不止润身而已，亦所以自通于人也。信如此论，则通识为本，而专识为末。社会所需要者，通才为大，而专家次之。以无通才为基础之专家临民，其结果不为新民，而为扰民。此通专并重未为恰当之说也。大学四年而已，以四年之短期间，而既须有通识之准备，又须有专识之准备，而二者之间又不能有所轩轾。即在上智，亦力有未逮，况中资以下乎？并重之说所以不易行者此也。"(《大学一解》)清华历史上培养出众多中西会通、文理兼备的人才，足以证明这种"通识（一般生活之准备）为本，专识（特种事业之准备）为末"通识教育的价值。其在 1949 年后曾遭批判摒弃，当代重新被肯定重视，有道是"萧瑟秋风今又是，换了人间"，让人不胜唏嘘感慨。

　　当时政治学系的专业课程，有浦薛凤的政治学概论、中国历代政制专题研究、近代政治思潮，陈之迈的近代政治制度、宪法、议会制度、独裁政治、中国政府，赵凤喈的行政法、民法通论、刑法通论，沈乃正的市政治、市行政、地方政府，王化成的国际公法、国际关系、国际公法判例、国际组织，蒋廷黻的中国近代外交史，张奚若的西洋政治思想史、西洋政治思想名著选读，燕树棠的国际私法，程树德的中国法制史，萧公权的当代西洋政治思想、中国政治思想，另有开课者不详的法学原理、行政学原理。课程的目标在于：（一）灌输学生以政治科学之基础智识，训练其思想之缜密，理解之确切，并授以研究学问之经验与方法，使能力里作高深学术之探讨；（二）养成学生应付社会环境之学识与技能，使于毕业后，或服务社会，或参加考试，皆能举措裕如。故理论与事实并重，同时对于各种考试（如留学考试、高等试验、县长考试等）之科目，亦求能互现衔接。

　　美丽的校园、一流的师资、先进的理念、完备的课程，弱冠之年的楼邦彦，就这么躬逢其盛地与清华结缘了。在这里他很快展现了自己的学术才华，在《新民》《清华周刊》上发表了《在经济的立场评估旧道德的价值》《智识阶级的路》《我们的政府在哪里》《对国联调查团之认识》《信教自由与意见自由》等文章。尤其值得大书特书的是他在 1934 年的两本论著，一本是其本科论文 The British Cabinet（1922—1931）（《1922—1931 年的英国内阁》），另一本是在上海世界书局出版、作为世界政治学丛书的一种、与龚祥瑞合著的《欧美员吏制度》。

　　前者是英文论文，由陈之迈博士指导。论文共五章，包括导论、1922—1931 年英国内阁的历史概览、两党制的没落、宪法问题、1922—1931 年英国内阁成员。从选题上，楼邦彦选择了第一次世界大战以后到 1931 年经济危机前这一貌似常规的时期，从英国内阁的视角，探讨期间重要的宪法性变化。这种从平常处着手挖掘背后隐含的不平常之处的做法，正是其博学覃思的体现。从写作风格上，楼邦彦采用如史直书的方式，通过资料与数据来分析说理，不做价值评价，体现了严谨客观的文风。从篇幅上，共 90 页，翻译成中文共 34865 字，已经超过当今硕士论文的字数要求。从外语水平看，楼邦彦用英文写作，体现了对自己外语能力的信心，论文后所列参考书目共有专书 25 本、论文 11 篇、其他文献 2 种，全为英文论著。就我曾经浏览过的 1931—1951 年间共 101 篇清华政治学系本科论文的经验看，楼邦彦的论文无疑是其中的佼佼者。关于这篇论文，冯象教授的评价是："楼先生的英文写文章是没有问题的。当然，偶有小错，谈不上文采，比起钱钟书先生他们来，还是很普通的实用的英文。但论文的水准、文献梳理的功夫和问题意识，不亚于现在的硕士论文；甚至许多马马虎虎、粗制滥造的博士论文也赶不上他呢。"这番表述可资注意的有三点：首先，冯象教授是以钱钟书先生的英语水平这一最高标准为标杆进行比较的；其次，楼邦彦乃以规范的语言进行写作，而学术论文应以表述清晰为第一要务，他的论文符合这一要求；第三，这篇论文的水准已经达到较高的程度，与当今的硕士论文甚至博士论文相比，也毫不逊色。

后者是国内第一本系统介绍西方员吏制度的著作，以英法德美四国相关制度为考察对象。关于 Civil Service 一词，当时有"吏治""文官""公务员"多种译法，本书的校阅者钱端升教授认为皆有不妥，主张翻译为"员吏"。该词翻译的精准性暂且不论，钱端升教授专门为两位本科生的著作撰写序文，提出修订意见，可以反映出当年师生关系的亲密无间，师者爱才，提携指点，学生优秀，本科时期已经可以进行学术攻坚，完成专业论著。而楼邦彦之所以选择员吏这种与政务官相区分的事务官，即"具有专业技能和永久任期的职业官吏"为研究题目，一方面是从世界趋势看，20 世纪的国家已经从原来 18、19 世纪的警察国家转变为行政国家，员吏的作用日趋重要；一方面是从中国问题看，他认为当时中国政治腐败的原因不是在没有宪法，而在吏治腐败，势必改革。因此，研究员吏制度，正是在肯定传统考试制度价值的同时，面对世界的发展趋势，试图以先进国家的他山之石，促成中国的员吏制度改革，可谓"吾以救世也"，这正是当时这批青年人法政救国情怀的折射。

可以说，1931—1934年楼邦彦在清华的本科时光中，已经在学术上崭露头角，发出黄莺初啼，奠定"以学术为业"的基础，毕业当年他顺利考入清华的法科研究所。在研究生阶段，他同样笔耕不辍，在《清华学报》《清华周刊》《建国月刊》《时事月刊》《独立评论》上发表书评、论文与时评。A. Berriedale Keith 的 *Constitutional Law of England*（《英国宪法》）、James M. Beck 的 *Our Wonderland of Bureaucracy*（《布洛克拉西的奇境》）、W. L .Middleton 的 *The French Political System*（《法国政治制度》）等西方学者的最新著述，都是在甫一面世或者出版不久，即被他引介到中国来，体现了他对国外最新研究成果的把握。《美国联邦公务员的退休制度》《苏俄的公务员制度》是他对员吏制度研究的持续探讨。《宪法草案中国民大会之组织问题》《政制问题的讨论》反映了他对中国问题的关注，尤其是后者，乃与本科论文指导教授陈之迈先生进行商榷的文章，体现了"吾爱吾师吾更爱真理"的精神与勇气。

楼邦彦并没有完成他在清华的硕士学业。1936年他考取了第四届中英庚款考试的行政法门，赴伦敦经济政治学院留学。这类庚款考试，全国每门往往只录取一人，每届录取总人数不过十几、二十余人，是当时竞争最激烈、难度最高的考试。依据统计，楼邦彦那年的录取率，仅为5.24%。（关刚:《中英庚款与民国时期的教育》，《教育与经济》2011年第3期）在龙门之试中脱颖而出，正是他实力最好的证明。

1936年的英伦之行，在大洋彼岸等他的是大名鼎鼎的拉斯基，与之同期在伦敦的则有老同学王铁崖与龚祥瑞。如今当我们对这三者耳熟能详之余，也不应该忘记那位法律史上的失踪者楼邦彦，正所谓"何处相思明月楼"。

（原载《法治周末》2016年4月5日）

# 孙中山先生与清华年轻的法政人

1924 年 1 月 8 日，清华学校的学生徐永煐、施滉、何永吉在广州谒见了孙中山先生。这三位同学是清华学生社团"唯真"学会的成员，前两者更是该学会中"超桃"这一以政治救国为目标的秘密团体的成员，后来赴美留学，学习法政，也是清华留美学生最早加入共产党的一批人，在政治上表现活跃。关于这场见面的细节，以往的孙中山研究似乎不曾专门关注，本文将以这批年轻人与孙中山的交谊为线索展开介绍，首先，介绍这批人的履历及社团的相关情况，其次，描述当年见面的具体情节，第三，见面后的相关影响，最后，予以简短的总结。

一

清华的历史，渊源于 1909 年由美国退还超收的庚子赔款所设立的游美学务处及游美肄业馆，1911 年以"清华学堂"之名开办，采八年连贯制，分为中等和高等两个阶段，大致各为四年（期间年限曾略有调整），高等科毕业后派遣留美。1912 年改名为清华学校，1922年起改为四三一制，即中等科四年，高等科三年及大学一年，并逐年停招中等科学生。1925 年中等科结束，设立大学部和国学研究院，与旧制留美预备部并行，至 1929 年最后一届留美预备部和最后一批国学研究院学生毕业。1928 年清华学校改为国立清华大学。[1]

徐永煐、施滉、何永吉三人都是清华学校 1924 级（甲子级）的毕业生。该级毕业生凡 67 人，后来成名成家者众多，除了上述三人，还有如语言学家李方桂、心理学家周先庚、物理学家周培源、历史学家梁思永、化学家张洪沅、法学家梅汝璈、政治学家潘大逵、经济学家冀朝鼎等等。

徐永煐（1902—1968），1902 年 6 月 6 日出生于安徽怀宁，1916 年考入清华学校，在校期间参与五四运动和清华学校组织的救灾社会活动，担任《清华周刊》编辑，1924 年任山西法政专门学校预科英文教员兼校长英文秘书。1925 年赴美，1925—1928 年先后入芝加哥大学学习法学、威斯康辛大学和斯坦福大学学习经济学。1926 年参加美国共产党领导的研习马克思主义小组，加入中国国民党，参加留学生左派组织"中山学会"。1927 年加入美国共产党，参与创建"美洲拥护中国工农革命大同盟"，先后主持《革命》《国民日报》《先锋报》《共产》等报刊，开展华侨工作，担任中国局书记、委员，太平洋学会研究员等职务。1929 年被南京国民政府通缉，1946 年接周恩来通知回国，1947 年任中共中央外事组编译处处长，1949 年参与发起成立中国外交学会，1950 年参加出席联合国代表大会中国代表团，任中宣部英译《毛选》委员会主任，主持过《毛选》前四卷的翻译工作。1955 年任外交部美澳司司长，1959 年任外交部顾问，1964 年任第三届全国人民代表大会代表，中国人民外交学会副会长、党组书记，1968 年 9 月 9 日病逝于北京医院。[2]

施滉（1900—1933），曾用名赵大，1900 年出生于云南洱源，1913 年考入云南省军医学校，1916 年以第一名毕业。1917 年考入清华学校为插班生，在校期间曾参与五四运动被捕，任清华学校学生会

［1］　参见苏云峰：《从清华学堂到清华大学》（1911—1929），生活·读书·新知三联书店 2001 年版，"前言"。
［2］　参见《徐永煐生平简表》，收入徐庆来编著：《徐永煐纪年》，中央文献出版社 2011 年版，第 378—385 页。

会长、改组董事会全权委员会主席。1924 年赴美，入斯坦福大学政治科学系，1926 年获学士学位，入同校历史系攻读硕士，1928 年获得硕士学位，论文题目是《孙逸仙评传》(*Dr. Sun Yat-Sen*)。1926 年参加美国共产党领导的研习马克思主义小组，为反对帝国主义和国民党右派，和徐永煐参加了国民党旧金山总支部，为与国民党右派组织"孙文学会"相对立，成立"中山学会"，研究和宣传孙中山的三大政策，声援国内的北伐战争，并成立"美洲拥护中国工农革命大同盟"，声援国内工农革命。1927 年参加美国共产党，当选中国局书记，1928 年前往古巴、加拿大，在华侨中发展共产党的秘密组织，1929 年遭北平特别市政府通缉，赴莫斯科，在少年共产党国际青年团团校及工人学校任翻译。1930 年回到上海，在中共中央翻译科工作，1931 年被党派往香港，任香港海员工会秘书，与蔡和森等六人被捕，经营救出狱，后到北平艺专担任教员，从事地下工作。1932 年任中央河北省委宣传部部长，1933 年担任河北省委书记，在北平艺专开会时因叛徒出卖被捕牺牲。1949 年，在清华甲子级毕业二十五周年之际，清华图书馆树立了施滉烈士纪念碑，题词为"他是清华最有光荣的儿子，他是清华最早的共产党员，他为解放事业贡献了生命，施滉的革命精神永垂不朽"[1]。

何永吉，又作何永佶（1902—？），字尹及，广东番禺人，政治学家。清华学校毕业后留美，获哈佛大学博士。归国后任北京大学教授，北平政治学会秘书长，太平洋国际会议中国代表。1937 年前后任中山大学社会学系教授，兼勤勤大学教授。1946 年任中央政治学校教授。1949 年后任云南大学教授。"文革"期间去世。著有《为中国谋国际和平》《为中国谋政治进步》(1945)、《宪法评议》(1947) 等。[2]

1920 年，唯真学会在清华成立，其宗旨是"本互助和奋斗的精

---

[ 1 ]　参见《施滉年谱》，收入中共云南省委党史资料征集委员会编：《施滉》，云南民族出版社 1987 年版，第 87—92 页。

[ 2 ]　参见百度百科"何永吉"条，另，依据《清华同学录》(1937 年，国立清华大学校长办公处)，何永吉在 1925 年获得 Beloit 大学学士学位，专业是历史学。

神，研究学术，改良社会，以求人类底真幸福"，会长是施滉，创会伊始，会友十二人，核心人物是施滉、徐永煐、章友江、冀朝鼎、梅汝璈等，出版有刊物《唯真》。依据冀朝鼎的回忆，该学会"主要观点是寻找真理，'真理所在即趋往之'……由于寻找真理的关系，无形中倾向马克思主义和社会主义"。[1]

唯真学会合影，前排左一徐永瑛、左四冀朝鼎、左六施滉

1923 年，唯真学会中的施滉、徐永煐、章友江、胡敦源（元）、梅汝璈、罗素书（罗静宜）、罗宗棠和冀朝鼎八人组成以施滉为领导，名为"超桃"的秘密组织，名字寓意"超过桃园结义"。其原则有二：一是主张政治救国，这是针对当时许多同学不搞政治，只讲科学救国（如周培源等）、农业救国等而发的，试图通过政治途径来改造社会。二是强调拥护孙中山，这是针对当时国民党内许多人不尊重孙中山而发。当时清华同学中不少北方官僚的儿子，也不把孙放在眼里，所以

---

[1] 参见徐庆来编著：《徐永煐纪年》，中央文献出版社 2011 年版，第 28—34 页；《冀朝鼎同志访问记录》http://kui-shi.blog.hexun.com/9251626_d.html，最后访问 2014 年 10 月 27 日。

在校内也需要强调尊重孙中山。[1]

<h1 style="text-align:center">二</h1>

据上可见，五四运动后清华园中的一批热血青年，成立社团，互相砥砺，探索政治救国之道，并对孙中山先生颇为推崇。1924 年 1 月 20 日，国民党第一次全国代表在广州召开，国共两党开展第一次合作，在该年寒假中，施滉、徐永煐和何永吉"读万卷书，行万里路"，在广东谒见了李大钊、孙中山、李烈钧等人。对于这场与孙中山长达两三个小时的畅谈，徐永煐专门在 1924 年 4 月 4 日《清华周刊》第 308 期发表《见孙中山先生记》，以近八千字的篇幅予以详细描述。对于该文，《清华周刊》主编梅汝璈在编者按中谈到"描写之精微，叙述之详尽，诚能使读者如身历其境，如目睹其情。至其批评之超到，观察之旷鉴，尤非以成败论英雄，皮相定豪杰之所可同日而语也"。

---

[1]　参见《冀朝鼎同志访问记录》http://kui-shi.blog.hexun.com/9251626_d.html，最后访问 2014 年 10 月 27 日。

察不忙失望不怕着急，有人說「果能于未來時多設理
想立高大志向，到此多受打擊多碰釘子亦是很有價值
的經驗。而後果能再立志向，必有可觀只怕有黃紙條之
到底的精神不受國內紛亂情形之激刺不感黃紙條之
源源而來那真危險了」想這亦是個很有用的意思
我所以很高興的寫作這篇的結束。

徐宗涑
美國麻省理工學校

## 特載

### 見孫中山先生記　徐永焜

（吾友徐君永焜曁嵐君混此次漫遊西南屢
二月之久。其見聞心得多足供吾人聞固
不待言。余嘗二君離校時即以歸後須緣遊
記一篇登寒假生活專號為囑。今該專號蠲

……已出版面二君擔卷之念仍未少懈，嵐君週
以事忙未暇執筆徐君則允速作遊記一篇交
下期發表並將其成於旅次之見中山先生記
見示。余深嘉其能於舟車倥傯之際猶惓惓
不忘本刊讀者。職而劇覽其大作見其描寫
之精微敘述之詳盡識能使讀者如身歷其境
如目覩其情。至其批許之超到觀察之曠鬯
尤非以成敗論英雄皮相定褒俊者之所可同
日而語也。

（敬識）

這次謁見中山先生實在是醞釀了好些日子。我
們──何永吉施況和我──的朋友王君是湘軍中
的一個旅長他早就允許了替我們介紹。八號下午王
君從中山先生那里拜謁歸新年告訴我們說他已
經接洽就緒。九號上午十時半在何永吉家早飯完一
同走到長堤大本營碼頭學大本營公用的划子渡江到
士敏土廠。從長堤過江到土敏土廠，我前兩三天也走

特載

三三

徐永焜:《见孙中山先生记》[1]

---

[1]　此照片出自《清华周刊》第308期。

　　管见以为，值得注意的有如下几点：

　　（一）提问直接坦率、切中要点

　　在见到孙中山先生后，他们提出了一系列问题。例如施滉问："我们觉得大元帅的人格的精神高尚，坚忍不拔。革命的事业，有孙先生在，是不会停止进行的。但是上寿不过百年，孙先生百年之后，谁能继续这种奋斗。我们觉得这是很可虑的。不知孙先生的意见怎样？"又，"国民党施行的，是否俄国的主义？"，又，"照历史看来，统一中国，大半是从北而南，绝少从南而北。这是不是不可逃的定理？假如是的，孙先生对于这层，有什么打算？"何永吉问："孙先生计划统一什么时候可以成功呢？""进行的方法如何呢？"徐永煐问："现在所用的军队，外间很不赞成，说他们纪律不好。究竟军队的骚扰，是用着兵的时候，便一定不可免，还是我们可以得着较好的军队呢？"又，"据先生起初所说，国民党现在不注重一个人，注重组织和纪律。这个话也很对。不过凡事都要渐渐来的，不可骤几。例如以前的国民党，是孙先生一个人维持……假如无有孙先生，国民党也许早就完了……现在要改变这种局面，只能由一人的手里交到较多的几个人手里，这较多几个人，即是所谓中坚分子。这个中坚分子的问题，使很重大的。古人说的好法不足以徒行，一定是要靠人的。现在徒说纪律，徒说组织，那么叫曹锟、吴佩孚一班人来，便会变成北洋正统的纪律的组织，叫陈炯明、叶举来，便会变成割据惠州的纪律的组织。所以分子问题就是人的问题，仍是很重要的，不知道国民党这次改组，顾虑到这层无有"。

　　这些提问涉及国民党对孙中山革命事业的继承性、新三民主义与苏俄的关系、中国统一的历史与现状、军队的纪律、国民党改组的要点等重要问题，反映出这些主张政治救国的年轻人心系国家前途命运，对当时政治热点的所思所想。

　　（二）观察视角敏锐、注重细节

　　例如他们注意到大元帅府位于珠江之南，原是一座工厂，大门朝北，不忌风水；政府各部，皆在其中办公，孙中山的会客室，就在其办公室对面，简单朴素。徐永煐就其位置布局比较南方与北方政府，"要叫择吉就位的徐世昌，怕南北新华街打通了，会坏风水的，冯国璋到这个地方，一定要把大门倒开，以正其南面的"，认为可说明"南方政府在思想上至少是纯洁无瑕，完全没有旧社会遗毒"。

例如他们注意到孙中山因人而异的表情，"孙先生对我们说话的时候，总是带着笑容。异常的和蔼可亲。可是当他偶然将笑容收敛起来，把口闭上的时候，便现出一个严肃不可犯的样子。他假如拿这副面孔对待我们，我们一定不能畅所欲言。那是他用来对付僚属的。有着两副面孔，他便可以使人亲近，也可以使人敬畏，因时制宜，以成其为领袖，有种人只会嬉皮笑脸，又有一种人一味凛若冰霜，这都是偏而不全，不能做社会事业的企业家"。

（三）坚持独立思考、自主判断

例如关于自由与纪律的问题上，孙中山认为"人在空气里，不知道有空气，犹之乎鱼在水里，不知道有水。你要是把一条鱼从水里取出来，放在陆地方，过一半分钟，那鱼便知道有空气这样东西了。中国不知道要求自由，如同平常人不要求空气一样。西洋人知道自由重要而争自由，是因为自中世纪以来，人民的自由受剥夺得太甚了，如同抽气机里面的人，陆地上的鱼一样。中国人的自由实在过多了。中国人现在所要的是纪律，不是自由。国民党的失败，也就是各人自由太甚所致，所以说，我们现在要取法俄革命党的组织，要注重纪律，要党员牺牲各个人的自由"，对于孙先生的论证，何永吉批评其是谬误比论。徐永煐一方面赞成何的看法，但另一方面也理解孙中山的话归根到底是强调国民党应当注重纪律，认为不必以词害意，要求其遵循严格的论理。

例如在见面以后，徐永煐认为孙中山是个伟大人物，但也认为其工作不是短时间可以成就.需要有人赓续其事，国民党的改组就是为了这个。所以认为应当研究国民党，要点不是党纲或政纲，而是他的分子，即国民党人。

三

在结束五十五天的南行回到北京后，于留美之前，超桃在北京西郊玉泉山召集了全体成员会议。会议对中国有影响的政党国民党、共产党、梁启超的政学系等作了分析，认为国民党与共产党都是革命的，但经广州之行，他们也了解到国民党内部有"新党与旧党之争"，成分复杂，不少军阀政客混迹其间，因此当时没有回应孙中山先生邀请他们加入国民党的问题，据罗静宜的说法，"在玉泉山会议上，大家认为国民党革命不彻底，因此倾向参加中国共产党"。[1]

1925年，超桃成员在旧金山聚会。徐永煐提出无产阶级的革命方向之后，大家采取了国民党三大政策的方针，反对国家主义，国民党右派以及外交系一类的亡国奴思想，彼时国民党的左右分化已很明显，超桃大多数人的态度是斗争愈紧张愈作国民党左派，共产党愈失败愈跟共产党走，愈失败愈干。[2]在留美期间，超桃成员除了梅汝璈外，都加入了共产党。

在积极地参与革命活动之余，施滉完成了他在斯坦福的硕士论文《孙逸仙评传》(*Dr. Sun Yat-Sen*)，受到其导师 Treat 的赞赏，本可以出版，但因为与导师在关于美国是否是帝国主义国家的问题上发生争论而未行付梓。[3]该论文凡三百多页，近二十万字，共七章，回顾了孙中山先生革命的一生，总结其思想理论，是研究孙中山先生的一本重要作品。

---

[1] 参见中共云南省委党史资料征集委员会编:《施滉》，第45—46页。
[2] 参见徐庆来编著:《徐永煐纪年》，中央文献出版社2011年版，第69页。
[3] 中共云南省委党史资料征集委员会编:《施滉》，云南民族出版社1987年版，第70页。

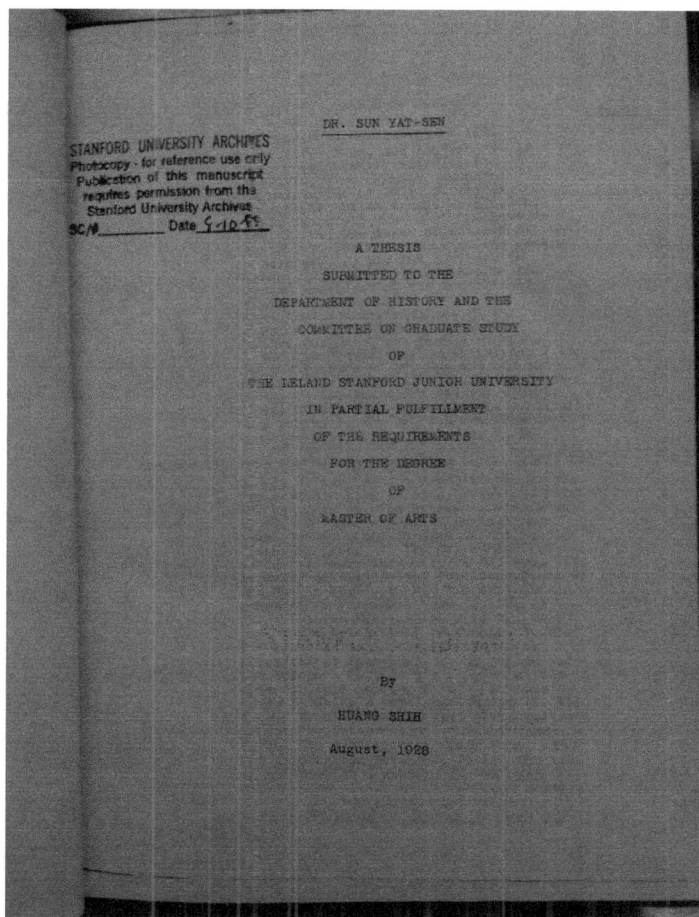

施滉的斯坦福硕士论文《孙中山评传》

## 简短的结语

　　在近代积贫积弱的时代，以徐永煐、施滉等为代表的清华法政人探索政治救国之道，他们推崇孙中山先生，又不盲目随从，孙中山先生关心政治青年，在处理公务的百忙之中抽出时间，与之畅谈，对他们产生了重大的影响，这些青年人一方面有面谒开国元勋的激动喜悦，一方面也坚持自己的独立判断，共同谱写了一段佳话。时至今日，中山先生的非凡气度，革命青年的纯白之心，仍值得追忆与缅怀。

# 东京审判量刑问题再审视
## ——以"死刑投票6比5"为中心

子曰:"何以报德?以直报怨、以德报德。"——《论语·宪问》

梅汝璈,远东国际军事法庭中国法官

向哲濬,远东国际军事法庭中国检察官

# 引　言

在第二次世界大战结束后，根据 1943 年 12 月 1 日的开罗宣言、1945 年 7 月 26 日的波茨坦公告、1945 年 9 月 2 日的日本投降书以及 1945 年 12 月 26 日的莫斯科外长会议决议，远东盟军最高统帅部在日本东京设立远东国际军事法庭，英文名为 International Military Tribunal for the Far East, Tokyo。依据《远东国际军事法庭宪章》，法庭设立之目的是"为求远东主要战争罪犯之公正与迅速的审判及处罚"。远东国际军事法庭由美国、中国、英国、苏联、澳大利亚、加拿大、法国、荷兰、新西兰、印度、菲律宾 11 个国家的法官组成，对国际检察处起诉的首批 28 名日本主要战犯[1]进行审判。法庭从 1946 年 5 月 3 日开庭，到 1948 年 11 月 12 日休庭，历时二年半有余，期间开庭共 423 天，开庭次数 831 次，英文庭审记录 49858 页，庭审记录所见英文判决书 1445 页，出庭证人 423 人，证据数目 3915 条，[2]其规模远超同为战后重要国际审判的纽伦堡审判。因为这场世纪之审在东京举行，一般也称之为东京审判。

在东京审判宣判 65 周年之际，当年不少史实问题仍未澄清。

2006 年高群书导演的电影《东京审判》，高潮部分描述了当年法官会议中定罪量刑的一幕：中国法官梅汝璈指出所有法官都同意被告有罪后，力主死刑的正当性，并就此舌战群儒，与法国法官柏奈尔（Henri Bernard）、印度法官巴尔（R. M. Pal）和澳大利亚法官、庭长威勃（Sir William Webb）进行了论辩，随后众人以不记名投票的方式进行表决，在令人窒息的紧张气氛下，11 名法官以 6 票对 5 票的 1 票之差，决定适用死刑。

---

[1]　一般称为甲级战犯。因为在审判期间，松冈洋右、永野修身病死，大川周明患"精神病"而暂时停止审讯，宣判时仍然"未愈"，所以最终宣判只有 25 人。

[2]　相关数据来自《远东国际军事法庭庭审记录》（全 80 册）（东京审判文献丛刊委员会编，国家图书馆、上海交通大学出版社 2013 年版）及其索引、附录的统计。

影片该处存在两个瑕疵：首先，在定罪方面，并非所有法官都认定所有被告有罪，最明显的例证就是印度法官一直坚持所有被告无罪论；其次，在量刑方面，其以一种极富戏剧性的手法，将复杂的死刑投票问题予以简单化、模糊化地处理。只要深入思考，就会有这样的疑问：6 比 5 的投票结果，是适用所有被判处死刑的战犯，还是仅仅适用其中的个别人？如果是后者的话，其他死刑战犯的票数情况会是怎样？死刑投票的幕后情况如何？等等。笔者无意批评导演，实际上，该"死刑投票 6 比 5"的说法一直是国内学界的通说，因为问题的具体性和研究旨趣不同，国际学界对此似也无专门探讨。本文将通过追溯历史，对该通说提出质疑，在多元坚实资料及其深入解读的基础上，尽可能客观地还原当年死刑量刑问题的真实情境，并提出自己的发现和评论。

# 一　"死刑投票 6 比 5"通说之溯源与质疑

国内学界关于"死刑投票 6 比 5"说法的渊源，应该追溯到倪家襄编著、上海亚洲世纪社出版的《东京审判内幕》一书。其完稿时间是 1948 年 12 月 2 日，初版是 1948 年 12 月初，远东国际军事法庭于 1948 年 11 月 12 日完成宣判并宣布闭庭，所以该书很可能是国内关于东京审判研究最早的作品。在死刑投票问题上，该书以四段文字进行了说明：

> 据梅法官的解释，对判处死刑这一问题，是十一国法官意见最为分歧，争辩最激烈的一点。十一个法官所代表的十一个国家的法律各不相同，因此对于死刑的意见，也就各不相同。
>
> 在苏联与纽西兰两国内，早就废止死刑，因之两国的法官，当然极力反对判处战犯死刑。英国与澳洲，已局部废止死刑，因之两国法官也就不愿意投死刑票，澳洲法官甚至主张流放战犯到荒岛上。至于

印度法官则从头到尾，反对审判战犯主张无罪释放。因之，在全体法官会议讨论到死刑这个问题时，大家争得面红耳赤，乌烟瘴气，最后投票时，才好容易以六对五的一票多数，通过采用绞刑。

梅法官接着说，为了这个问题，我不知在同事间费了几多工夫与心血，整整地一个星期，我担心得连晚上都没睡好。假使如对这几个罪大恶极的日本侵华军阀头儿连死刑都判不成，我还有何面目回去见江东父老呢！

我们应该记住这血债的清偿，决不是轻易取得的！[1]

随后国内关于东京审判的介绍和研究都沿袭、发挥了这种说法，例如最早介绍梅汝璈、影响甚广的方进玉《东京法庭的中国法官》一文提道：

法官们还没有最后投票，但通过最后的争辩表态已能看出，力主死刑的人是少数，怎么办？……这最后的量刑争议使梅汝璈如伍子胥过昭关，把头发都急的发白了。是的，个人之颜面、生死还是小事，千百万同胞的血债必须讨还！整整一个星期，中国法官食不甘味，寝不安席，日夜与各国法官磋商。花了许多心血，废了无数口舌，最后投票表决的日子到了。六票对五票，以一票之微弱多数，远东国际军事法庭通过了对东条英机、土肥原贤二、松井石根等处以绞刑的严正判决。[2]

但倪家襄的书中可以质疑之处有二：

首先，当时的法官会议有自己的保密规范，原则上讲，不得泄

[1]　倪家襄编著：《东京审判内幕》，亚洲世纪社1948年版，第90—91页。
[2]　《东京法庭的中国法官》（续），《瞭望周刊》1986年第7期，第44页。该文应该是1949年后中国大陆最早介绍梅汝璈的文章，连载于《瞭望周刊》1986年第6期、第7期，曾收入《读者》编辑部编：《名人纪事》，甘肃人民出版社2000年版，亦可见《全国新书目》2001年第11期。之后关于东京审判的研究著述，对其参考与引用甚多。

露（disclose）或露布（discover）法官对于判决或定罪之意见及投票。[1] 因此，倪家襄的上述记载哪些是梅汝璈的原话，哪些是作者的发挥？尚不得而知。对照梅汝璈晚年在《远东国际军事法庭》一书中的回忆，只是说："除了那位主张全体被告无罪开释的印度法官之外，还有少数或个别法官，由于他们所代表的国家已经废除了死刑制度，因而主张远东法庭也不判处死刑而判处无期徒刑（终身禁锢）为法庭科刑最高限度。他们的主张未能获得多数法官的赞同，因而远东法庭仍然判处了七名罪责较重的被告战犯以绞死刑。由于某些法官拒绝投任何被告的死刑票（包括主张不适用死刑条款的法官们在内），而确定对某一被告的科刑又非至少有六票不可，因而远东法庭判处被告死刑的数量及比例均远较纽伦堡法庭所判处的为低"[2]，此处可注意，梅汝璈除了明确揭示印度法官的态度外，对于其他法官的立场，其用的只是"少数或个别法官"这种选择性字眼，更没有说一律以 6 票对 5 票的方式判决死刑。遗憾的是，《远东国际军事法庭》这本在 1962 年开始撰写、预计于 1968 年完成的七章宏著，仅仅写完前四章，便因为"文化大革命"爆发不得不戛然而止，[3] 已纳入写作计划的量刑问题，[4] 随着梅先生在 1973 年逝世，最终没有完成。加之其东京审判时期日记同样因为"文革"而大部分遗失[5]（已出版的日记只有从 1946 年 3 月 20 日到 1946 年 5 月 13 日这段时间），因此今天限于资料，作为法官会议亲历者的梅汝璈本人

---

[1] 参见梅汝璈：《东京大审判——远东国际军事法庭中国法官梅汝璈日记》，江西教育出版社 2005 年版，第 112 页。

[2] 梅汝璈：《远东国际军事法庭》，法律出版社、人民法院出版社 2005 年版，第 48 页。

[3] 参见梅汝璈：《远东国际军事法庭》"后记"，法律出版社、人民法院出版社 2005 年版，第 316 页。

[4] 根据梅汝璈的说法，其计划在后面的章节中具体谈"威勃庭长和其他法官的异议书，以及法庭在定罪和科刑问题上的实际投票情况"，（梅汝璈：《远东国际军事法庭》，第 48 页）这一说明，也可从一侧面回映出该问题的复杂性。

[5] 参见梅小璈：《东京大审判——远东国际军事法庭中国法官梅汝璈日记》"后记"，第 158 页。

对当时量刑问题的具体介绍，暂不可得见全貌。

其次，依据倪家襄的记载，当时 11 个国家的法官中，苏联、新西兰、英国、澳大利亚和印度等 5 国的法官，因为其本国已经完全或者局部废止死刑以及个人倾向因素，都投了死刑的反对票，这就意味着在 6 比 5 的票数比例下，其余的 6 国，也即中国、美国、法国、荷兰、加拿大、菲律宾的法官，必须给出一致同意死刑的意见。但只要对照当时法庭判决书以外荷兰法官罗林（B. V. A. Röling）、法国法官柏奈尔（Henri Bernard）提出的异议书（Dissenting Opinion），便可以发现问题的复杂性。一个最明显的例证就是罗林（B. V. Röling）认为广田弘毅（HIROTA, Koki）无罪，[1]实际上广田最终被远东国际军事法庭判处死刑，据此足可说明中国等 6 国法官的死刑意见并非铁板一块，其他 5 国的法官也并非都是一律反对死刑。

综上可见，"死刑投票 6 比 5"的通说在资料上存在不足，逻辑上不够严谨，有待重新审视。

## 二　东京审判量刑问题的历史情境

远东国际军事法庭由 11 国法官组成，他们是：澳大利亚法官兼庭长威勃爵士（Sir William Webb）、美国法官希金士（John P. Higgins）[任职三个月后辞去，由克莱墨尔将军（Gen. Myron Cramer）继任]、中国法官梅汝璈（Mei Ju-ao）、英国法官派特里克勋爵（Lord Patrick）、苏联法官柴扬诺夫将军（Gen. I. M. Zaryanov）、加拿大法官麦克杜哥（E. Stuart McDougall）、法国法官柏奈尔（Henri Bernard）、荷兰法官罗林（B. V. A. Röling）、新西兰法官诺斯克罗夫特（E. Harvey Northcroft）、印度法官巴尔（R. M. Pal）和菲律宾法官

---

[1] See *Documents on the Tokyo International Miliatary Tribunal: Charter, Indictment and Judgments*, edited by Neil Boister and Robert Cryer, Oxford Press, 2008, p.789.

哈那尼拉（Delfin Haranilla）。[1]

在定罪和量刑方面，依据《远东国际军事法庭宪章》，法庭"对被告为有罪之判决者，有权处以死刑或处以本法庭认为适当之其它刑罚"（第十六条），其"定罪与科刑"采取多数表决的方式（第四条乙项）。

## （一）支持或反对死刑：法官个人意见书中的量刑倾向

远东国际军事法庭的判决书认定全体 25 名被告有罪，其刑罚共分三类、四档：

1. 绞刑。被判处绞刑的有 7 人：土肥原贤二、广田弘毅、板垣征四郎、木村兵太郎、松井石根、武藤章和东条英机。

2. 无期徒刑。被判处无期徒刑有 16 人：荒木贞夫、桥本欣五郎、畑俊六、平沼骐一郎、星野直树、木户幸一、小矶国昭、南次郎、冈敬纯、大岛浩、佐藤贤了、岛田繁太郎、铃木贞一、贺屋兴宣、白鸟敏夫、梅津美治郎。

3. 有期徒刑。被判处有期徒刑的有 2 人，其又分为：

（1）二十年有期徒刑的 1 人：东乡茂德；

（2）七年有期徒刑的 1 人：重光葵。

该判决书由多数派即美国、中国、苏联、英国、加拿大、新西兰、菲律宾 7 国法官起草，在判决书之外，另有 5 国法官发表了个人意见，分别是：澳大利亚法官提出独立意见书（Separate Opinion）；菲律宾法官既参与了判决书的起草，又提出协同意见书（Concurring Opinion）；法国、荷兰法官提出异议书（Dissenting Opinion）；印度法官提出个人判决书（Judgment）。因为法官会议的秘密性，这些公

---

[1]　梅汝璈:《远东国际军事法庭》，第 59 页。该书的罗林为 Roling，但根据罗林所著的 *The Tokyo Trial and Beyond: Reflections of a Peacemonger* 一书，其为 Röling，此处根据后者标示。罗林书中苏联法官柴扬诺夫为 Zaryanow，本文则依据梅汝璈书为 Zaryanov。

开发表的个人意见书是判断法官们定罪与量刑观点的重要一手资料。限于本文的旨趣，在此主要介绍其量刑方面的内容。

澳大利亚法官、庭长威勃的总体态度是不认为判罚（Sentence）圆满地实现了惩罚的目的，因此并非完全地支持，但也认为判罚并无明显过重或者过轻，所以没有记录异议。在死刑问题上，他的观点有二：首先，将罪犯终身监禁于日本以外与世隔绝的苦楚之处，比绞刑或枪决更有威慑力；其次，应该考虑部分罪犯的年龄问题，认为对老者施以死刑不适。[1]

菲律宾法官哈那尼拉认为法庭作出的某些判罚过于宽大，不具惩戒性和威慑力，与被告们所犯罪行的严重性不符。[2]

法国法官柏奈尔认为最可憎的罪行最主要乃日本警察和海军所为，但亦认为某些被告对此负有很大责任，其余的人显然在没有尽到对战俘和人道方面的责任上有罪。他指出自己不能强行介入裁决，但认为在应予告诫（caution）还是判罚的准确度、刑罚的公平性上很可争议。[3]

荷兰法官罗林的观点可分为同意判罚、主张加重和认为无罪三个方面。具体如下：

1. 同意判罚。包括被判处死刑的 6 人：土肥原贤二、板垣征四郎、木村兵太郎、松井石根、武藤章及东条英机；被判处无期徒刑的 11 人：荒木贞夫、桥本欣五郎、平沼骐一郎、星野直树、南次郎、贺屋兴宜、大岛浩、白鸟敏夫、铃木贞一、小矶国昭、梅津美治郎。

2. 主张加重。认为被判处无期徒刑的 3 人即冈敬纯、佐藤贤了、岛田繁太郎应该被判处死刑。

---

[ 1 ]  See *Documents on the Tokyo International Miliatary Tribunal: Charter, Indictment and Judgments*, pp.638—639.

[ 2 ]  See *Documents on the Tokyo International Miliatary Tribunal: Charter, Indictment and Judgments*, p.659.

[ 3 ]  See *Documents on the Tokyo International Miliatary Tribunal: Charter, Indictment and Judgments*, p.677.

3. 认为无罪。主张被判处死刑的广田弘毅，被判处无期徒刑的畑俊六、木户幸一，被判处有期徒刑的东乡茂德、重光葵 5 人无罪。[1]

印度法官巴尔认为所有被告无罪，起诉书中的每一指控皆不成立。[2]

综上，根据法官们的个人意见书看死刑问题：

立场鲜明的有澳大利亚、菲律宾、荷兰和印度 4 国法官，其或者支持或者否定死刑，有明确的表态，尤其是荷兰法官，更是具体落实到每个被告。态度比较模糊的是法国法官，但其观点上与澳大利亚法官有一相似之处，即对天皇不被起诉持有异议。与威勃位居庭长之职，老成持重，表达含蓄不同，他坦言质疑这种双重标准有悖国际正义，[3]因此从逻辑上"举重以明轻"（天皇尚且可以全身而退，其他战犯是否有必要置于死地？）这个角度说，他反对死刑是很可能的（当然其对法庭管辖权、破坏和平罪等的质疑也是反对死刑的可能性理由）。据此我们应该可以说在死刑问题上，澳大利亚、法国和印度 3 国法官一直持否定态度。

（二）国内法对投票有影响吗？

无论是倪家襄，还是梅汝璈，抑或当年日本战犯的辩护律师清濑一郎，都在不同程度上谈到国内法关于死刑的规定对投票的影响，前两者的论述已经在之前的行文中提及，清濑曾讲，"因为苏联刑法中没有死刑，所以不赞成死刑"。[4]

---

[1] See *Documents on the Tokyo International Miliatary Tribunal: Charter, Indictment and Judgments*, p.775.

[2] See *Documents on the Tokyo International Miliatary Tribunal: Charter, Indictment and Judgments*, p.1422.

[3] See *Documents on the Tokyo International Miliatary Tribunal: Charter, Indictment and Judgments*, p.675.

[4] 张宪文主编：《南京大屠杀史料集》（67 册），江苏人民出版社 2010 年版，第 176 页。

　　此类观点很有道理，但也仍有商榷之处。首先，《远东国际军事法庭宪章》有死刑的规定，赋予了法官适用死刑的权力。诚如新西兰法官在给其本国总理的信中，便谈到尽管新西兰法律没有死刑，但既然他已经同意作为远东国际军事法庭一员，即应根据宪章适用死刑。[1]可见，法官并没有绝对受国内法约束的义务。类似的旁证还有如荷兰法官提出异议书，此举即与其本国法的实践不符。[2]罗林本人也认为国际法庭与国内法庭不同，国际法与国内法不同，国内法上有效的国际法上未必有效。[3]

　　其次，苏联法官的态度。罗林法官在回忆中提到对苏联法官柴扬诺夫的印象，认为其与中国法官、菲律宾法官一道，主张严厉的判罚，但因为判决时，苏联法律已经废除死刑，所以他声称不能投死刑票，罗林认为："那真是相当违背其本性和感情。"（That was actually rather against his nature and feeling.）[4]。因为"苏联法官不投死刑票"之说来自法官会议亲历者的荷兰法官，具有很强的证明力，但笔者仍有存疑，理由是当时苏联刑法有关死刑的频繁变动性和法理上有关法的溯及力问题。

　　从历史角度看，20世纪上半叶的苏联刑法，死刑存废处在不断变动之中。1917年10月26日，苏联第二次代表大会通过法令，宣布废止死刑。但是鉴于社会形势的变化，苏联人民委员会很快又于1918年9月5日颁布了《关于红色恐怖》的决议，下令恢复死刑。而仅仅在一年多以后的1920年1月17日，苏联中央执行委员会又颁布了《关于彻底废止适用极刑（枪决）》的决议，规定普通法院不得

――――――――

［1］　Neil Boister and Robert Cryer, *The Tokyo International Military Tribunal : a reappraisal,* Oxford University Press, 2008, pp.258—259.

［2］　See *Documents on the Tokyo International Miliatary Tribunal: Charter, Indictment and Judgments*, p.680.

［3］　See B.V.A. Röling, *The Tokyo Trial and Beyond: Reflections of a Peacemonger*, edited and with an introduction by Antonio Cassese, Polity Press, 1993, p.29.

［4］　B.V.A. Röling, *The Tokyo Trial and Beyond: Reflections of a Peacemonger*, edited and with an introduction by Antonio Cassese, pp.29—30.

适用死刑。四个月后，由于协约国的武装进攻，苏联又恢复了死刑适用，并将其作为一种非常的刑罚方法规定在 1922 年《苏俄刑法典》中，这种状况一直持续到 1947 年。1947 年 5 月 26 日，苏联最高苏维埃主席团发布了《关于废止死刑》的法令，宣布在和平时期完全废止死刑。但是在 1950 年和 1954 年，其最高苏维埃主席团又先后颁布《对祖国叛徒、间谍和反革命破坏分子适用死刑》的法令、《关于加重的故意杀人罪的刑事责任》的法令，恢复了对背叛祖国、间谍行为、武装匪帮、情节严重的杀人罪的死刑。[1]

在东京审判时期（1546—1948 年），恰逢苏联经历了从保留死刑到废止死刑的阶段，因此严谨地讲，只能说当远东国际军事法庭作出判决时苏联恰好处于废止死刑时期（1947—1950 年）。而在此之前的纽伦堡审判（1945—1946 年），当时的苏联法官、司法少将尼基钦科无疑是支持死刑的。一个明显的例证就是他在异议书中认为对希特勒的助理鲁道尔夫·赫斯判处无期徒刑过轻，主张对其适用死刑。[2] 两位国际军事法庭的苏联法官皆是军人出身，其法感情上或许有相似之处。

应该注意，日本战犯的罪行是发生在 1947 年苏联废除死刑之前，从时间效力上讲可以适用于 1922 年保留死刑的《苏俄刑法典》，因此根据法律不溯既往的原则（当然有保障人权的例外），苏联法官是否必须或者乐意按照有利被告的原理溯及既往做出拒绝死刑的判决？堪耐咀嚼！此外，柴扬诺夫作为一个不谙英语，需要借助翻译的法官，在表达和沟通上是否真的完全无碍？[3] 凡上种种，仍需要有更多法律

---

[1]　赵秉志、袁彬：《俄罗斯废止死刑及其启示》，《法制日报》2009 年 12 月 2 日第 10 版。

[2]　参见《国际军事法庭审判德国首要战犯判决书》，汤宗舜、江左译，世界知识社 1955 年版，第 247—250 页。

[3]　梅汝璈谈到当时法庭成员绝大多数都能讲英语，苏联法官是唯一的例外。不过他也提到苏联法官随带有极端流利英语的口译和若干工作效率很高的笔译人员，工作不会受影响。《远东国际军事法庭》，法律出版社、人民法院出版社 2005 年版，第 63—64 页。

和史实资料来佐证。

需要声明，笔者此处仅仅是提出质疑，在有更多证据出现来印证或者推翻质疑之前，我将暂时接受罗林的说法。

（三）死刑投票结果的推测

从目前的资料上看，罗林法官比较明确地提出曾任日本首相、外相的广田弘毅被判处死刑的投票数为"6 比 5"，反对的 5 票罗林认为来自其本人，以及澳大利亚、法国、苏联和印度 4 国法官。其间透露出来一个需要特别注意的信息是，罗林提到法国法官柏奈尔并没有参加量刑投票（但显然罗林仍将他列入反对死刑者的 5 人中）。[1] 因此客观地说，当时投票的法官应该是 10 位而非 11 位。

如果以 10 票计算，根据上文研究分析的成果：明确支持死刑的有 2 票（中国、菲律宾法官），始终反对死刑的有 2 票（澳大利亚、印度法官），如果加上苏联法官的 1 票，则反对有 3 票。在此基础上，结合态度鲜明的罗林法官之意见，我们可以对当年的投票情况做出这样的判断：7 名被判处死刑战犯的结果很可能有两种，分别为"6 比 4"和"7 比 3"，前者以广田弘毅为代表，后者以东条英机为代表。

以东条英机为"7 比 3"代表的理由是：首先，在国际检察处起诉书所列的 55 项罪状中，涉及东条的达 50 项，是所有战犯中最多的。其次，远东国际军事法庭认定其涉及的破坏和平罪和普通战争犯罪两大类罪名皆成立，其判决部分行文最长，措辞最为严厉，例如认为东条是关东军阴谋活动的首要分子、在珍珠港事件中有决定性作用、对日本犯罪性攻击邻国有主要责任、对虐待俘虏和囚禁平民负政府首脑之责等等。[2] 在这一情境下，领土或属地作为侵略受害方的美国和英联邦国家（英国、加拿大、新西兰）的法官们很可能做出死刑

---

[1] See B.V.A. Röling, *The Tokyo Trial and Beyond: Reflections of a Peacemonger*, edited and with an introduction by Antonio Cassese, p.64.

[2] See *Documents on the Tokyo International Miliatary Tribunal, Charter, Indictment and Judgments*, pp.16—34, pp.623—625.

的一致意见。

至于土肥原贤二、板垣征四郎、木村兵太郎、松井石根、武藤章5人，如果美国、英国、加拿大、新西兰的法官们意见一致，他们同样属于7比3，如果法官们意见并非总是一致，他们或者其中个别人则属于6比4，这需要更多的资料和更深入的分析来论证。

## 余思

远东国际军事法庭于1948年11月4日起开始宣读判决书，至11月12日下午完成量刑宣判。11月10日，中国检察官向哲濬在给当时外交部部长王世杰的电报手稿中透露了两个信息：1.根据判决书已经宣读的部分，当时我国检方的主张法庭已予采纳，推测元凶土肥原、板垣、松井、东条等多数被告均可望判处死刑；2.根据向哲濬和检察团首席顾问倪征燠对检方提证的分析，认为可能判处死刑的被告有十四五名之多。[1]

实际上，最终的宣判结果与电报的预测有一定的出入，这从一个侧面反映出当年量刑问题的复杂性。远东国际军事法庭汇集了分属英美与大陆两大法系、来自11个不同国家的法官，两大法系之间存在相当大的差异，而即便属于同一法系，诚如比较法学者所言，"某一法院按某种程序，适用某一法律，处理某个案件，我们就不可能找到两个审判方法完全相同，判决结果完全一致的大陆法系国家"，[2]在此背景下，国内法的差异性、国际法的独特性，杂糅国际政治、民族情感、宗教文明等诸多因素，皆是判罚产生争议与分歧的原因。

毋庸讳言，东京审判有诸多不令人满意之处，比如法庭仅仅完成第一批战犯的审判，因为美国的包庇，后续战犯的审判便不了了之。梅汝璈曾指出："他们（指日本群众）问道：同样是甲级战犯，罪恶

---

[1]　该电报手稿复印件由向隆万先生惠示。

[2]　［美］梅利曼：《大陆法系》，顾培东、禄正平译，法律出版社2004年版，第149页。

相差不远，何以有些人便判处绞刑或终身禁锢，有些人却完全逍遥法外，不但没有受到法律制裁，而且连受审都不曾经过？对于日本群众的这个问题，要找到一个合乎逻辑的答复是很难的。因此，我们唯有承认：东京审判，正如纽伦堡审判一样，只能被认为是对战犯们的一种'象征性'的惩罚。"[1]应该指出，正是当时美国出于自身利益考虑的暧昧政策，没有审判天皇反而保留了下来，很大程度上使得东京审判变得颟顸、不彻底，为现在的日本状态埋下了伏笔。[2]

又如审判期间，恰逢国共两党内战，兄弟阋墙，无暇他顾，当时政府对这一世纪审判的关注与支持明显不足。以蒋介石日记为例，据查阅之的向隆万先生相告，仅见两处。以时任外交部部长的王世杰日记为例，仅有一处关于外交部决定选派梅汝璈和向哲濬的简单记载。[3]以上两例，可证当时政府首脑、要员的重心皆不在此。安内重于攘外，这是国族之殇。

尽管有不足与遗憾，我们更要指出，远东国际军事法庭的法官们，虽在具体问题上意见有所不同，但忠实恪守了法官独立、审判独立的原则与底线，在国际法治的基础上，保证了判决的正当性，使得东京审判与纽伦堡审判一起，确立了战后国际法的新典范。以梅汝璈法官和向哲濬检察官为代表的中国法律人所展现的法学素养、政治智慧及法律爱国主义精神，在历史的今天，值得国人追思和缅怀、更应该发掘与弘扬。

在远东国际军事法庭宣判 65 周年之际，需要倡导：中国学人应该在东京审判研究上更多地发出自己的声音，鄙人也期待拙文与管见能有抛砖引玉之效。

（原载《清华大学学报》〔哲学社会科学版〕2014 年第 4 期）

---

[1]　梅汝璈：《远东国际军事法庭》，法律出版社、人民法院出版社 2005 年版，第 168 页。

[2]　此处来自论文投稿时匿名审稿人的建议。

[3]　《王世杰日记》，上册，中研院近代史研究所，2012 年 12 月版，第 754 页。

# 清华校歌的故事

古人讲"乐合同"，一个学校的校歌具有彰显精神气质，体现历史文化，凝聚校友认同之功能。清华最早的校歌是英文的，由一位美籍女士所作，这与其最初作为留美预备学校，校园文化具有浓厚的西式氛围不无关系。该 Tsing Hua College Song 由两段组成，第一段可见翻译家方重的遗乍《求学年代漫笔》(《清华校友文稿资料选编》第 1 辑，清华大学出版社 1991 年年版，第 37 页)，其中文全译本可见《清华周刊》第三次临时增刊（1917 年 6 月 16 日）。作为有价值的史料，特并录于下。

（一）

同学少年肝胆相亲，荟萃一堂豪爽。

我歌于斯汝其和予，斯校一时无两。

广播令闻树立荣名，群雄莫与争衡。

谓予不信请君来临，会当赞和同声。

同声 同声 会当赞和同声。

噫清华嘻清华吾校岿巍。

美哉吾校旗愿日增汝之光辉。

噫清华惟清华真吾校兮。

吾敬之吾爱之长相依兮。

O come and join our hearty song,

As proundly here we stand;

For Tsing Hua College let us sing,

The best in all the land.

We'll spread her fame and win a name,

And put our foes to shame;

If you don't agree, come on and see,

And you will say the same, the same,

And you will say the same,

O Tsing Hua, fair Tsing Hua, our College bright !

M ay we be loyal to the Purple and the White.

O Tsing Hua, fair Tsing Hua, our College true.

We are loyal, we're fainthful, we stand for you.

（二）

各种比赛到处竞争，在我权操必胜。

夺得锦标赢得英名，济济师师称盛。

劳燕西东他日相逢，班荆共话离衷。

母校勿替校誉克继，且继今而长隆。

长隆 长隆 且继今而长隆。

噫清华嘻清华吾校岿巍。

美哉吾校旗愿日增汝之光辉。

噫清华惟清华真吾校兮。

吾敬之吾爱之长相依兮。


　　对于这首英文校歌，当时清华学校的学生、未来的哲学家贺麟批评道："此歌与清华'自强不息、厚德载物'之校训，一点关系没有；对于清华荟萃中西文化，造就领袖人材的宗旨，也风马牛不相及。歌中很多难听的句子，与中国的国民性，更是格格不入。"总之，在贺麟先生看来，该英文校歌不能代表清华精神与中国文化的精神，只是幼稚美国化的代表，而非其精髓。他认为若一定要有英文校歌，可请赵元任、吴宓、张歆海等先生另撰一首。(贺麟:《"清华中文校歌之真意义"书后》,《清华周刊》总第 358 期,1925 年 11 月 6 日)

校歌作为学校意蒂牢结(ideology)之象征,其选择可谓一校之"宪法"问题。清华乃由美国退还部分庚子赔款所设立,位处圆明园畔,其渊源和选址,皆与国耻密切相关,早期培养的学生,则以留美为目标,因此其承载的民族感与西方化之间的关系,尤为复杂纠结。校歌相关问题讨论的背后,正是此种情绪之反映。

1923 年,清华征求校歌,经在京名流几经审定,汪鸾翔(字公岩)先生精心撰写的歌词最终入选,随后,延请张慧珍女士谱曲,这就是沿用至今的校歌之由来。汪先生是清华学校高等科国文教员,张慧珍女士是英文文案处主任何林一先生的夫人。当时《清华周刊》(总第 307 期,1924 年 3 月 28 日)刊登的校歌写的赫然是"何林一夫人作曲",不了解彼时书写习惯者往往容易误会"何林一"是位女士,将其张冠李戴为作曲者。

清华学校校歌

　　管中窥豹，可见即便五四运动之后，虽在高知阶层之间，妇女仍不免作为男性的附庸存在，张女士险些成为历史上的失踪者。好在时过境迁，今天清华的校歌上已经郑重写上张慧珍女士之大名，还其著作权和历史应有地位。值得一提的是，语言学家赵元任曾为该校歌编了四部合唱。

清华大学校歌

　　（按：出自《赵元任全集》第 11 卷，北京：商务印书馆 2005 年版，第 272 页，标明时间是 1930 年，另据《赵元任音乐作品全集》，上海音乐出版社 1987 年版，则标明为 1927 年）

中文校歌新鲜出炉，颇受好评。《清华周刊》（总第 307 期，1924年 3 月 28 日）专门推出《新校歌之教训》的社论，开篇伊始即曰："'西山苍苍，东海茫茫！'新歌攸扬，吾闻之而志舒，吾闻之而心怡"，赞美之情溢于言表之余，亦对此前的缺憾加以强烈批判，"若近十年而无中文校歌，事之尤乖谬者，吾闻之而心痛，而心悲，而心耻，耻中国学校而无中文校歌也，耻清华之善忘其国华，而必服膺他人之糟粕也，耻当局学生见义而不能勇为也"。该文作者署名"果"，应即李惟果，其 1927 年清华毕业，赴美学习西洋史、国际公法，获加利福尼亚大学学士、硕士学位，哥伦比亚大学博士学位，回国任四川大学、武汉大学教授，后活跃于政坛。

贺麟先生认为新校歌"实儒家学说之结晶，可以表示中国文化的精神。而同时又能符合校训，达出清华教育宗旨。且校歌措词，亦颇得体"，其还提到中文校歌为同学们所欣赏，在全校大会中演唱，已经取代了英文校歌之地位云云。（《"清华中文校歌之真意义"书后》）

对于新校歌的意涵，汪鸾翔先生特别撰文《清华中文校歌之真义》（《清华周刊》总第 353 期，1925 年 10 月 2 日）进行解析，贺麟先生《"清华中文校歌之真意义"书后》亦有补充引申。受两文之支援意识，笔者总结出新校歌的三点特质：首先，格局宏大，眼光独到。新校歌以学术救国为清华己任，并结合清华特点与世界潮流，提出"融合东西文化"的目标定位，对固有文化和外来文化持一种兼容并蓄、平等视之的立场。其次，用典雅致，寄望殷殷。例如"大同"出自《礼记》，寄寓极乐世界理想；"自强""行健"出自《周易》，契合校训；"春风化雨"出自《孟子》，以孔孟教学期许师生之间情感融洽。再次，理念先进，意义隽永。例如以"致知穷理，学古探微"揽括科学、文学和哲学各类学科，寓意并行不悖，任人选择，体现自由教育之风；以"器识为先，文艺其从"教诲学生注重内在德性修养，切勿只恃外在技艺和小聪明，造成本末倒置。

凡上种种理念，对于今天努力要建设世界一流大学的主政者，苦恼于精致利己主义盛行的教育者，或许不无启发意义呢！

1928 年 9 月 18 日，31 岁的罗家伦挟北伐之威莅临清华园，成为国立清华大学的首任校长。这位当年五四运动的北大健将雄心勃勃，试图对清华做出全面彻底的改革。罗氏有大将之才，锐意进取，无论是学校管理上的改隶教育部，废除清华董事会，师资建设上的延聘名家，提高薪酬，清退冗员，还是学生培养上男女平等招收女生，不拘一格录取钱钟书，皆是可圈可点之举。但其年轻气盛，也不免干涉过多，试图另起清华校歌炉灶即是一例。

其在民国十九年一月五日（星期日）的日记中写道：

一早即为清华拟校歌，原有校歌太不成，（一）无理想；（二）且无意义；（三）即文字亦多不通。另拟校歌一事，蓄意已久，酝酿胸中，至今方下笔。分两段，上段重学，下段重行。学的方面，注重造成敦朴实在之学风，并冀培养出精深学术的研究；行的方面，在祛偏狭、苟安、自利之浇风，而以为而不有、成而不享为最高原则。词句几经斟酌，并示金甫。（罗久芳、罗久蓉编辑校注：《罗家伦先生文存补遗》，中研院近代史研究所，2009 年 12 月，第 432 页）

所言"金甫"，也即当时清华大学的教务长、文学院院长杨振声。罗氏空降清华，带来三人，除其秘书，另外两位是冯友兰先生与杨先生，校歌一事，亦可证罗、杨二人关系密切。

此外，吴宓先生在民国十九年一月六日（星期一）的日记中也有一条记载：

晨十时，罗校长招宓至办公室，以所作《校歌》相示。（《吴宓日记》第五册，生活·读书·新知三联书店 1998 年版，第 5 页）

可见罗氏校歌还曾请吴宓过目，但从吴先生日记中看不到其臧否评价。平允而论，罗家伦才华横溢，可是其对清华校歌之评价，即便花入各人眼，此种"太不戎""无理想""无意义""多不通"的"两无两不"之贬损也不免言过其实，过于意气。以校长身份换校歌之举，不免有滥用权力之嫌，亦容易激发青年学生的强烈反弹，甚或教授的微词。政治学系教授浦薛凤的回忆录记载道：

> 其（指罗家伦）对清华大学之有成绩与贡献，自不待言。惟如自写一首诗词，意欲代替原有之清华校歌等项，不无炫耀才华，过露锋芒之处，此可于当时学生所办清华周刊几篇讥讽报导中见之。风潮既起，罗氏住入城内某巷旅社，曾嘱其亲信，邀予前往一谈。伊谓事出无端，甚不合理，盼教授方面主持公道，有所表示。予只能以容加考虑相答。思维再四，实属无从置喙，盖清华一般教授只知授课研究，其他不闻不问，根本末由商量，更谈不到表示。一九三〇年五月二十三日罗校长向教育部辞职，迟至一九三一年三月十七日行政院始决定准辞……（《万里江山一梦中》，黄山书社2009年版，第154页）

历史系教授蒋廷黻也认为：

> 他（指罗家伦）是一个在各方面都喜欢展露才华的人，此种个性使他得罪了很多教授。所以当反罗运动一开始，多数教授都袖手旁观，不支持他。一九三〇年的清华学运，使罗校长离开清华。（《蒋廷黻回忆录》，岳麓书社2003年版，第131页）

罗家伦主政清华不到两年，即挂冠而去，其间因果，政治压力有之，与学生关系交恶有之，教授们态度消极有之，后两者推究起来，事关"宪法"的校歌问题很可能是导火索之一。罗氏一去，人走茶凉，其撰写的校歌也无人再提。

晚年时罗家伦曾总结作词经验：

　　因为我曾经作过若干歌词，流传颇广，所以青年们常问到我歌词写法的问题。这话却把我难倒了，我决不敢说我的歌词可作典型，我只是知道一点作歌词的甘苦。有些朋友要我为了他们的学校或团体作歌，以为我一挥即就，老天爷！哪有这回事！作诗歌不是象榨油一般可以榨出来的，必须要靠兴到神来。但是兴到神来还是最后一着，以前还有两步。第一、要对你所歌咏的对象，有深切的感受和体会；第二、要把你自己的感情放射进去，诗歌才有生命。最后，才等待兴到神来。中国小说书上常用两句道："正是：踏破铁鞋无觅处，得来全不费功夫。"作诗歌的人，要写成一首好的诗歌，常常尝到此中的酸甜苦辣。（《诗歌和乐谱》，《自由青年》第 17 卷第 6 期，1957 年 3 月 12 日出版）

　　今日查索《罗家伦先生文存》十二册和其附编、补编和补遗三册，惜未能一睹罗氏清华校歌芳容。后来他出任中央大学校长，撰写中大校歌，或许可以弥补他当年的清华之憾。

　　校歌记载历史，本身传承亦是历史，她的微言大义，她的名人典故，是校史重要的组成部分，是国家与社会变迁的折射。当光阴荏苒，时代巨变，当年的这首校歌，今天仍在海峡两岸传唱，时间已经给出检验经典的答案。

（原载《清华大学清新时报》2014 年 10 月 16 日，
《大学生》2015 年第 5 期转载）

# 诗人朱湘的清华校歌

近日机缘凑巧，在清华 109 周年校庆之际，发现诗人朱湘曾写过一首清华校歌《大树辞》。

一

朱湘（1904—1933）是早期清华著名的诗人，出版有诗集《夏天》《草莽集》《石门集》等。朱湘字子沅，与另外三位清华学生，同是诗人的饶孟侃（字子离）、孙大雨（字子潜）和杨世恩（字子惠）并称为"清华四子"。朱湘乃性格孤傲狷介之士，这位鲁迅所说的"中国的济慈"人生颇多坎坷，其赴美留学归国后曾执教于国立安徽大学，出任英文系主任，后与校方发生冲突而辞职。困顿之中，1933年 12 月 5 日，他在从上海到南京的客轮上蹈水自尽。其人生结局不免让人联想起古代诗人屈原和当代诗人海子，不胜唏嘘。

朱湘的这首《大树辞》（拟清华校歌）发表在《晨报副刊》1925年 7 月 12 日第 1223 号"诗镌"上。经检索，《朱湘全集》等主要资料并没有收入该诗，在学界研究中，似仅有王唯力的《〈晨报副刊〉新诗史论》（四川师范大学硕士学位论文，2016，第 37 页）略加提及，但也没有该诗的全貌：

朱湘是当时诗坛非常活跃的诗人，《小说月报》、《京报副刊》上发表了他不少新诗、译诗以及诗论作品，相比之下，《晨报副刊》上朱湘新诗的创作、论述反而较少。从 1925 年 5 月到 1926 年 4 月将近一年的时间里，朱湘在《晨报副刊》上发表的新诗仅 4 首（另一首《大树辞》是拟为清华校歌，乃仿骚体创作），可是作为《诗镌》的发起人之一，依照朱湘的诗歌才华和其对新诗的热情，他本应该是《晨报副刊》此时期的"大将兼先行者"，但在《诗镌》第三期发表了《采莲曲》之后他便没有作品发表在《晨报副刊》了。

## 二

有鉴于此，今日特展示分享这则珍贵的史料原文，因为时代较远，印刷字迹相对模糊，为了便于读者阅读理解，我再将其文字录出，并略加注释。

大树辞

大树辞（拟清华校歌）

朱 湘

大树讬生兮西山之阳；枝纷披而纠缭兮干抗古而摩苍；伊昔叶童童兮为帝王之车盖；今清阴覆十亩兮维佳士之所徜徉。其一

朝日流光兮树受独先；叶烂烂以摇金兮鸟喈喈而争喧；低谷分辉兮兴此雉鸣；志士壮怀激烈兮著祖生之先鞭。其二

鹓雏回来兮集此高枝；吸清露餐白云兮冀冲天而一飞；羽翼已成兮奋投阳之海运；搏扶摇九万里兮洗健翮于天地。其三

十年树木兮百年树人；维橐驼之善植兮今蔽日而千云；郁郁千章兮苍苍百里；为栋梁以兴六室兮待公输之运斤。其四

**注释：**

抗古：上古、远古。

伊昔：从前。

童童：茂盛貌，重叠貌。《三国志·蜀志·先主传》："有桑树高五尺余，遥望见童童如小车盖。"

分辉：同"分光"。宋 张孝祥《淮东漕魏郎中》："仰邻烛之分辉，庶山藜之不采。"

祖生之先鞭：祖生，指晋人祖逖。祖逖立志收复国土。比喻奋勉向上或先占一着。

鹓雏：中国神话传说中是与鸾凤同类的鸟，又比喻有才望的青年人。

健翮：矫健的翅膀。借指矫健的飞禽，亦比喻有才能的人。

橐驼：骆驼。

公输：鲁班。

运斤：典故名，典出《庄子集释》卷八中《杂篇·徐无鬼》，亦作"运斤"。比喻技艺的高超。

## 三

朱湘创作这首四阕的楚辞体［（离）骚体］诗之动机，不知是否乃为当时清华征集校歌所作？当年清华曾广泛征集校歌，最终汪鸾翔（字公岩）先生撰写的歌词入选，成为沿用至今的校歌。但从时间上，征集校歌是 1923 年，最终确定是 1924 年，朱湘的这首《大树辞》发表已经是 1925 年，似乎已经滞后。当然也不排除诗人早已写作，后来才发表的可能性。其中缘故，尚有待考。

不管如何，这首承载"十年树木百年树人"意境的《大树辞》展示了诗人朱湘的创作风格，寄寓着其对母校的真挚情感，更是清华校歌与校史名人故事中的一环。

在建校 109 周年之际，谨以拙文补阙，馨香而祝之。

（原载《法学学术前沿》微信公众号，2020 年 4 月 26 日）

补记：

政治学家浦薛凤教授曾有关于朱湘的一段回忆：

常熟人朱湘，自费出洋，曾到青年会相访，首次晤面交谈。伊原定乘坐同一海轮（"中国号"）由上海驶往旧金山；但幸运不佳，计划忽成画饼。一日午刻，伊带着一只小手提箱，中置出国护照、轮船舱票、入学证件及兑得美元金钞等件，唤坐黄包车前往某处，只因下车后，使用两手挖出钱夹，给付车资，竟将所带小手提箱忘怀取下，一俟猛然想起，回头寻找，则车夫连同车子杳如黄鹤，不知去向，虽经报警，毫无踪迹。遂使出洋计划顿成泡影。此种一时疏忽，在迷信者看来，必认是命中注定。（《浦薛凤回忆录·上·万里家山一梦中》，黄山书社 2009 年版，第 78 页。）

案：浦薛凤是清华留美预备部 1921 年毕业的同学，并于该年秋天前往美国留学。朱湘是清华留美预备部 1927 年毕业的同学，同年赴美国劳伦斯大学留学。浦薛凤的这段记忆，说明朱湘曾在 1921 年有过自费留美却因为护照等被窃而无法成行的经历。此段让人感慨颇多的史料似乎不曾有人注意，特此录入，补阙这位不幸诗人的人生片段。（2021 年 1 月 29 日）

# 《无问西东》沈光耀背后的故事

花入各人眼，电影《无问西东》四组人物之中最引起我震撼共鸣的是沈光耀的故事。其所代表的是一批在国家与民族危亡之际，以纯白之心勇赴国难，忠骨埋于青山的国族菁英。作为一个历史的业余爱好者，小文试图分享的是沈光耀历史原型人物的生平事迹及其家庭典故。

最为接近沈光耀的历史人物是沈崇诲，鲜为人知的《我的自传》是迄今关于沈崇诲最为翔实的一手资料，该《自传》写于1934年，刊登于1940年《中国的空军》第二十九、三十期合刊上。

依据《自传》，沈崇诲祖籍南京，家族在太平天国战乱时期迁徙湖北武昌，1911年其出生于此辛亥革命元兴之地，父亲是一个法律人。关于其父，《自传》中只提到"为国家服务，忠勤劳瘁，无时不在奔忙"，并无谈到名讳职务，坊间的说法是沈崇诲的父亲乃清末民国时期知名的法律人沈家彝先生，这种说法具有相当可信度。

根据《民国人物大辞典》（增订版，河北人民出版社2007年）：

沈家彝（1882—），字季让，江苏江宁人。1882年（清光绪八年）生。1903年，癸卯科举人。毕业于日本帝国大学。曾任清政府工部郎中，资政院编纂员，大理院推事，蒙藏事务处副科长。1914年6月，任奉天高等审判厅厅长。1925年，任京师高等审判厅厅长。1929年，任北平特别市政府秘书长，私立上海中国公学法律系教授。

1930 年，任国民政府司法行政部参事。后任北京私立中国大学秘书主任兼代理教务长。1936 年 3 月，任河北高等法院院长。1948 年，任司法院大法官。撰有《社会种类之纲目》。

《中国的空军》书影

中國的空軍 ＝＝ 第三十九期

32

我的自傳

沈崇誨

沈崇诲：《我的自传》

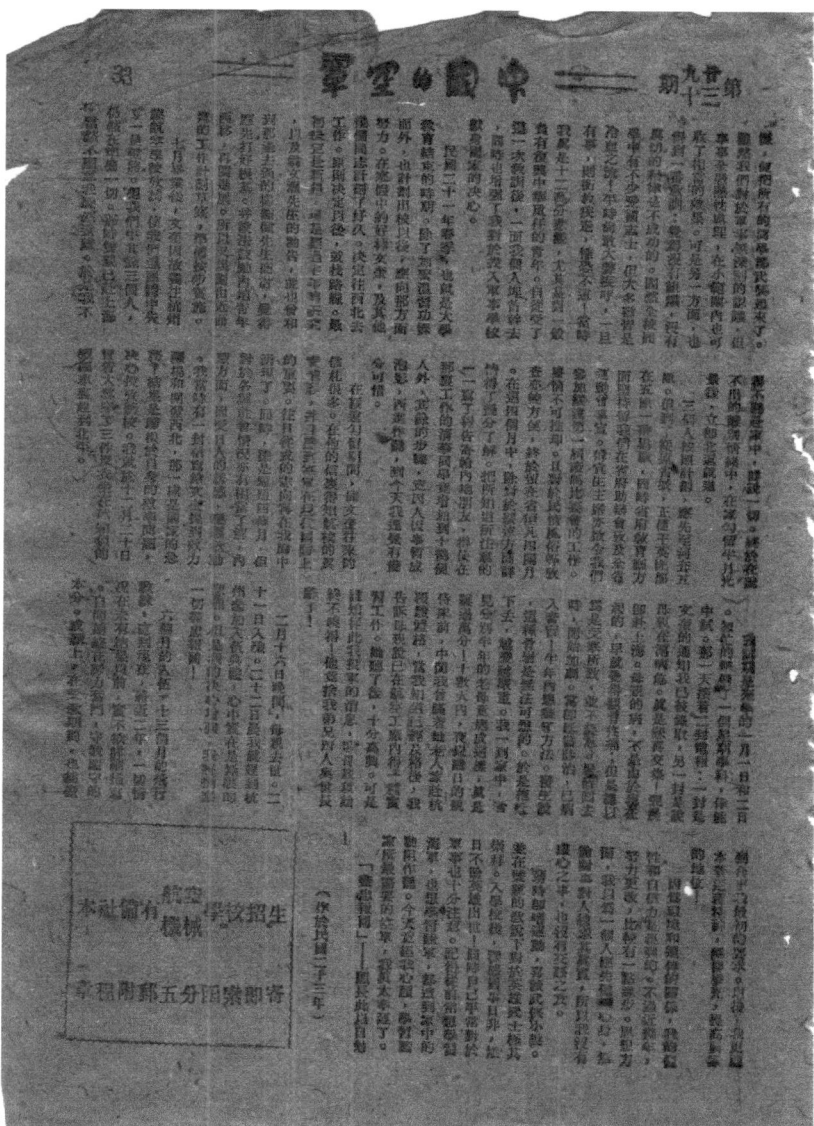

沈崇诲:《我的自传》

　　另据当时的《司法公报》，在20世纪30年代初期，沈家彝还署理上海江苏高等法院第二分院院长。

法醫月刊鑑定實例專輯題詞

洗冤著錄　始自宋慈
今擧實例　遠邁前軌
科學神聖　明鑑燃犀
覆盆可雪　夫復奚疑

沈家彝

沈家彝先生给《法医月刊》的题词

　　有意思的是，《民国人物大辞典》中沈家彝与沈崇诲的词条正好是前后相续。两人不仅籍贯相同（江宁即南京），沈崇诲在《自传》中还曾谈到1932年"双亲已赴上海"，与沈家彝出任司法行政部参事和江苏高等法院第二分院院长时间吻合，从这些角度讲，沈家彝很可能就是沈崇诲之父。从沈家彝的履历看，《无问西东》将沈光耀塑造为一个世家子弟，应该是符合史实的。

　　与对其父介绍寥寥数笔相比，沈崇诲在《自传》中对母亲的着墨甚多。沈母不仅是其教育的发蒙者，"幼年教育的责任，完全由我的母亲担任。认方块字，读古文，学加减除，日夜的督促，她是我当时心目中最敬畏的人"，更对其爱国思想与行动的形成有重要的影响，"我从小在母亲的严格教导下，对于岳飞、史可法等民族英雄真是钦仰得五体投地"，最终航校求学，其动力"一半是因为我决心尽国民的责任，另一半就是要实现亡母的遗教"。

　　《无问西东》对沈氏母子情深做出了深度的刻画，影片中的沈母曾力阻沈光耀从军，甚至要他下跪发誓，沈光耀最终乃偷偷报考空军。现实中沈崇诲亦曾因家人劝阻而无法报考海军、陆军，其同样瞒着母亲报考航校。与影片中沈母最终白发人送黑发人不同，现实中沈崇诲在收到航空学校录取通知的同日，也接到母亲病危的电报，其得以在送别母亲之后，毅然决然地投身军旅。

　　依据《自传》，1920年沈崇诲考入北京成达高等小学，该校的创办者是民国名将徐树铮（字又铮），实行严格的军事教育，培养了其尚武精神。中学时代期他考入著名的天津南开中学学习。出自国家需要人才的考虑，1928年沈崇诲在报考清华大学时，专业选择上放弃了中学时的文科，转而选择土木工程。其以"苦干"形容自己在清华前两年的学习状态——"在半夜四点钟以前睡觉的时候可说是极少"。清华期间，其不仅学习刻苦，体育方面也是成绩颇丰，"四年内都代表足球棒球校队，替清华争得不少的荣誉。此外并代表北平及华北地区出席运动，一时颇为活跃"。这种状态，不免让人联想起当年清华学校时期，同样在体育方面出类拔萃的孙立人将军。

孙立人画像[1]

1932 年清华大学毕业即将之际，沈崇诲原计划去西北工作，后因条件不成熟而作罢。毕业之后受同窗好友林文奎的影响，考入中央航空学校，他认为"学习国家所最需要的空军，我真是太幸运了"。

这段时期沈崇诲投身于训练，似乎断绝了与校友的联系，《清华校友通讯》（1934 年第 1 卷第 8 期）介绍他的近况：

> 人都不见他的面，大概在"上天"方面下工夫，将来亦是大器。

《无问西东》中沈光耀作为西南联大的学生，壮烈牺牲于 1943 年鄂西会战中。现实中的沈崇诲乃在 1937 年淞沪会战之中，驾驶战机与日舰同归于尽，为国捐躯。

---

[1]　图片出自清华大学体育部。

沈崇诲遗像

钱廷康画作《空军勇士沈崇诲与日舰同归于尽》[1]

---

[1]　图片出自《良友》1940年第5期。

这种义无反顾、从容赴死的悲壮在林徽因的诗《哭三弟恒》中有淋漓尽致的刻画：

> 弟弟，我没有适合时代的语言，
> 来哀悼你的死，
> 它是时代向你的要求，
> 简单的，你给了。
> 这冷酷简单的壮烈，
> 是时代的诗，
> 这沉默的光荣是你。

林徽因的弟弟林恒同样作为投笔从戎的青年，同样作为空军，牺牲于 1941 年成都空战。梁思成担心林徽因悲伤过度，隐瞒了此事。三年后，林徽因才知道弟弟的死讯，写下这首诗，既是对亡弟的哀悼，在我看来，也是对沈崇诲们的祭奠。

在《我的自传》中，沈崇诲的最后一句话是：

> "尽忠报国"——愿长此以自勉。

另，《无问西东》中由王力宏出演沈光耀，很有意义。除了演员本人形象健康，颇为符合沈光耀纯白之心的气质外，王力宏的奶奶许留芬女士，1937 年毕业于清华法学院经济系。

母亲（立者右一）率兄姐与海军眷属合影。前排左起：许庆云、许泰云、许婉清、许有榛；立者：右二许留芬

许留芬女士率兄姐与海军眷属合影[1]

（原载《法学学术前沿》微信公众号，2018 年 1 月 27 日）

　　补记：根据张嘉颖同学提供的《吴兴沈氏分徙金陵支谱》，沈家彝与原配陈氏有三子一女，三子分为是：崇训、崇诲、崇教。沈家彝和沈崇诲之履历与上文皆能对应。可以证明两人确实是父子关系，沈崇诲是沈家彝的次子。（2021 年 1 月 29 日）

---

[1]　图片出自许倬云《家事国事天下事》，南京大学出版社 2012 年版。

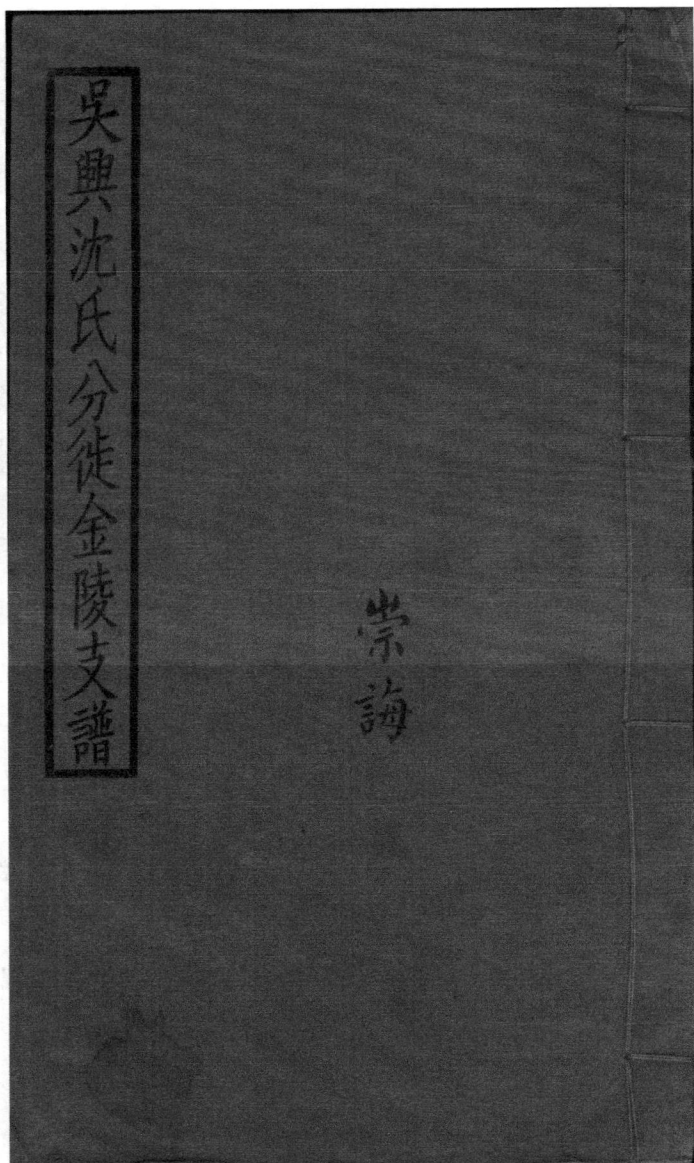

《吴兴沈氏分徙金陵支谱》书影

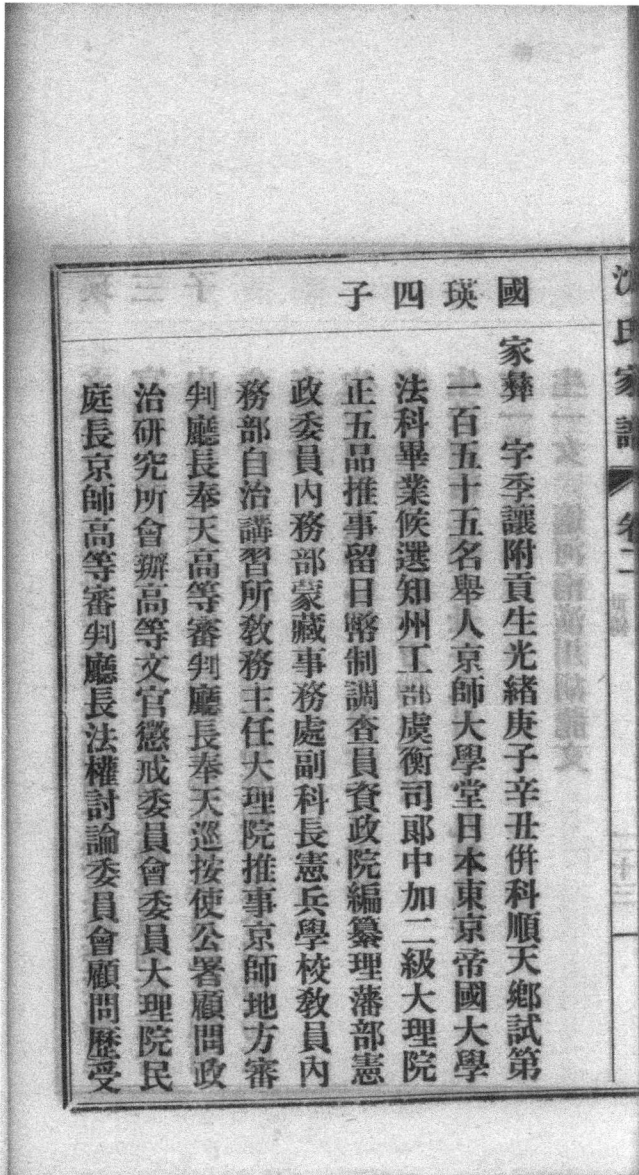

国瑛四子

家彝一字季护附贡生光绪庚子辛丑併科顺天乡试第一百五十五名举人京师大学堂日本东京帝国大学法科毕业候选知州工部虞衡司郎中加二级大理院正五品推事留日肆制调查员资政院编纂理藩部宪政委员内务部蒙藏事务处副科长宪兵学校教员内务部自治讲习所教务主任大理院推事京师地方审判厅长奉天高等审判厅长奉天巡按使公署顾问政治研究所会办高等文官惩戒委员会委员大理院民庭长京师高等审判厅长法权讨论委员会顾问历受

《吴兴沈氏分徙金陵支谱》内文

彝家子長　彝家子次　彝家三

學校學生
生於前清宣統己酉年十月初八日辰時

崇誨　字韻疋直隸天津南開中學校學生
生於前清宣統辛亥年六月二十五日巳時

崇敎　字毅荀北京育英中學校學生
生於中華民國甲寅年夏歷三月十九日辰時

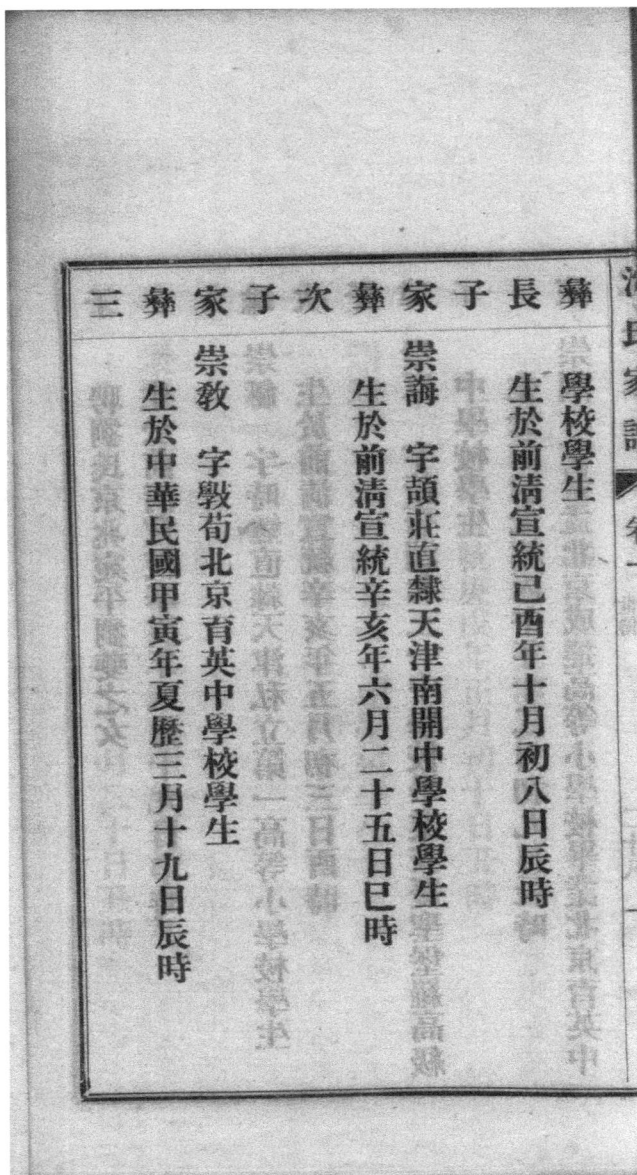

《吴兴沈氏分徙金陵支谱》内文

# 附录　资料三种

## 一、1909—1929 年清华留美学习法政学生履历 [1]

| 级别 | 姓名 | 别号 | 生年 | 籍贯 | 学位 | 经历 |
|---|---|---|---|---|---|---|
| 1909 考选留美学生 | 唐悦良 | 悦良 | 1888—1956 | 广东中山 | 教育——B.A.（Yale）'13 政治——M.A.（Princeton）'15 | 1909 年考取庚款赴美留学，先后在耶鲁大学、普林斯顿大学就读；1915 年回国后任清华学校讲师；1919 年北京外交部任职，先后任驻古巴公使馆三等秘书、华盛顿会议代表团编纂、研究远东问题专员，农商部秘书、内政部秘书；1925 年任西北督办公署外交署长；1927 年任国民革命军第二集团军总司令部外交处长、国民政府外交部特派河南交涉员；1928 年任外交部常任次长；1932 年任燕京、辅仁等校任教；1936 年任行政院冀察政务委员会外交委员会委员；1945 年任北平市中外事处处长 |

[1] 根据《清华同学录》（国立清华大学校长办公室印行，1937 年 4 月）整理，并请刘猛博士协助补充人物经历。

续表

| 级别 | 姓名 | 别号 | 生年 | 籍贯 | 学位 | 经历 |
|---|---|---|---|---|---|---|
| 1910考选留美学生 | 何浚业 | 文彬 | | 江苏嘉定 | 政治——B.A.（Wabash）'17；M.A.（Chicago）'18 | |
| | 胡适 | 适之 | 1891—1962 | 安徽绩溪 | 政治——A.B.（Cornell）'14 哲学——Ph.D.（Columbia）'16 | 1910年赴美留学，先后就读于康奈尔大学、哥伦比亚大学；1917—1937北京大学教授；1928—1930中国公学校长；1932—1937北京大学文学院院长；1938—1942驻美大使；1946—1949北京大学校长；1948年当选为第一届中研院院士；1957—1962中研院院长 |
| | 胡继贤 | 孟愚 | 1891—? | 广东番禺 | 政治、经济、普通文科——B.A.（Univ. of Mich.）'14 | 1910年赴美留学就读于密歇根大学；后任私立岭南大学教员；后任私立岭南大学教员；香港广利洋行总经理，广州市政府土地局局长、粤汉铁路管理局局长；1929年任国民政府铁道部理财司司长、财务司司长；1931年任广东省政府委员兼建设厅厅长；1936年任审计部审计；1947年任审计部驻外审计 |
| | 刘寰伟 | 寰伟 | 1891—1982 | 广东台山 | 政治经济——B.A.（Cornell）'14 土木工程——C.E.（Ibid）'15 军事工程——Graduate（U.S.Army Sevice Sch.）'16 | 1910年赴美留学就读于康奈尔大学；1916年回国后先在清华大学，上海圣约翰大学，大同大学，同济大学等校任教；任天津水利委员会测量技师，上海华侨教育委员会总务秘书，京沪沪杭甬铁路产业课课长；1980年赴美国费城定居 |
| 1911考选留美学生 | 王赓 | 受庆 | 1895—1942 | 江苏无锡 | 历史、政治、经济——B.Litt（Princeton）'15 | 1911年赴美留学，先后就读于哥伦比亚大学、普林斯顿大学、西点军校；1918年任北京政府陆军部任职；1919年任巴黎和会中国代表团武官；1923年交通部护路军副司令；1924年哈尔滨路警察厅厅长；1925年任督办浙江军务善后事宜公署高级参谋；1927年任第四集团军前敌总司令部炮兵指挥官及铁甲车队司令；1929年任淮北监务署私局局长；1930年任税警总团团长；1931年任警卫军第二师独立旅旅长；抗战时任军政部兵工研究委员，兵工署昆明办事处处长 |

续表

| 级别 | 姓名 | 别号 | 生年 | 籍贯 | 学位 | 经历 |
|---|---|---|---|---|---|---|
|  | 司徒尧 | 尚一 |  | 广东开平 | 宪政——B.A. (Cornell) '15; Ph.D. (Ibid) '17 | 任香港广东省银行香港分行经理 |
|  | 徐光 | 于明 | 1888—1962 | 江苏宜兴 | 政治——B.A. (Wisconsin) '12 法律——Ph.D. (Ileidellery) '16 | 1911 年赴美就读于威斯康辛大学，后赴德国就读于海德堡大学；1916 年回国任清华学校、北京大学教授；1921 年任外交部条约司编纂；1929 年任中央大学教授，抗战时任司法行政部法规审定委员会委员，立法院条约委员会委员，最高法院编审；1946 年任台湾大学教授 |
|  | 梁基泰 |  |  | 广东番禺 | 政治——B.A. (Wisconsin) '14 M.A. (Columbia) '16 | 实业部商标局服务 |
|  | 柴春林 | 东生 |  | 甘肃皋兰 | 政治——B.A. (Wisconsin) '15 | 鲁豫区统税局局长 |
|  | 张国辉 | 光甫 | 1896—? | 福建邵武 | 经济，历史——B.A. (Mich.) '14 法律——L.L.B.A.M. (Columbia)' 16; J.D. (Chicago) '17 | 1911 年赴美就读于芝加哥大学，回国后任职外交部；1927 年任武汉国民政府外交部福州交涉员，特派厦门关监督；1928 年任国民政府中央特种法庭审判员，司法院参事；后任汪伪政府实施宪政实施委员会委员 |
|  | 张福运 | 景文 | 1890—1983 | 山东福山 | 法律，经济——A.B. (Harvard) '14; LL.B. (Ibid) '17 | 赴美就读于哈佛大学；1918 年回国任外交部条约司办事，交通部秘书；1921 年任盛顿会议中国代表团编纂；1922 年署交通部航运司司长；1923 年任北京交通大学校长；1927 年任武汉国民政府财政部税务处处长；1928 年任国民政府海关务署署长，国定税则委员会委员长；1933 年任国定税则委员会主委，国防供应局长助理；1949 年赴美定居 |

续表

| 级别 | 姓名 | 别号 | 生年 | 籍贯 | 学位 | 经历 |
|---|---|---|---|---|---|---|
| | 陈嘉勋 | 绥荃 | 1885—1972 | 湖南湘阴 | 政治、经济——B.S.（Columbia）'15；M.A.（Ibid）'16 | 赴美就读于哥伦比亚大学；1927年回任职于省立湖南大学；后任国立交通大学训育长；抗战时任国立湖南大学训导长、文学院院长、代理校长；1972年病逝于天津 |
| | 黄宗法 | 约三 | | 安徽无为 | 法学、经济——LL.B.（Univ.of Mich.）'17；J.S.D.（N.Y.U.）'17 | 执行律师职务 |
| | 陆守经 | 达权 | | 江苏青浦 | 政治——B.A.（Wisconsin）'14 | 回国后任欧美学生会主席及留美学生会主席；任淞沪护军使署秘书、沪军都督陈英士秘书，江苏及上海的审判厅厅长；任清华、燕京、南开等大学教授 |
| | 陆懋德 | 咏沂 | | 山东历城 | 政治——B.A.（Wisconsin）'13 教育——M.A.（Ohio State）'14 | 北平师范大学历史系主任、辅仁大学教授 |
| | 邓宗瀛 | 中莹 | 1892—？ | 江西高安 | 政治——A.B.（Wisconsin）'14；M.A.（Columbia）'16 | 赴美就读于威斯康辛大学和哥伦比亚大学；回国后任职外交部；1925年任驻秘鲁公使馆秘书兼理总领事；1932年任外交部秘书；1934年任驻马尼拉总领事 |
| | 鲍锡藩 | 雪帆 | 1889—？ | 浙江吴县 | 财政——B.A.（Illinois）'16 政治经济科——M.S.（Columbia）'17 | 天津北宁铁路车务处帮办兼代理副处长 |
| | 卫挺生 | 琛甫 | 1890—1977 | 湖北枣阳 | 文理——（Michigan），政治经济——A.B.（Harvard）'16 银行财政——M.B.A.（Harvard）'18 | 赴美就读于密西根大学、哈佛大学；1920年回国后国立高等师范学校，国立北京交通大学、燕京大学、朝阳大学等校教授；任北京中国银行总管理处秘书，国民政府财政部科长、国定税则委员会委员；1928年任立法院立法委员；1938年任湖北省政府委员，关税署科长，代理关税处处长；1946年当选为制宪国民大会代表；1948年赴香港，1956年赴美定居 |

续表

| 级别 | 姓名 | 别号 | 生年 | 籍贯 | 学位 | 经历 |
|---|---|---|---|---|---|---|
|  | 谭其奏 | 砺陶 | 1888—1959 | 四川荣经 | 政治——B.A.（Univ. of Michigan.）'15 经济——M.A.（Ibid）'16 | 曾任四川法专、商专教授，外专校长，四川大学文学院院长，西康省政府顾问，立法委员，四川省人民政府文史研究馆馆员 |
| 1912 留美预备部毕业学生 | 何膺 |  |  | 广东番禺 | 政治——Ph.B.（Chicago） |  |
|  | 余文燦 | 晋三 | 1897—？ | 广东台山 | 经济——Ph.B.（Chicago）'16 法律——L.L.B.（Harvard）'19 | 赴美就读于芝加哥大学；回国后任北京大学教授，注册部主任，国立北京交通大学事务长，辦私公立法政专门学校校长，辦江黙烟局局长；1928 年任国民政府教育部总务厅厅长；1930 年任北平税务学校校长 |
|  | 马国骥 | 邵良 |  | 江苏青浦 | 政治——M.A.（Harvard）'15 | 赴美就读于哈佛大学；回国后任清华学校英文教员，国立清华大学英语教授，后任国定税则委员会委员；后去台湾，任政治大学教授 |
|  | 许世諴 |  |  | 福建闽侯 | 历史政治 B.（Princeton）'17; M.A.（Columbia）'19 法律——（Columbia） | 上海广东路 51 号中国飞运公司服务 |
| 1913 留美预备部毕业学生 | 余日宣 | 日宣 | 1890—1958 | 湖北蒲圻 | 政治——M.A.（Princeton）'17;（Wisconsin）文科——B.A.（武昌文华大学）'11 政治及教育——（Columbia） | 留学回国后任武昌文化大学教授，南开大学教授，清华学校政治系主任，国民政府军政部中校秘书，上海沪江大学历史政治系教授；1952 年后任复旦大学教授 |

续表

| 级别 | 姓名 | 别号 | 生年 | 籍贯 | 学位 | 经历 |
|---|---|---|---|---|---|---|
| | 余曾济 | 寿沧 | | 浙江海宁 | 经济——（Univ. of Penn.）商法——（Law Sch. Chica.） | 开封四省农民银行行长 |
| | 杨永清 | 惠庆 | 1890—1956 | 浙江镇海 | 政治、公法——M.A.（Washington）'19 法律——L.L.B.（Washington）'18 | 赴美留学就读于华盛顿大学；1916年任驻美公使馆秘书；1919年任驻英使馆随员，国联中国代表团秘书，华盛顿会议中国代表团秘书；1923年任外交部佥事、署秘书；1926年署驻伦敦总领事；1927年任苏州东吴大学校长；1945—1946年在联合国际秘书处办事；1952年任上海市高等教育司顾问 |
| | 蔡星五 | 光联 | 1892—？ | 广东台山 | 经济政治——Ph. B.（Chicago）'18 商业管理——M.B.A.（N.Y.Univ.）'19 经济财政——哈佛大学 | 留学美国就读于芝加哥大学、纽约大学；回国后任天津南开大学教授、香港工商银行会计主任、广州分行经理及总行副经理、上海国立交通大学教务长，国立交通大学出版委员会常务主席、教务长 |
| | 鲍明钤 | | 1894—1961 | 浙江余姚 | 政治——B.A.（Yale）'18; M.A.（Johns Hopkins）'18; Ph.D.（Harvard）'21 | 赴美留学就读于耶鲁大学、哥伦比亚大学；1922年回国任教于南开大学；1923年任北京师范大学英文系主任、北平大学法学院政治系教授及主任；1932年菲律宾大学教授；1933—1936年东北大学政治学系教授 |
| 1914留美预备部毕业学生 | 金岳霖 | 龙荪 | 1895—1984 | 湖南长沙 | 政治——B.S.（Univ. of Penn.）'17; Ph.D.（Columbia）'21 | 留学美国就读于宾夕法尼亚大学、哥伦比亚大学；后赴欧洲研究政治思想；1926年回国任清华哲学系教授兼主任；1948年当选为第一届中央研究院院士；1952年任北京大学哲学系教授、系主任，中国科学院哲学研究所一级研究员、副所长 |
| | 黄凤华 | 威伯 | | 广东四会 | 政治——Ph.D.（Columbia） | |

续表

| 级别 | 姓名 | 别号 | 生年 | 籍贯 | 学位 | 经历 |
|---|---|---|---|---|---|---|
|  | 冯建统 | 瓜庐 | 1890 | 广东南海 | 文科——B.A.（St.Johns）'13 外交专科——M.A.（Princeton）'15 铁道管理——M.B.A.（Harvard）'18 | 铁道部专员派在业务司办事 |
|  | 戴恩赍 |  | 1896—1955 | 广东五华 | 法律——A.M.（Columbia）'15 | 赴美留学就读于哥伦比亚大学，回国后任广东军政府外交部秘书、外交部政治组组长；1921年任广西梧州市市长；1928年任广东治河督办；1929年任驻巴西公使；1936年任财政部厦门海关监督；1937年任江财政部粤海关监督；1938年任中山纪念中学代理校长；1949年移居澳门 |
| 1915留美预备部放洋学生 | 何孝沅 | 达峰 | 1896—1976 | 福建闽侯 | 政治——B.A.（Columbia）'17 法律——J.D.（Chicago） | 赴美留学就读于哥伦比亚大学和芝加哥大学，回国后于志成大学、法政大学、大夏大学；后任国防部法规司中将司长、华中军政长官公署副秘书长；1949年赴台，任中兴大学法商学院法律系主任、法学研究所主任 |
|  | 何挺才 | 其伟 | 1895—？ | 江苏上海 | 政治——B.A.（Yale）；M.A.（Harvard）；（Columbia） | 留学美国就读于耶鲁大学、哈佛大学、哥伦比亚大学，会议中国代表团随员；1922年任英文《北京日报》编辑长；1924年任交通部秘书、务院秘书长；1925年任外交部秘书、关税会议秘书；1927年任外交部特派上海交涉员、上海土地局局长；1928年任外交部第三司司长；1934年任北平政务委员会秘书；其后任外交部条约委员会委员 |
|  | 李祖范 |  |  | 浙江镇海 | 工程管理——B.S.（M.I.T.）'19 经济政治——A.B.（Harvard）；A.M.（Columbia） | 留学回国后任中国化学工业社经理 |

续表

| 级别 | 姓名 | 别号 | 生年 | 籍贯 | 学位 | 经历 |
|---|---|---|---|---|---|---|
| 1916留美预备部放洋学生 | 洪锡麒 | 启文 | | 安徽婺源 | 政治——B.A.；M.A.；Ph.D.（Brown Univ.） | 上海市政府公安局科长 |
| | 钟可成 | 振扬 | | 广东梅县 | 政治——B.A.（Reed Col.）'17 | 上海四川路中国营业公司服务 |
| | 施济元 | 博群 | 1895—？ | 浙江杭县 | 经济——B.A.（Harvard）'18；M.A.（Wisconsin）'19 商业及法律——（Harvard） | 上海四行储蓄会及四行信托部经理 |
| | 黄华 | 叔魏 | | 广东东莞 | 政治经济——B.A.（Dartmouth）'18 法学——L.L.B.（Harvard）'21 | 任南京高等师范学校、东南大学教授 |
| | 赵泉 | 鑑康 | | 河北蓟县 | 政治——B.S.（Wesleyan）'18 法律——B.S.（Genior） | 平津执行律师职务 |
| 1917留美预备部放洋学生 | 向哲濬 | 明思 | 1892—1987 | 湖南宁乡 | 法律经济——Litt.B.（Yale）'20；B.J.（Yale Law Sch.）'23 | 1925年回国后在北京大学、北京交通大学、河北大学、北京法政大学任教；1927年任司法部秘书、"收回治外法权筹备委员会"委员、外交部秘书；1932年任江苏吴县地方法院院长；1933年任上海第一特区地方法院首席检察官；1942年任国防最高委员会秘书；1945年任上海高等法院首席检察官；1946年任远东国际军事法庭中国检察官；1949年任东吴大学、大夏大学教授；1952年后复旦大学、上海财经学院教授 |

续表

| 级别 | 姓名 | 别号 | 生年 | 籍贯 | 学位 | 经历 |
|---|---|---|---|---|---|---|
| | 秦振鹏 | 凌九 | 1894—? | 河北滦县 | 政治——B.A. (Bowdoin) '19; M.A. (Harvard) '21 | 全国经济委员会工程处秘书 |
| | 彭尧祥 | | | 广东南海 | 国际公法——B.S. (Maimi) '21; M.A. (Columbia) '22; Ph.D. (Ibid) '25 | |
| | 刘治乾 | 洽乾 | 1897—? | 四川德阳 | 教育——Ph.D. (Chicago) '20 经济政治——Ph.D. (Chicago) '23 | 回国后任湖南大学文学院院长，教授，江西省政府统计学干仟，四川省政府统计学主任，1950年任成都艺专教授，1953年任西南音专图书馆主任 |
| 1918留美预备部放洋学生 | 汪世铭 | 心渠（桐之） | 1896—1977 | 安徽桐城 | 军事、政治——A.B. (Virginia) '20; M.A. (Columbia) '21 | 留学回国后任东北军团长、省立湖北大学教授、财政部缉私副指挥，湖南大学教员兼军训主任，铁道部警政训处长，贵州省会第二行政区民众自卫指挥部少将参谋长，军事委员会外事局秘书主任，少将副局长；1949年后任国务院参事，民盟中央常委，第一、二、三届全国人大代表 |
| | 董修甲 | 鼎三 | 1891—? | 江苏六合 | 市政经济——B.A. (Mich. Univ.) '20 市政管理——M.A. (Univ. of Calif.) '21 | 回国后任南阳铁道矿厂山专门学校教授，吴淞港改筑委员会顾问，吴淞临时市政府市政调查局局长，上海市政府顾问，沪宁、沪杭铁路管理局英文秘书，上海国民大学中国公学教授，武汉市政府委员会秘书长，汉口市政府工务局长，公用局局长，汉口市政府参事，立法院立法委员，行政院淞沪战区善后筹备委员会委员，黄河水次救济委员会委员，经济部资源委员会全国民经济研究所特聘研究员，苏浙皖区经济委员会委员，汪伪江苏省政府委员兼财政厅厅长，汪伪安徽省政府兼财政厅厅长，汪伪财政部江苏印花烟税局局长 |

续表

| 级别 | 姓名 | 别号 | 生年 | 籍贯 | 学位 | 经历 |
|---|---|---|---|---|---|---|
| | 谢宝添 | | | 广东南海 | 政治——（Dartmouth Col.） | 任华盛顿会议中国代表团随员，美国公使 |
| 1919 预备部留美放洋学生 | 唐崇慈 | 惠玄 | 1892—1940 | 广西全县 | Economics——A.B.（California）' 21；Ph.D.（California）' 27 Politics——M.A.（California）' 25 | 回国后任暨南大学教授，汉口煤油特税局长，沙市印花税局长，广西财政厅顾问，第四集团军总司令部秘书，中央文化馆编辑及主任 |
| | 孙浩矩 | 宇刚 | 1898 | 江苏崇明 | 政治——Ph.B.（Chicago）'21 法律——J.D.（Chicago）' 23 | 回国后任江苏法政大学，东南大学，沪江大学教授，大夏大学法学院院长 |
| | 华秀升 | 秀升 | 1895—1954 | 云南通海 | 政治经济——B.A.（Missouri）'21；M.A.（Florida）'22 商业——（Columbia） | 回国后任东陆大学教授兼文科主任，兼高等师范学校校长和美术学校校长，后任东陆大学副校长，校长，云南省审计处处长，会计处处长，云南省教育顾问，云南省自治筹备委员会委员，云南省经济委员会委员，云南省财政厅厅长 |
| | 乔万选 | 子青 | 1896—？ | 山西徐沟 | 政治——B.A.（Wisconsin）'21；M.A.（Columbia）'22；Ph.D.（Ibid）'26 | 回国后任上海租界临时法院推事，东吴大学教授，中央大学教授，山西党政学院主任，内政部统计司司长；1935 年任江苏上海第二特区地方法院检察处首席检察官；1936 任江苏高等法院第三分院检察官；抗战时附汪，任上海法租界伪江苏高等法院第三分院院长，司法行政部常务次长，法制专门委员会副主任委员，司法行政部政务次长，国民政府政务参赞，特别法庭审判官和庭长 |

续表

| 级别 | 姓名 | 别号 | 生年 | 籍贯 | 学位 | 经历 |
|---|---|---|---|---|---|---|
|  | 钱端升 |  | 1900—1990 | 上海 | 政治——B.A.（North Dakota）'20; M.A.（Harvard）' 22; Ph.D.（Ibid）'24 | 回国后在清华大学、北京大学、中央大学，期间任天津《益世报》主笔；抗战爆发后1937年赴美，与胡适、张忠绂一起宣传抗日；1938年回国到西南联合大学任教；1943年任三民主义青年团第一届、第二届、第三届、第四届国民参政会参政员；1948年当选为第一届中央研究院院士；1947年赴哈佛大学任客座教授，1948年回国任北京大学法学院院长；1952年任北京政法学院副院长，世界和平理事会理事、外交部政协副主席，外交学会副会长，对外友协理事会副会长，中国政治法律学会副会长，全国人大宪法起草委员会委员，外交部国际问题研究所顾问，外交部法律顾问 |
|  | 谢保樵 | 宝潮 | 1896—1970 | 广东南海 | 经济——B.A.（Johns Hopkins）'20；政治——Ph.D.（Ibid）'23 | 回国后任北平法政大学、交通大学、天津北洋大学及广东大学教授，国民政府外交部、交通部及财政部科长，武昌土地局局长，汉口第三特别区主任，浙江卷烟税局局长，江苏烟酒税局局长，中国国民党中央党部国际宣传委员会委员，铁道部秘书兼中国航空公司秘书等，1931年任广九铁路管理局局长，1933年任立法院编译处长；1948年任驻泰国大使 |
|  | 严继光 | 佐兴 | 1895—? | 云南大理 | 政治——B.A.（Stanford Univ.）'20 | 任云南省外交司秘书，省立高等师范学校教务长，东陆大学教授，教育部秘书；任国民政府实业部国际贸易部国际贸易局局长秘书，上海《民族》杂志社总编辑，实业部总务司司长 |
| 1920 留美预备部放洋学生 | 甘介侯 |  | 1897—1984 | 江苏宝山 | 政治——B.A.（Wisconsin）'22, A.M.（Harvard）'23, Ph.D.（Ibid）'26 | 1927年任武汉国民政府外交部秘书，秘书，代理外交部长，江汉关监督兼特派湖北交涉员；1928年后任第一方面军外交处处长，第四集团军外交处长；1932年任外交部常务次长，外交部驻广东广西特派员；1937年任国防参议会参议员；1938年任第一届国民参政会参政员；1946年任北平行辕顾问 |

续表

| 级别 | 姓名 | 别号 | 生年 | 籍贯 | 学位 | 经历 |
|---|---|---|---|---|---|---|
| | 李飞生（嘉齐） | 飞生 | 1898— | 江苏武进 | 历史——B.A.（Washington）'22 历史、政治、经济——M.A.（Columbia）'24 | 任国立北平师范大学教授、北京大学讲师 |
| | 李质昌 | 炳陬 | 1898—？ | 河北天津 | 政治、经济——A.B.（Indiana）'22；M.A.（Columbia）'23 | 任河北大学教授、国民政府财政部关务署秘书、宜昌关监督、芜湖关监督 |
| | 李耀慈 | 叔扬 | | 河北天津 | 政治经济——B.A.（Johns Hopkins）'23 | 任东北保安司令长官部参谋长、本溪区保安司令 |
| | 施宗岳 | | | 广东鹤山 | 国际公法——B.A.（Johns Hopkins）；M.A.（Columbia） | 任湖南省邮政管理局邮务长、苏浙皖区统税局副局长 |
| | 徐志禹 | 苍鹰 | 1896—？ | 浙江定海 | 工商管理——B.B.A.（Washington）'22 市政管理——M.S.（Michigan）'24 会计学——Specia（North Western Univ.）'25 | 任沪江大学教授、厦门大学教授；长沙锦业管理处会计主任 |
| | 陈复光 | 勖仲 | | 云南大理 | 政治经济——A.B.（Harvard）'22；M.A.（Ibid）'23 | 任中俄会议督办署专门委员、清华学校、燕京大学教授、校教官、云南全省公路经费委员会委员、陆军第三十八军特别党部筹备委员会常务委员、第二届国民参政会参政员 |
| | 游嘉毅 | 男吾 | ？—1942 | 江西乐安 | 政治——B.A.（Harvard）'23 | 任财政部海关驻上海办事处专员、国民革命军冯玉祥部秘书 |

续表

| 级别 | 姓名 | 别号 | 生年 | 籍贯 | 学位 | 经历 |
|---|---|---|---|---|---|---|
|  | 杨光泩 | 光泩 | 1900—1942 | 浙江吴兴 | Romance Language——B.A. (Colorado)'21; 外交——Ph.D. (Princeton)'24 | 1924 年任驻美国使馆随员、三等秘书,1927 年回国任国务院秘书、日内瓦万国禁烟会议中国代表团秘书;1928 年任国民政府外交部情报司帮办兼科长;1929 年任清华学校讲师;1931 年任驻伦敦总领事馆一等秘书;1934 年任外交部视察专员;1936 年任《大陆报》经理兼总编辑;1937 年任中国专使团随员赴伦敦;1938 年任驻菲律宾总领事;1942 年被日军杀害 |
|  | 杨宗翰 | 伯屏 | 1901 | 江苏镇江 | 政治——A.B. (Harvard)'24 | 任国立平师范大学教授、北京大学讲师,河南大学教授 |
|  | 刘世芳 |  |  | 浙江镇海 | 法律——A.B. (Oberlin)'21; LL.B. (Yale)'23; Research Fellow (Gottingen, Berlin & Grenoble Univ.)'24—'26 | 任办执行律师职务 |
|  | 刘师舜 | 琴五 | 1900—? | 江西宜丰 | 国际公法——A.B. (Johns Hopkins)'21; A.M. (Harvard)'23; Ph.D. (Columbia)25 | 1925 年回国后任清华学校教授,1927 年任国民政府外交部条约委员会委员;1930 年任国内政府参事、立法院立法委员、外交部顾问,条约委员会委员;1940 年任外交部欧洲司司长;1941 年任加拿大公使;1944 年任驻加拿大大使;1947 年任外交部政务次长;1949 年后从事外事工作 |
|  | 刘驭万 | 子君 | 1897—1966 | 湖北宜昌 | 国际公法——B.A. (Oberlin)'21; M.A. (Wisconsin)'22 政治——(Sch. of Social Research, Harvard) | 回国后,任全国基督教教育青年协会总干事、基督教武汉青年会总干事、华中大学教授、全国建设委员会总干事、浙江省建设人员养成所训育主任、浙江省太平洋国际学会分会主任、执行干事、铁道部总务司帮办、人事科科长、经济部物资局昆明办事处长;1946 年任驻日盟军总部办事代表、驻汉城总领事(公使衔);1948 年任驻韩国外交代表(大使街),并兼联合国驻韩国委员会中国首席代表;1950 后从事外事工作 |

续表

| 级别 | 姓名 | 别号 | 生年 | 籍贯 | 学位 | 经历 |
|---|---|---|---|---|---|---|
|  | 卢延英 | 子才 | 1898—? | 河北清苑 | 政治史及国际公法——B.A.(Columbia)'23;M.A.(Ibid)'25;(London Univ.) | 国民政府外交部情报司科员 |
| 1921 留美预备部放洋学生 | 萧公权 |  | 1897—1981 | 江西泰和 | 政治——A.B.(Wisconsin)'22;A.M.(Ibid)'23;Ph.D.(Cornell)'26 | 回国后任南开大学、东北大学、燕京大学、清华大学任教，抗战时任教于四川大学，成都燕京大学、光华大学；1948年当选第一届中央研究院院士；1949年底赴台湾西雅图华盛顿大学任教 |
|  | 沈乃正 | 仲端 | 1899— | 浙江嘉兴 | 国际公法——A.B.(Indiana)'23;M.A.(Harvard)'24;Ph.D.(Ibid)'27 | 回国后任南开大学教授，军官团上校教官；1946年任上海市政府参事；浙江大学教授、清华大学教授；1950年任台湾大学教授，教授；1953年任东海大学教授；1959年赴美任佛蒙特大学访问教授、教授 |
|  | 沈良 | 仲芬 |  | 浙江嘉兴 | 经济法律——(Indiana Butler Col.) |  |
|  | 吴国桢 | 峙之 | 1903—1984 | 湖北建始 | 历史、政治——B.A.(Grinnel)'23;M.A.(Princeton)'24;Ph.D.(Princeton)'26 | 1927年任外交部特派浙江苏交涉员公署秘书、交际科科长；1928年任外交部第一司副司长、条约委员会委员，湖北烟酒税务局局长；1929年任汉口市政府简任参事，汉口市政府土地局局长；1931年任湖北省政府财政厅厅长；1932年任汉口市市长；1939年任重庆市市长，重庆市防空司令部副司令；1942年任外交部政务次长；1945年任中国国民党中央宣传部部长；1946年任上海市市长；1949年任台湾省政府主席，保安司令；1952年任中央常务委员；同年赴美；1954年因在美发表不同政见，被开除国民党党籍 |

续表

| 级别 | 姓名 | 别号 | 生年 | 籍贯 | 学位 | 经历 |
|---|---|---|---|---|---|---|
|  | 姚永励 | 叔高 | 1900—? | 浙江绍兴 | 政治经济——B.A.（Yale）'24 法律——J.D.（Chicago）'26 | 回国后任东吴大学法学院教授，复旦大学教授，上海法学院教授，上海师范大学兼课；1949 年后到外交学院任教；1962 年左右回上海任永励律师事务所律师 |
|  | 段茂澜 | 观海 | 1899—1980 | 安徽 | 法国文学——B.Sc.（N.Y.U.）'23 政治经济——M.A.（Columbia）'24；Ph.D.（Ibid）'28 | 1928 年回国后任天津电话局局长，同时在南开大学任教；1935 年任外交部秘书，交际科科长，美洲司司长等；1941 年任驻澳公使馆参事，驻悉尼总领事；1945 年在法国等地从事外事工作；1948 年任驻英国大使馆公使衔参事；1971 年回台后继续从事外事工作；1973 年继续在淡江文理学院，中国文化学院，东吴大学等校任教 |
|  | 浦薛凤 | 逖生 | 1900—1997 | 江苏常熟 | 政治——B.A.（Hamline）'23；M.A.（Harvard）'25 | 回国后任云南东陆大学教授，清华大学教授兼政治系主任，西南联合大学教授，西南联大最高委员会总编辑，北京大学教授；1939 年任国防最高委员会参事，《中央日报》总主笔；1944 年作为中方代表赴美参加顿巴顿橡树园会议和太平洋学会会议；1946 年任中央大学教授；后任行政院副秘书长，台湾省政府秘书长，美国汉诺甫学院，桥港大学，圣若望大学等校任教；1978 年回台出任台湾商务印书馆总编辑；1979 年回美国 |
|  | 黄博文 | 约礼 | 广东台山 | 化学工程——B.A.（Ohio）'22 国际公法——A.M.（Columbia）'23 商——M.B.A.（Harvard）'25 |  |
|  | 区沛玖 | 兆荣 | 广东番禺 | 法律——Ph.B.（Chicago）'23；J.D.（Ibid）'25 | 上海市九江路 31 号财政部驻沪办事处服务 |

续表

| 级别 | 姓名 | 别号 | 生年 | 籍贯 | 学位 | 经历 |
|---|---|---|---|---|---|---|
| | 赵宗晋 | 康侯 | 1899—1967 | 甘肃天水 | 教育——B.A.（Grinnell）'23 政治教育——M.A.（Iowa Col.）'24；M.A.（Columbia）'25 | 回国后在甘肃省立天水第三中学任教；后任天水师范任教，甘肃学院教授，甘肃省党部委员；1941年任甘肃金塔县县长；1944年任天水县参议会议长；1945年到国立五中任教；1949年后在西北师范，天水三中任教 |
| 1922留美预备部放洋学生 | 王际真 | | 1899—2001 | 山东桓台 | 政治——B.A.（Wisconsin）'24 | 毕业后游留美国翻译《红楼梦》；后长期任哥伦比亚大学任教 |
| | 何标 | 少徽 | | 广西 | 商科——B.S.（New York Univ.）'25；M.B.A.（Ibid）'26 政治——M.A.（Columbia）'27 | 广州燕塘军事政治学校政训处处长 |
| | 时昭瀛 | 恰清 | 1901—1956 | 湖北枝江 | 国际法——B.A.（Minnesota）'24；M.A.（Minnesota）'25 | 1927年回国后任国立武汉大学法学院教授；1936年任驻苏联大使馆一等秘书；1938年任外交部次官，情报司司长；1939年驻加拿大渥太华总领事，驻温哥华总领事；1941年任驻南非约翰内斯堡总领事；1947年任外交部情报司司长；1949年后从事外事和情报工作 |
| | 张睿 | 建民 | | 河南新蔡 | 政治、经济、法律——B.A.（Cornell）；M.A.（Northwestern） | |

续表

| 级别 | 姓名 | 别号 | 生年 | 籍贯 | 学位 | 经历 |
|---|---|---|---|---|---|---|
| | 陈念中（念宗） | 木先 | | 浙江嘉兴 | 市政——B.A.（Michigan）'24; M.A.（Columbia）'25 | 1931 年任国民政府考试院高等试典试委员会秘书, 立法院编译处长; 1936 年任内政部参事, 内政部礼俗司司长; 1941 年任考试院考铨委员会委员; 1942 年任考试院考选委员会秘书长; 1948 年任考试院院部参事 |
| | 黄卓凡（卓繁） | 劲秋 | | 广东梅县 | 政治经济——B.A.（Yale）'24 英国文学——Graduate（Yale）'24—'25 | 立法院编译处专员 |
| | 程德诺 | 少夔 | | 江苏江宁 | 政治, 工商管理——A.B.（Grinell Col.）'24; M.A.（Columbia）'25 | 复旦大学, 大同大学教授 |
| | 曾锡珪 | | 1901—1966 | 湖北沔阳 | 军事——B.A.（V.M.I）政治——M.A.（Columbia） | 1927 年回国后任广州中山大学军训主任; 1932 年任财政部两淮稽税警局长; 1937 年任云港防守司令; 1938 年任职军事委员会; 1941 年任美国驻威将军联络参谋官兼军务秘书; 1944 年任中国驻印度司令今管苏尔顿将军联络参谋官; 1950 年任朝鲜战争美军中任职; 1957 年赴新加坡任南洋大学教授, 马来亚柔佛州加末华侨中学校长 |
| | 赵锡麟 | 仁溥 | 1902—1979 | 四川荣经 | 政治——A.B.（Reed College）'24; M.A.（Columbia）'25; Ph.D.（Johns Hopkins）'31 | 回国后任中央大学教授, 中央军事学校政治教官, 中央政治学校教授, 全国经济委员会专员兼土地委员会行董事会秘书长, 1939 年任中央造币厂成都分厂主任兼理重庆造币厂; 1943 年后任农民银行重庆分行; 1949 年供职于中国人民银行, 总管理处高级专员, 1954 年以后受聘北京科学会议顾问 |

续表

| 级别 | 姓名 | 别号 | 生年 | 籍贯 | 学位 | 经历 |
|---|---|---|---|---|---|---|
|  | 郑辉 | 伯健 | 1902—？ | 广东东莞 | 商业经济——B.A.（Otterbein）'23; M.B.A.（Harvard）'25 法学——L.L.B.（Yale）'27; L.L.M.（Ibid）'28 | 上海沪江大学教员 |
|  | 霍启芳 | 佐明 |  | 广东南海 | 市政——B.A.（Univ. of Mich.）'24; M.A.（Ibid）'25 | 任广东省立法商学院教授、立法院专员 |
|  | 罗隆基 | 鲁参 | 1896—1965 | 江西安福 | 政治——B.A.（Wisconsin）'24; Ph.D.（Columbia）'28;M.A.（Ibid）'25 | 1928年回国后任教于上海光华大学，并参与创办《新月》杂志。曾因发表反对中国国民党一党专政的言论，被逮捕。被光华大学开除之后，到中国公学任教。1931年九一八事变后，罗隆基主张抗日；1932年担任《益世报》社论主笔，晨报社社长；1938年任西南联合大学教授，第一届国民参政会参政员；1940年任第二届国民参政会参政员；1944年任民主同盟参政会参政员，后任民盟中央副主席；1949年以民盟代表的身份出席中国人民政治协商会议第一届全体会议，中央人民政府政务院副院务委员，森林工业部部长，全国政协常务委员，全国人大常委会委员等职；1957年6月被划为"右派"；1958年1月26日被撤销民盟中央主席、全国人大代表资格与森林工业部部长职务 |
| 1923 留美预备部放洋学生 | 王化成 |  | 1905—1965 | 江苏丹徒 | 国际法——B.A.（Minesota）'24; Ph.D.（Univ. of Chicago）'24 | 1928年回国任清华大学教授，西南联合大学教授；1939年任国防最高委员会参事；1942年任外交部条约司司长，1947年任驻葡萄牙公使 |

续表

| 级别 | 姓名 | 别号 | 生年 | 籍贯 | 学位 | 经历 |
|---|---|---|---|---|---|---|
|  | 王世富 | 善贵 |  | 新疆迪化 | 国际法——B.A.(Wisconsin)'25 | 回国后任教育部部聘国立编译馆任编译，驻土耳其大使馆秘书，《中国评论周报》专任编辑，燕京大学教授，北平师大，1930年任厦门大学教授；1932年担任政治学系主任；1934年任河南大学教授；抗战时期任上海；战后任国立夏门大学教授；后赴天津 |
|  | 李迪俊 | 涤镜 | 1901—1981 | 湖北黄梅 | 政治经济——B.A.(Wisconsin)'25; M.A.(Ibid)'26; Ph.D.(Ibid)'29 | 回国后任中央政治学校，中央大学兼任教授，1930年任外交部科长；1931年兼任教授，1932年任外交部秘书；1933年任外交部情报司同人；后任《尚时事月报》主任编辑；1939年任驻古巴全权公使；1942年兼驻哥伦比亚，委内瑞拉全权公使；1943年兼驻多米尼加全权公使；1947年任驻土耳其全权大使；1957年后仍从事外事工作 |
|  | 沈麟玉 | 公端 | 1902—? | 江苏吴县 | 政治与经济——B.A.(Oberlin)'25 商业管理——M.B.A.(Harvard)'27 | 任大夏大学商学院教授，国立上海商学院院长，上海中央银行经济研究处协纂 |
|  | 吴之松 | 鹤龄 |  | 湖北江陵 | 会计学——B.A.(Wisconsin)'26 政治学——(Harvard) |  |
|  | 胡道维 |  | 1900—1962 | 湖北枝江 | 政治——A.B.(Wash Univ.)'24; M.A.(Princeton)'25; Ph.D.(Ibid)'27 | 毕业后赴加拿大任麦吉尔大学讲师；1929年回国任汉口《英文日报》社社长兼总编辑，后任北平市政顾问，北平市社会局教育科长，北京大学教授，清华大学教授；1940年后任汪伪外交部美洲司司长，芜欲实施委员会委员 |

| 级别 | 姓名 | 别号 | 生年 | 籍贯 | 学位 | 经历 |
|---|---|---|---|---|---|---|
| | 张忠绂 | 子缨 | 1901—1977 | 湖北武昌 | 政治——B.A. (U.of Mich); M.A. (Harvard); Ph.D. (Johns Hopkins) | 1929年回国任沈阳东北大学教授；次年任天津南开大学教授；1931年任北京大学教授，同时担任《外交月报》总编辑；1936年夏作为中国代表出席在美国召开的太平洋学会年会；1937年"七七"事变后，奉命赴美进行国民外交工作；次年回国任国任军事委员会参事室参事；1938年后任第一届、第二届国民参政会参政员；1941年兼任外交部参政，外交部美洲司司长；1944年被派为出席顿巴顿橡园会议中国代表团成员；1946年任中国出席国大会中国代表团专门委员，并参与编纂大会报告；1945年任中国出席联合国大会中国代表团顾问，代表团办事处主任；1947年任国民政府文官处秘书，经商数年 |
| | 瞿桓 | 毅夫 | | 安徽芜湖 | 政治——B.A. (Beloit Col.) '25 | 任江苏常熟县县长，教育部秘书，安徽省政府委员兼教育厅厅长，教育部次长 |
| | 潘白坚 | | | 湖南湘乡 | 政治——A.B. (Wm.& Mary Col.) '25; M.A. (Columbia) '26 | 回国后任九江公安局长，九江县县长，后任新三十八师政训处长，抗日部队，后任新三十八师政训处长，上校军衔；抗战爆发后到贵州都匀协助训练中国远征军赴缅甸作战，军衔少将，任新三十八师军法处长；1944年9月奉调重庆军事委员会外事局担任交际处少将副处长，先后担任开滦煤矿，先后担任唐山矿矿长；1950年，由于保护矿山完好有功，1949年后出任唐山矿矿长；在抗美援朝战争和镇反运动中，因历史问题，及涉嫌工人罢工事件被逮捕；1951年4月被判处死刑 |
| 1924留美预备部放洋学生 | 王恩番 | 季候 | | 四川成都 | 政治——B.A. (Stanford) '26 | |

续表

| 级别 | 姓名 | 别号 | 生年 | 籍贯 | 学位 | 经历 |
|---|---|---|---|---|---|---|
| | 吴祥骏 | | | 浙江嘉兴 | 政治——Ph.B.(Wisconsin) '26; M.A.(Columbia) '27 | 杭州浙赣铁路局 |
| | 胡敦元 | | 1902—1975 | 浙江杭县 | 政治——B.A.(Wisconsin) '27; M.A.(Columbia) '29 | 1927年加入美国共产党；1951年回国，曾任职国家外贸部，后任职北京外贸学院教授 |
| | 施滉 | | 1900—1933 | 云南洱源 | 政治——B.A.(Stanford) '26 | 1923年被选为清华学校学生会会长，次年2月在广州拜见孙大炮、孙中山，同年秋赴美国斯坦福大学留学，边学习边从事爱国革命工作；1927年3月加入美国共产党，任中国局书记；"四·一二"事变后发表宣言，声讨蒋介石叛变革命的罪行，受到国民党反动派的通缉，留学期间先后赴加拿大、墨西哥、古巴等地的华侨中建立党支部和成立华侨反帝大同盟；1928年获硕士学位；1929年去苏联，在少年共产党国际青年部工作，后去香港任中共中央翻译科主任，中共河北省委书记；1932年冬因叛徒出卖被捕牺牲。 |
| | 徐永煐 | | 1902—1968 | 江苏龙南 | 经济——B.A.(Stanford) '27; 法律——(Univ. of Chicago) | 1927年加入美国共产党，曾任美共旧金山市委委员，书记；1946年回国，同年转入中国共产党；后任中央军委外事组组长，上海市外事处副处长；1951年后历任中共中央宣传部《毛泽东选集》英译委员会主任，外交部政策委员会负责人，美澳司司长，外交部顾问，中国人民外交学会副会长 |

续表

| 级别 | 姓名 | 别号 | 生年 | 籍贯 | 学位 | 经历 |
|---|---|---|---|---|---|---|
|  | 梁朝威 |  | 1900—1975 | 广东开平 | 政治——B.A.（Stanford）'26; Ph.D.（Johns Hopkins）'30 | 1929年任考试院考选委员会编纂室主任、中央大学、中山大学、中正大学教授；1932年任广东高明县县长；1938年任中央军校第四分校（广州分校）政治特别班教授，1939年任第九战区干训团政治部主任兼特别党部书记长；1944年任国民日报社社长；1948年任立法院立法委员；1949年去台湾 |
|  | 高荫棠 |  |  | 广东新会 | 政治——A.B.（Williams）'26; A.M.（Columbia）'27; Ph.D.（Ibid）'31 | 立法院编修 |
|  | 黄培坤 |  | 1900—？ | 广东台山 | 政治——B.A.（Wash）'26 国际公法——硕士（Penn.） |  |
|  | 梅汝璈 |  | 1904—1973 | 江西南昌 | 经济——B.A.（Stanford）'26 法律——J.D.（Chicago）'28 | 1929年回国后历任大同大学、山西大学、南开大学、武汉大学、复旦大学等校任教；1933年任内政部参事；1935年任立法委员、中央政治学校教授、南京中山文化教育馆副馆长、《时事类编》（半月刊）主编，代理立法院外交委员会委员长；1946—1948年代表中国出任远东国际军事法庭法官，参与审判日本战争罪犯；1949年底到北京，后长期任外交部顾问、专门委员兼条约委员会委员、外交学会常务理事、中国政法学会理事等职务 |
|  | 杨兆焌 |  |  | 广东中山 | 经济——B.A.（Colorado）'25 市政——M.S.（Univ. of Mich.）'27 | 回国后在广州市公安局服务，兼广州国民大学岭南大学教授；后代理宁波市政府秘书兼第三科科长 |

续表

| 级别 | 姓名 | 别号 | 生年 | 籍贯 | 学位 | 经历 |
|---|---|---|---|---|---|---|
|  | 赵恩钰 | 任士 | 1902—1965 | 安徽太湖 | 市政——A.B.（Michigan）'26；M.A.（Ibid）'27；M.A.（Harvard）'28 | 1928 年回国后任持志大学、光华大学、复旦大学教授；后任江苏省民政厅科长，扬中、宝山、太仓县县长；1933 年任全国学术工作咨询处代理秘书，1936 年任江西省公路处秘书兼科长；1940 年后任财政部贸易委员会专员，出口处科长兼帮办、处长；1948 年任云贵区国税管理局局长；后任云南大学教授；1957 年任四川师范学院教授 |
|  | 潘大逵 |  | 1902—1991 | 四川开县 | 政治——B.A.（Stanford）'27 | 1930 年回国在上海法学院、光华大学、暨南大学任教；1935 年参与发起成立"上海文化界救国会"，1936 年与王造时等发起成立"上海大学教授救国会"，任常务理事；1931 年任江西省政治讲习院教授、中正大学教授；抗战时历任朝阳大学、四川大学、光华大学、重庆大学等校教授；1940 年任四川临时参议会参议员和川康绥靖公署顾问；1942 年后任云南大学教授；1943 年参加中国民主政团同盟，任云南民盟刊物《民主国刊》社长；1944 年被选为民盟中央委员；1947 年回川，先后担任西南学院、南林学院政治系主任，万县辅成法学院院长，重庆大学政治系主任，法学院主任委员；1949 年 3 月任民盟西南总支部筹备委员会主任委员，西南文教部副部长，四川省总支委，民盟重庆市支部第三届主委，中央常委、中央参议会委员会副主任，全国人大代表，四川省政协委主席；1980 年后任四川省文史研究馆馆长、名誉馆长，四川省社会主义学院名誉院长 |

续表

| 级别 | 姓名 | 别号 | 生年 | 籍贯 | 学位 | 经历 |
|---|---|---|---|---|---|---|
|  | 龚朗鼎 |  | 1903—1963 | 山西汾阳 | 法律；外交——Ph.B. (Chicago );J.D. (Ibid )'28 | 1929年任美共《工人日报》利美共中央中国局工作；后参加美国共产党领导的反帝大同盟，曾出席第一、第二次世界反帝同盟大会，共产国际第六次代表大会，并参加中国驻亦色工会国际代表团工作。1941年回国，曾任平准基金委员会秘书长。国民政府外汇管理委员，暨济大学教授；1945年任热河省政府委员；1946年任中央河省政府委员；1945年底赴北平，任中国国际贸易促进委员会副主席，中国拉丁美洲友好协会长、中国银行副董事长；1963年8月9日，在北京病逝。 |
|  | 苏益信 |  |  | 河北交河 | 政治——B.A. (Wisconsin )'26；Ph.D. (Columbia )'28 | 曾任武汉大学教授、北平师范大学教授、伪满建国大学教授 |
| 1925 留美预备部放洋学生 | 王正 | 公五 | 1905—？ | 河南睢县 | 军事学——Grad. (V.M.I.)'28 政治经济学及 R.O.T.C.——M.A.(Stanford )'29 | 江苏东台县两淮税警局淮南分局副局长 |
|  | 王俱侗（保罗） | 仲哲 | 1904 | 河南孟津 | 市政——A.B. (Michigan )'27;M.A. (Ibid )'28 公共卫生——C.P.H. (Yale )'30 |  |

续表

| 级别 | 姓名 | 别号 | 生年 | 籍贯 | 学位 | 经历 |
|---|---|---|---|---|---|---|
|  | 王造时 |  | 1903—1971 | 江西安福 | 政治——B.A.（Wisconsin）'27；M.A.（Ibid）'28；Ph.D.（Ibid）'30；（Chicago）；（London） | 1930 年回国在上海光华大学任教授；1931 年发起组织上海各大学教授抗日救国会，任常务理事；1932 年任上海组织民众改进会；1933 年创办《自由言论》半月刊，在上海执律师业，任中国民权保障同盟上海分会宣传委员；1935 年上海文化界成立救国会，被选为执行委员；1936 年成立上海各界救国联合会，被推举为执行委员；1936 年 11 月与沈钧儒等 7 人遭到逮捕，关进苏州高等法院看守所，这就是震惊中外的救国会"七君子"事件；1937 年保释出狱，后在江西吉安创办《前方日报》；1949 年后任华东军政委员会文教救育委员会委员，上海市政协常委；1951 年担任复旦大学教授；1961 年重登复旦大学讲台；1971 年 8 月 5 日死于狱中 |
|  | 汪大燧 | 炎武 |  | 安徽旌德 | 市政——B.A.（Mich.）'27；M.A.（Ibid）'28 | 任上海市公安局督察长，兰州警察局军警督察处副处长 |
|  | 曹养昌 | 织民 | 1905—？ | 山东惠民 | 市政——B.A.（Univ. of Wash.）'27；政治学说——M.A.（Chicago）'29；汽车工程——C.A.E.（Greer Col.）'28 | 广州市交通管理处处长 |
|  | 陶庆元 | 子固 |  | 云南昆明 | 商业管理；政治——（Univ. of Washington） |  |

续表

| 级别 | 姓名 | 别号 | 生年 | 籍贯 | 学位 | 经历 |
|---|---|---|---|---|---|---|
| | 彭文应 | | 1904—1962 | 江西安福 | 政治——B.A.（Wisconsin）27; M.A.（Columbia）28 | 1932年回国后任上海法学院、光华大学担任教授，并担任王造时主编的《主张与批评》《自由言论》杂志的主要撰稿人；1935年参加上海各界救国会；1938年参加宪政协进会和民主同志会等组织，曾担任《民主》《宪政》半月刊主编；上海沦陷后赴江西任《前方日报》主笔，在此期间，曾任江西省政府临时参议会参议，省立承修高级农林学校校长，南昌大学教授，总务长等职；战后回到上海加入中国民主同盟，出任民盟上海市支部地下组织主任委员；1949年任民盟上海市支部临时工作委员会主任委员；1951年起历任民盟上海市支部第一、二届副主任委员，民盟上海市第三届委员会副主任委员；1962年病逝于上海 |
| | 贾幼慧 | | 1902—1965 | 陕西韩城 | 历史、政治 B.A.（Stanford）27 军事政治——M.A.（Stanford） | 1930年任浙江省保安处教导团第四营少校营长；1933年后任财部税警团营、团长；1945年任新编第一军副军长；1946年兼长春警备副司令；1947年随孙立人去台湾，任新军训练处副处长 |
| 1926留美预备部放洋学生 | 史国刚 | | | 江苏溧阳 | 国际公法——（Harvard） | |
| | 包华国 | | 1902—1963 | 四川成都 | 政治学——B.A.（Stanford）30; M.A.（Stanford）'31 | 1929年回国后任四川大学教授；1932年任实业部劳工司科长；后任中国驻国际联盟代表团办事处一等秘书；抗战时历任行政院第三战区政治部主任秘书，中央团部宣传处副处长，国民党重庆市党部委员，国防最高委员会秘书，重庆市社会局局长，国民政府社会部福利司司长，重庆市参议员；1945年任社会部工矿检查处处长；1947年当选立法委员；1949年去台湾 |

续表

| 级别 | 姓名 | 别号 | 生年 | 籍贯 | 学位 | 经历 |
|---|---|---|---|---|---|---|
| | 林同济 | | 1906—1980 | 福建福州 | 政治——B.A.（Univ. of Mich.）'28；M.A.（California）'29；Ph.D.（California）'34 | 1931 年至 1934 年间先后任美国密勒士大学与加利福尼亚大学讲授中国文化史；1934 年回国后任天津南开大学教授兼经济研究所所导师，主编《南开社会经济季刊》（英文）；抗战时任昆明西南联合大学教授合编《战国策》半月刊，《大公报》主编"战国"副刊，主编回国创办《战国策》半月刊；1942 年任复旦大学教授；1945 年建美讲学；1948 年回国创办海光图书馆；1949 年后任复旦大学外文系教授；1980 年建美讲学时病逝于旧金山 |
| | 金通艺 | 游六 | | 江苏宝山 | 政治——M.A.（Harvard）'30 | 任光华大学政治学讲师、伪上海大学法学院院长 |
| | 徐敦璋 | 元奉 | 1904—? | 四川垫江 | 经济——B.A.（Wisconsin）'28；M.A.（Wisconsin）'28；Ph.D.（Wisconsin）'31 国际法——瑞士日内瓦大学国际法研究院 | 任南开大学教授，四川大学教授，法学院长，燕京大学教授；1952 年调北京政法学院任教 |
| | 梁思忠 | | 1907—1932 | 广东新会 | 政治——（Univ. of Wisconsin）陆军——（U.S. Field Artillery Sch.） | 回国后加入国民革命军，后任国民革命军第十九路军炮兵上校；1932 年病逝 |
| | 张国安 | | | 安徽合肥 | 政治（Yale） | 齐鲁大学教授 |

续表

| 级别 | 姓名 | 别号 | 生年 | 籍贯 | 学位 | 经历 |
|---|---|---|---|---|---|---|
|  | 张荣陌 | 宝恒 | 1905—? | 广东东莞 | 经济——A.B.（Stanford）'28 法律——J.D.（Chicago）'30 文学——（London） | 任国立中山大学英国语言文学系主任、香港中文大学新亚书院教授 |
|  | 张锐 | 伯鈞 | 1906—? | 山东无棣 | 市政——B.A.（Michigan）; M.A.（Harvard）; National Institute of Munipal Research） | 任天津市政府秘书、内政部参事、行政院参事 |
|  | 陶葆楷 | 伯偕 | 1906—1992 | 江苏无锡 | 土木工程——B.S.（M.I.T.）'29 市政卫生——M.S.（Harvard）'30 | 回国后任清华大学教授、西南联合大学教授兼土木工程系主任; 1948年赴哈佛大学研究; 1949年任台湾大学教授、岭南大学教授; 1950年后任北京大学教授、清华大学教授兼土木工程系副主任、主任; 1960年任清华大学土木建筑系教授兼系主任; 1981—1983年任清华大学环境工程研究所所长; 1992年逝世于北京 |
|  | 崔仲秀 |  |  | 山西沁源 | 政治——B.A.（Illinois）'30 |  |
|  | 杨昌龄 |  |  | 江苏无锡 | 政治——（Harvard） | 任江苏阜宁淮南税警部大队大队长、税警总团第一团中校团附、财政部税警佐教育所中校总队长; 1941年任军政部学兵总队上校副参谋长; 1942年任军政部防毒处上校、少校副处长; 1943年任防毒处少将处长; 1946年任国防部少将处长 |
|  | 刘家骐 | 骊群 |  | 上海 | 政治——A.B.（Wisconsin）'30;M.A.（Ibid）'31 | 外交部欧美司 |

续表

| 级别 | 姓名 | 别号 | 生年 | 籍贯 | 学位 | 经历 |
|---|---|---|---|---|---|---|
| 1927 留美预备部毕业学生 | 朱都范 | 晋夫 | 1906—? | 湖南长沙 | 政治——B.A.（Wisconsin）'29 国际法与国际关系——M.A.（Columbia） | 任军政部秘书 |
| | 向理润 | 泽荪 | 1906—? | 四川金堂 | 政治——B.A.（Wisconsin）'29；M.A.（Wisconsin）'30 Ph.D.（wisconsin）'32 | 任金陵大学教授、南京军事委员会委员长广州行营第二厅少将组长、南京中央军校上校政治主任教官、中央大学教授、西康省政府委员、教育省厅代理厅长，1949 年移居所美国 |
| | 李惟果 | | 1905—? | 四川成都 | 西洋史；国际公法——B.A.（California）'28；M.A.（Ibid）'29；Ph.D.（columbia）'31 | 归国后任四川大学教授、武汉大学教授；1936 年任军事委员会委员长待从室第二处第五组（简称"待五组"）组长；1940 年任国防最高委员会参事；1941 年任外交部总务司司长；1945 年任陆军总司令部总政治部主任；1947 年任国民党中央宣传部副部长；1948 年任行政院秘书长；1957 年任教于乔治华盛顿大学，1971 年退休 |
| | 沈惟泰 | 岱如 | 1906—1955 | 江苏嘉定 | 政治、外交——B.A.（Columbia）'29；M.A.（Ibid）'30；Ph.D.（Columbia）'32 | 从事外交工作 |
| | 张启贤 | | 1904—1955 | 云南通海 | 经济——B.A.（Wisconsin）'29 政治——M.A.（Wisconsin）'30；Ph.D.（Wisconsin）'32 | 回国后任云南大学教授、外交部情报司编译专员及英文中国年鉴社总编辑；1945 年任驻埃及开罗公使馆参赞；1949 年后任云南大学教授 |

续表

| 级别 | 姓名 | 别号 | 生年 | 籍贯 | 学位 | 经历 |
|---|---|---|---|---|---|---|
| | 陈洋溢 | | 1905—？ | 福建龙溪 | 政治——B.A.（Oberlin）'29 商科——M.B.A.（Univ. of Penn.）'30 | 任上海税专第一分校注册组组长 |
| | 翟楚 | 晋夫 | 1906—？ | 安徽泾县 | 教育——B.A.（Stanford）'29 法律——J.D.（Northwestern）'32 | 1955年起任纽约社会研究新学院亚洲研究教授 |
| | 缪绥田 | | 1906—？ | 安徽巢县 | 政治——B.A.（Ohio State）'29 政治、行政管理——M.A.（Harvard） | 任江西省政府秘书长、兼任南昌市政府秘书长，江西省农业院总务主任；抗战后期任战时运输管理局秘书室外事组英文秘书；1949年前后曾任招商局总务科长，后移民美国，曾组纽约联合国总部任职多年，退休后住加州旧金山湾区山景城 |
| | 邓裕坤 | 静方 | 1902—？ | 湖南平江 | 经济——B.A.（Univ. of Wash.）'30 市政——M.A.（Univ. of Mich.）'31 警察——（英伯明汉学校） | 任内政部警政司司长 |
| 1928留美预备部毕业学生 | 王季高 | | 1905—？ | 湖南常德 | 政治——B.A.（Ohio State）'30 政治思想 M.A.（Chicago）'31 政治制度——Ph.D.（Columbia）'34 | 任国立中央大学政治系教授；1944年任国民政府考选委员会处长；1947任北平市政府教育局，社会局局长 |
| | 何义均 | | | 湖南礼县 | 政治——A.B.（Stanford）'30 | 南京中央大学 |

续表

| 级别 | 姓名 | 别号 | 生年 | 籍贯 | 学位 | 经历 |
|---|---|---|---|---|---|---|
| | 汪逢栗 | | 1906—？ | 安徽歙县 | 陆军步科——A.B.（The Citadel）'30 政治思想 A.M.（Harvard）'31 步科专门——Grad.（U.S. Infantry Sch.）'32 炮科专门——Grad.（U.S. Art. Sch.）'33 | 1935 年任军政部兵队（防化兵部队）中队长；1942 年任军政部防毒处少将处长；1943 年任军政部化学兵（防化兵）总队总队长；1947 年 3 月任国防部联勤总部兵工署化学兵司少将司长；1949 年后任解放军西南军政大学化学队主任教员，解放军化学兵学校防化教育系副主任、军委防化研究院副研究员，高级翻译 |
| | 张汇文 | | 1905—1986 | 山东临朐 | 政治 A.B.（Stanford）'29；M.A.；Ph.D.（Ibid） | 国立中央大学法学院专任教授，行政院行政效率委员会专门委员，立法院编修；1943 年任剑桥大学交换教授；1948 年任政治大学教授，复旦大学教授，上海社会科学院教授 |
| | 张彝鼎 | | 1902—1992 | 山西灵石 | 国际公法——Ph.B.（Chicago）'29 政治学——M.A.（Chicago）'30；Ph.D.（Columbia）'33 | 1933 年回国后任国民政府军事委员会委员长南昌行营党政考查设计委员会委员；1935 年任军事委员会委员长侍卫室秘书；1936 年兼任国民党中央政治会议法制专门委员会委员；1938 年任中央政治学校大学部教授；1940 年任第八战区司令长官部政治部主任；1945 年任军级军事教育次长兼国防研究院副院长；行政院善后救济总署冀鲁豫三省善后救济分署署长；1947 年任国防部新闻局及政工局副局长；1946 年、1948 年先后当选伪制宪国民大会、第一届伪国民大会代表；后去台湾任伪国民党第十一、十二、十三届中央评议委员，1988 年先后被聘为中国国民党中央评议委员，1976 年、1981 年、1988 年先后被聘为中国国民党第十一、十二、十三届中央评议委员，1992 年逝世 |
| | 陈之迈 | | 1908—1978 | 广东番禺 | History——A.B.（Ohio State） Public Law——Ph.D.（Columbia）'33 | 回国后任教于清华大学、北京大学、南开大学、西南联合大学，学校；抗战期间任教育部参事、行政院政务处参事等职；1944 年出任驻美国大使馆公使衔参事；后一直从事外事工作 |

续表

| 级别 | 姓名 | 别号 | 生年 | 籍贯 | 学位 | 经历 |
|---|---|---|---|---|---|---|
| | 燕爰 | 絜人 | 1905—？ | 江西南昌 | 政治——B.A.（Univ. of Calif.）'30；M.B.A.（Ibid）'33 | |
| | 谌志远 | | 1904—1988 | 贵州织金 | 政治——B.A.（Stanford）'30 | 任大夏大学法学院院长、教务长，教授；贵阳师范学院英语系代主任、总务长、教授；国民党陆军总司令部少将参议和总部政治部副主任；重庆大学、四川师范大学教授；1987年被聘为贵州省文史研究馆名誉馆员 |
| | 钟耀天 | | 1907—？ | 广东五华 | 社会学——Ph.B.（Chicago）'30 市政管理——M.S.P.A.（Syracuse）'31 政治学——（Columbia） | 任广州市政府市政专员，美国驻中国广州领事馆一等秘书，美国驻菲律宾、泰国、缅甸等国大使 |
| 1929留美预备部毕业学生 | 李德明 | | | 浙江吴兴 | 政治——B.A.（Illinois）'31 | |
| | 吴志毅 | | | 江西南昌 | 政治——B.A.（Stanford）'31；M.A.（Ibid）'31 | |
| | 余捷元 | | | 江西南昌 | 政治——B.A.（Wisconsin）'31；M.A.（Ibid）'32 | 任中央通讯社天津分社英文编辑主任，驻柏林特派员 |
| | 谷宗瀛 | | 1908—？ | 河北定县 | 市政——A.B.（Stanford）'31；A.M.（Ibid）'32 | 任中国驻美使馆随员，财政部参事，热河省政府委员兼财政厅厅长 |

续表

| 级别 | 姓名 | 别号 | 生年 | 籍贯 | 学位 | 经历 |
|---|---|---|---|---|---|---|
| | 蔡均吉 | | | 四川宜宾 | 政治——B.A.（Wisconsin）'31 | 曾任重庆大学、四川大学政治系任教，抗战后任上海光华大学（成都分部）文学院院长；1947 年底当选第一届国民大会四川宜宾国大代表 |
| | 陆达 | 宗九 | 1904—1982 | 江苏常熟 | 市政——A.B.（Mich. Univ.）'31；M.S.（Ibid）'32 | 先后在光华大学、大夏大学、复旦大学、立信会计专科学校、上海师范学院任教，上海师范学院任教 |
| | 邹邦梁 | 君任 | 1907—？ | 江西高安 | 政治——B.A.（Stanford）'31 | 驻苏联新西比亚中国总领事馆随习领事 |
| | 郑家颐 | 仲和 | | 福建闽侯 | 法律——B.A.（Swarthmore）'31 | |
| | 苏宗固 | 重威 | 1907 | 江苏苏州 | 国际法——B.A.（Illinois）'31 政治——M.A.（Columbia）'32 | |

幼年生

| 级别 | 姓名 | 别号 | 生年 | 籍贯 | 学历 | 现任职务（1937 年） |
|---|---|---|---|---|---|---|
| 1911 选派幼年生学生 | 李达 | 宏章 | | 江苏吴县 | 政治经济——A.B.（Harvard）20；M.A.（Ibid）21 | 任汉口中央银行经理、中央银行业务局长 |
| | 陈宏振 | 君毅 | | 福建 | 政治经济——（Philips Exeter Academy）；（Harvard） | 任上海财政部监务籍核总所、政治大学教授 |

续表

| 级别 | 姓名 | 别号 | 生年 | 籍贯 | 学历 | 现任职务（1937年） |
|---|---|---|---|---|---|---|
| | 薛学海 | 汇东 | 1898—1965 | 江苏无锡 | 政治经济——B.A.(Univ. of Wisconsin); (Columbia); (Phlips Andover) | 1922年任驻英国使馆一等秘书、参赞；1925年任徐树铮秘书，后任直隶省长公署顾问；1927年任北京政府外交部特派直隶交涉员。1931年回无锡热心于体育事业；任无锡商会执行委员，无锡豫康纱厂整理委员长，庆丰豫康等厂董事；1949年去香港 |

专科生

| 级别 | 姓名 | 别号 | 生年 | 籍贯 | 学历 | 现任职务（1937年） |
|---|---|---|---|---|---|---|
| 1916专科男生同学 | 燕树棠 | 召亭 | 1891—1984 | 河北定县 | 法律——(Harvard); L.L.M.(Columbia)17; J.S.D.(Yale)20 | 1920年回任北京大学教授，法律系主任；1927年任南京国民政府法制局编审；1930年任武汉大学教授；1932年任清华大学教授；1937年任武汉大学教授，后任西南联大教授；1947年后任武汉大学法律系编译室；1948年任司法院大法官；1949年后在武汉大学图书馆工作 |
| 1918专科男生同学 | 康时敏 | | | 江苏南汇 | 法律——L.L.B(北洋)17; L.L.M.(Columbia)19; J.D.(Yale)27 | |
| 1923专科男生同学 | 石颖 | 超庸 | 1899—1968 | 广西藤县 | 法律——L.L.M.(Mich. Univ.); J.S.D.(Yale)25 | 任东吴大学教授，暨南大学教授兼法律系主任；抗战时任军事委员会中行营顾问；1945年任监察院监察委员，1949年后去台湾，任东吴大学法学院院长、校长（1957—1968），国民党中央评议委员 |

续表

| 级别 | 姓名 | 别号 | 生年 | 籍贯 | 学历 | 现任职务（1937年） |
|---|---|---|---|---|---|---|
| 1925年专科男生生 | 曾友豪 | | 1900—1973 | 广东梅县 | 历史政治——L.L.D(Johns Hopkins)；Ph.D.(Columbia)'28 | 1929年任安徽省高等法院院长；后任教中央大学和东吴大学；1932年任甘肃省高等法院院长；1937年底至香港定居，从事抗日民主宣传；与钟鲁斋创办香港南华大学，任董事长及名誉校长；后任南华杂志社社长；同年底香港沦陷，为日军软禁，曾遭酷刑；1945年以病重保外就医，香港光复后，任审讯战争犯特别法庭陪审法官；1973年在香港病逝 |

津贴生：

| 姓名 | 别号 | 生年 | 籍贯 | 学历 | 现任职务（1937年） |
|---|---|---|---|---|---|
| 江之泳 | | | 湖北汉川 | | 任武昌文华大学政治系主任、北京大学政治系主任，北京清华学校、朝阳大学、中国大学、民国大学、国立北京法政大学、国立北京师范大学、东北大学政治学系教授兼主任 |
| 邱昌渭 | 毅吾 | 1898—1956 | 湖南沅州 | 政治——A.B.(Pomona)'23；M.A.(Columbia)'24；Ph.D(Ibid)'28 | 1928年回国历任东北大学教授、北京大学政治系兼教育系主任；1932年任广西省政府委员兼教育厅厅长；1936年后，任李宗仁秘书；1939年任广西民政厅厅长；1942年后，任国民政府参政会参政员；1945年任第四届国民参政会参政员；1948年任立法院立法委员；1949年6月任总统府秘书长；1949年去台任高级官员 |
| 季惕凡 | 警洲 | | 江苏崇明 | 政治学——M.A.(Wisconsin)'22 | 从事外事工作 |

| 姓名 | 别号 | 生年 | 籍贯 | 学历 | 现任职务（1937年） |
|---|---|---|---|---|---|
| 徐声金 | 瑞钰 | 1891 | 福建龙溪 | 社会学——B.A.(Wesleyan)'17; 政治经济——M.A.(Columbia)'18; 社会学——Ph.D(Columbia)'22 | 任厦门大学文学院院长社会学系主任 |
| 唐庆诒 | 谋伯 | 1898—1986 | 江苏无锡 | 政治——硕士（哥伦比亚大学） | 长期在交通大学任教，曾任交通大学外文系主任；兼任光华大学、大夏大学、震旦大学、无锡国学专修学校国文教授 |
| 韦卓民 | 作民 | 1888—1976 | 广东中山 | 政治哲学——B.A.(文华)'11; M.A.(文华)'15; A.M.(Harvard)'19; Hon.D.C.L.(南方)'27; 比较伦理——Ph.D(London)'29 | 1920年回国任武昌文华大学教授；1924年任武昌华中大学任副校长兼教务长；1929年到伦敦大学留学；1930年回国后至1952年，一直任华中大学校长；1931年曾应聘赴美国之加哥大学讲学；任耶鲁大学客座教授；1938年后任第一届、第二届国民参政会参政员；1952年后任华中师范学院教授 |
| 柳诒铭 | | 1900 | 浙江鄞县 | 市政——M.A.(Wisconsin B.S.)'30 | 财政部湘赣区常德分区税务管理所 |
| 张纯明 | 镜轩 | 1903—1984 | 河南洛宁 | 社会学——A.B.(Yale)'26; M.A.(Yale)'27; 政治学——Ph.D(Yale)'31 | 1931年回国后任天津南开大学文学院院长兼教授，南开《政治经济》学报主编；1938年任行政院简任秘书；1942年任河南省政府委员；1944年任军事委员会中央设计局委员；1948年当选为立法院立法委员；1949年后从事外事工作 |
| 张博文 | | | 山东临朐 | 政治——B.A.(Park College)'24; M.A.(Kansas)'26 | 道清铁路材料课长 |
| 陈霆锐 | | 1891—1976 | 江苏吴县 | | 1923年回国后任东吴大学、暨南大学等校任教，并执律师业；1946年当选为制宪国大代表；1948年去台湾；1954年任东吴大学法学院院长；1956年退休赴美；1974年回台定居 |

续表

| 姓名 | 别号 | 生年 | 籍贯 | 学历 | 现任职务 (1937 年) |
|---|---|---|---|---|---|
| 陆幹臣 | | 1897—1963 | 浙江吴兴 | 政治学——M.A. 社会学 | 1928 年起任中华基督教青年会全国协会市会组干事；1950 年改任中华基督教青年会全国协会市会组主任 |
| 曹伯权 | | 1892—? | 江苏川沙 | 政治——B.A.(Oberlin)'18 | 江苏高邮县县长 |
| 许仕廉 | 吴乐 | 1901—? | 湖南湘潭 | 经济——B.A.(Stanford)'21；社会、政治——M.A.(Univ. Of Iowa)'22; Ph.D(Univ. Of Iowa)'23；Reseanb Assoriatein Soriology, University of Chicago. | 1924 年回国任武昌国立师范大学教授、燕京大学教授，对南京工业进行大规模调查；1929 年任南京工业调查所专员，对南京社会及工业进行大规模调查；1930 年参加筹建中国社会学社的工作，曾先后任该社副理事、理事，同时兼任北平社会调查所顾问，《美国社会学及社会研究杂志》特别编辑等职；1931 年赴美讲学，担任芝加哥大学社会学系研究导师；1932 年任外交部参事，条约委员会委员；1933 年任伦敦及意大利人口问题研究委员会驻华通讯员，又应实业部的聘请在南京担任农村建设委员会的设计工作；抗战前夕赴美国定居，转为经商 |
| 笪耀先 | 承道 | | 江苏上海 | 法律——B.S.(金陵大学); M.A.(Columbia); L.L.B. (Cumberland) | 执业律师职务兼会计师事务 |
| 潘健卿 | 家鹤 | | 江苏吴县 | | 任私立江苏女子职业中学校长 |

| 姓名 | 别号 | 生年 | 籍贯 | 学历 | 现任职务（1937 年） |
|------|------|------|------|------|---------------------|
| 黎照寰 | 曜生 | 1888<br>—<br>1968 | 广东南海 | 经济——B.C.S.(N.Y.U)'12;<br>M.A.(Columbia)'13;<br>政治——B.S.(Harvard Col.)'17;<br>M.A.(Penu.Univ.) | 1919 年归国后任中国公学大学部教授；1921 年任香港工商银行司理；1922 年任广东经济调查局科长，广州华商银行经理，吴淞中国公学商科教授；1926 年，任广东航政局局长；1927 年任武汉国民政府交通部铁路处处长；1927 年任南京国民政府财政部参事，兼任中央银行副行长；1929 年任国民政府铁道部参事；1929 年任中比庚款委员会委员，上海交通大学副校长，铁道部常务次长；1930 年任交通大学校长；1942 年任浙江之江大学教授；1948 年后历任全国政协第三、第四届委员，上海市政局第一至第五届人民代表大会代表 |
| 饶用泽 | 劼民 | 1900<br>—? | 江西南昌 | 政治——B.A.(John Hopkins)'20; M.A.(Chicago)'21; Ph.D.(Belgium)'26 | 国立师范大学讲师、东北大学教授，中央大学副教授 |

# 二、1929—1952年清华法学院毕业生名单

（一）1929—1952年清华法学院本科毕业生名单（不含联大期间联大学籍者）

合计：931人

## 1929年毕业名单（政治22，经济10）[1]

**政治**

| | | | | | |
|---|---|---|---|---|---|
| 张企泰 | 张景琨 | 章　熊 | 陈晓钟 | 许孟雄 | 赖世珍 |
| 李克长 | 李述庚 | 梁嗣模 | 刘信芳 | 罗兴林 | 宋益清 |
| 戴克光 | 汤象龙 | 曾炳钧 | 汪家曾 | 王赣愚 | 吴作民 |
| 杨汝金 | 朱定山 | 钟一帆 | 杨光宗 | | |

**经济**

| | | | | | |
|---|---|---|---|---|---|
| 张江泉 | 程毓岐 | 谢兆芬 | 刘心铨 | 孙碧奇 | 王堃藩 |
| 吴庆宣 | 吴祖光 | 楼福卿 | 陈长济 | | |

## 1930年毕业名单（政治19，经济24）[2]

**政治**

| | | | | | |
|---|---|---|---|---|---|
| 赵德洁 | 周胤之 | 郭宣霖 | 刘大白 | 沈汝直 | 张德昌 |
| 蒋中和 | 姜书阁 | 冯家藩 | 谢子敦 | 邵循正 | 邵循恪 |
| 邹文海 | 吴益斋 | 杨润玉 | 司徒尹衡 | 杜朝馥 | 张毓鹏 |
| 杨遒庚 | | | | | |

**经济**

| | | | | | |
|---|---|---|---|---|---|
| 陈晓钟[3] | 冯鹤龄 | 徐曰智 | 张企恭 | 章宗传 | 赵　夔 |

---

[1] 《清华大学史料选编》第二卷（下），清华大学出版社1991年版，第782—784页。

[2] 《清华大学史料选编》第二卷（下），清华大学出版社1991年版，第790—792页。

[3] 曾于1929年6月在政治学系毕业。

| 陈仲秀 | 周 勉 | 邢必信 | 徐学易 | 黄廷鉴 | 黄玉佳 |
| 郭可詠 | 梁方仲 | 马全鳌 | 曹曾禄 | 崔自新 | 王元照 |
| 吴志翔 | 姚 巽 | 张近恒 | 龚邦佐 | 林沅藩 | 刘炜俊 |

**1931 年毕业名单（政治 21，经济 36）[1]**
**政治**

| 曹毓俊 | 朱 章 | 何会源 | 侯厚吉 | 李兆瑞 | 宋迪夏 |
| 邓尉梅 | 王金标 | 张永懋 | 徐义生 | 高永晋 | 赵康节 |
| 徐雄飞 | 邝体乾 | 邸维周 | 蒋寿骏 | 鞠秀熙 | 范维城 |
| 郭济邦 | 李进崧 | 王肇征 | | | |

**经济**

| 张昌培 | 顾汉三 | 李景清 | 谭国栋 | 罗凤超 | 张钦益 |
| 张国威 | 张民醒 | 陈元骥 | 郑保璋 | 曲秀芳 | 萧仁树 |
| 徐文祥 | 胡龙骧 | 黄恭仰 | 李植泉 | 戴世光 | 曹盛德 |
| 曾迪先 | 王家栋 | 王义儒 | 温庆昌 | 杨祖宏 | 姚琮铭 |
| 尹道恪 | 陈凤翚 | 鄞传诗 | 李大璋 | 潘载生 | 史镜涵 |
| 张人杰 | 赵永余 | 郑殿祥 | 杨少堂 | 张启德 | 陈通声 |

**1932 年毕业名单（政治 17，经济 34）[2]**
**政治**

| 李成藩 | 赵光贤 | 张馥菽 | 陈明焘 | 陈元屏 | 任庆煜 |
| 刘汉文 | 刘炳燊 | 田保生 | 鞠宏德 | 黄 涪 | 黄秀章 |
| 李启明 | 葉叶琴（女） | | 张锡龄 | 王世德 | 于涤川 |

**经济**

| 陈 松 | 李龙伯 | 罗 毅 | 王肇征[3] | 赵燕生 | 金郁彣 |

---

[1]《清华大学史料选编》第二卷（下），清华大学出版社 1991 年版，第 797—799 页。

[2]《清华大学史料选编》第二卷（下），清华大学出版社 1991 年版，第 806—807 页。

[3] 曾于 1931 年 6 月在政治学系毕业。

| | | | | | |
|---|---|---|---|---|---|
| 卓宝瑄 | 朱世杰 | 傅绍霖 | 顾迺谦 | 刘　密 | 邵尚文 |
| 董兆凤 | 汪一鹤 | 王秉厚 | 王赐曾 | 阳明炤 | 姚　均 |
| 张振寰 | 姜书麟 | 徐钟翰 | 黄华庭 | 牛佩琮 | 宋尚宾 |
| 杜俊东 | 汪　镤 | 纪文勋 | 傅永汉 | 李锡尔 | 邵中和 |
| 陈　益 | 胡景权 | 王德成 | 巫宝山 | | |

**1933年毕业名单（政治24，经济39）[1]**
**政治**

| | | | | | |
|---|---|---|---|---|---|
| 陈彪如 | 郑康祺 | 高　让 | 凌世俭 | 刘心显 | 潘　照 |
| 尚传道 | 宋长波 | 邓叔良 | 丁尚权 | 曾宪英 | 王克勋 |
| 王彦美 | 吴世英 | 周凤岐 | 张天开 | 朱蕴章 | 何维藩 |
| 胡愚一 | 高士铭 | 郭颂平 | 彭俊材 | 华志荪 | 王铁崖 |

**经济**

| | | | | |
|---|---|---|---|---|
| 丘申文 | 王殿武 | 沈　胜（女） | 吴　靖（女） | |
| 黎尚曙 | 张昌龄 | 张镜蓉（女） | 张伯健 | 张　杕 |
| 陈承志 | 陈绍勋 | 綦秀英（女） | 迟镜海 | 卓牟来 |
| 朱宝镇 | 钟书箴（女） | 黄春云（女） | 李景羲 | |
| 李祥煜 | 李国干 | 梁綎武 | 刘振廷 | 刘全忠 | 刘友溓 |
| 卢　晋 | 石　伟 | 石裕华（女） | 宋亨豫 | 王志超 |
| 王金铭 | 王光琦 | 吴季班（女） | 杨大士 | 侯　铮 |
| 康维清 | 梁学彬 | 丁修爵 | 薛铭三 | 刘德钧 |

**1934年毕业名单（政治13，经济19）[2]**
**政治**

| | | | | | |
|---|---|---|---|---|---|
| 王维显 | 陈乐桥 | 姜春华 | 林良桐 | 丁致中 | 王之珍 |

[1]《清华大学史料选编》第二卷（下），清华大学出版社1991年版，第817—819页。
[2]《清华大学史料选编》第二卷（下），清华大学出版社1991年版，第826—828页。

王炳文　　张慧令　　黄万杰　　李　琦　　楼邦彦　　俞国华
谢　嘉

**经济**

张承恩　　黄仕林　　陈　超　　陈蔚文　　郑曾期　　何思恭
向景云　　黄开禄　　李震东　　童元校　　李家斌（女）
万鸿开　　汪学熙（女）　　刘古谛　　杨懋科　　许家骏
高德超　　王蔚华（女）　　李盛唐

## 1935 年毕业名单（政治 10，经济 19）[1]

**政治**

唐明伦　　李斯彦　　魏继武　　靳文翰　　龚祥瑞　　雷华钿
林公侠　　吕若谦　　翁和庆　　范先烨

**经济**

孙浩然　　王星海　　王元鸣　　郑林宽　　贺更苏
黄菊如（女）　　李召南　　李　钧　　陆大年　　王靖轩
王　庸　　詹文赞　　刘续亨　　刘广琮　　徐毓楠　　宁嘉风
陈德君（女）　　汪毓钤　　耿鸿烈

## 1936 年毕业名单（政治 15，经济 34）[2]

**政治**

陈耀庭　　郑　秀（女）　　纪富升　　周世述　　傅裕文
龚国粹　　郭登皡　　吴秉仁　　彭永馨　　宋士英　　曹保颐
王庭泰　　池世英　　富宝昌　　万赓年

**经济**

薛兆棠　　王耀墉　　司　征　　张琬华（女）　　赵泽同

---

[1]《清华大学史料选编》第二卷（下），清华大学出版社 1991 年版，第 834—835
页。

[2]《清华大学史料选编》第二卷（下），清华大学出版社 1991 年版，第 845—847
页。

| | | | | | |
|---|---|---|---|---|---|
| 郑润昌 | 戚长诚 | 周新民 | 曲郇民 | 祝懿德 | 侯国璠 |
| 胡家驹 | 高思勤 | 林元枝（女） | | 罗仲和 | 单崑峰 |
| 邵循怡 | 戴鸣钟 | 唐宝鑫 | 蔡　淳 | 王万福 | 杨胜惠 |
| 严中平 | 袁家麟 | 张骏祥 | 张亦赞 | 李朝光 | 李曜钧 |
| 彭世元 | 陈景襫 | 朱　元 | 罗孝胥 | 吴长赋 | 朱耀奎 |

**1937 年毕业名单（政治 13，经济 45）**[1]

**政治**

| | | | | | |
|---|---|---|---|---|---|
| 张椿华 | 葛连祥 | 林　亮 | 杨德骅 | 李侠文 | 梁邦彦 |
| 卢宗堉 | 马肇彭 | 孟　复 | 屠　双 | 朱家源 | 李宗霖 |
| 穆渭琴 | | | | | |

**经济**

| | | | | | |
|---|---|---|---|---|---|
| 邹树大 | 郑行初 | 朱国英（女） | | 韩　鸣 | 李汝翰 |
| 刘　因（女） | | 罗大严 | 沈海清 | 曹觐虞 | 邹思齐 |
| 叶学俭 | 喻诚京 | 杜维坤 | 章惠中 | 赵寿贞 | 陈　说 |
| 籍传质 | 乔森显 | 徐日洪 | 胡传明 | 许留芬（女） | |
| 葛宗瀚 | 龚家麟 | 李捷参 | 刘佩兰（女） | | 刘本堃 |
| 刘天宏 | 马惠章 | 孙澄波 | 孙益国 | 宋绍尧 | 王世杰 |
| 王达仁 | 杨联升 | 王玉发 | 张景璞 | 陈逸天 | 钟冠明 |
| 何尚民 | 冼子恩 | 刘振宇 | 孙宝华 | 邓友金 | 董爱慈 |
| 张忠铨 | | | | | |

---

[1]《清华大学史料选编》第二卷（下），清华大学出版社 1991 年版，第 859—861 页。

## 1938 年毕业名单[1]（政治 5，经济 36）

**政治**

方钜成　　郭　铎　　刘振鹏　　曹世穆　　王慰苍

**经济**

艾光曾　　陈福德　　朱箕元　　全广辉　　何怀祖　　夏壮图
徐　昭　　许　倬　　徐寿寅　　徐绥昌　　许　伙　　徐燕秋
寇淑勤　　郭惠成　　李家丰　　黎禄生　　李天璞　　李为扬
梁　燊　　林兴育　　刘树森　　刘友锵　　陆家驹　　马　瑛
裴元龄　　沈如瑜　　陶　亿　　蔡祖德　　王爱荣　　王思源
王一天　　杨锡祥　　韩克信　　阎锡瑛　　陈斯恺　　丁务谆

## 1939 年毕业名单（政治 8，经济 29）[2]

**政治**

陈体强　　纪　莼　　周应霖　　顾作铭　　莫德全　　温　瑜
姚梓繁　　朱世璋

**经济**

张亮祖　　赵泽丰　　赵关华　　陈锦源　　陈舜礼　　萧嘉魁
熊应栋　　徐竞存　　崔芳棠　　许桐华　　陈国庆　　张定今
高承修　　李士亭　　李宗熹　　刘明侯　　桑恒康　　苏先勤
谭顺瑜　　邓铿章　　铁作声　　蔡孝敏　　左大炘　　段　龙
王正宪　　吴春曦　　郁振镛　　喻治年　　云选卿

[1] 1938—1946 年为西南联大时期，此处只统计原属清华学籍者，不包括原属北京大学、南开大学学籍者，也不包括联大入学者。1938 年毕业名单见《清华大学史料选编》第三卷（下），清华大学出版社 1994 年版，第 460—461 页。
[2]《清华大学史料选编》第三卷（下），清华大学出版社 1994 年版，第 463—464页。

## 1940 年毕业名单（政治 7，经济 31）[1]

### 政治

| 王旸 | 吴明金 | 胡琛 | 钟一均 | 贺善徽 | 瞿维熊 |
|---|---|---|---|---|---|
| 王绍坊 | | | | | |

### 经济

| 李云鹤 | 周锡荣 | 袁荣生 | 庄晖 | 李志伟 | 蔡幼琦 |
|---|---|---|---|---|---|
| 霍天一 | 沈宝琦 | 秦崇模 | 张自存 | 陈举乾 | 江爱钟 |
| 蒋庆琅 | 徐燕榴 | 黄元盛 | 高廷章 | 桂世祚 | 李宏纲 |
| 刘允中 | 曹宗震 | 钟烈錞 | 洪绥曾 | 李增德 | 郑兆琛 |
| 欧阳诩 | 杨名聪 | 杨少任 | 刘毓琳 | 司徒润麟 | 杜润生 |
| 王学伟 | | | | | |

## 1941 年毕业名单（政治 5，经济 12）[2]

### 政治

| 高葆光 | 李祈 | 张时俊 | 叶英 | 邓敦旺 |
|---|---|---|---|---|

### 经济

| 罗宗兴 | 张钜泽 | 赵恩浩 | 钱有伦 | 胡绍安 | 顾水生 |
|---|---|---|---|---|---|
| 李舜英 | 林川 | 文志杰 | 徐兆华 | 罗慨才 | 丁永龄 |

## 1942 年毕业名单[3]（经济 1，社会 1）

### 经济

栗恩堤

### 社会

李仲民

---

［1］《清华大学史料选编》第三卷（下），清华大学出版社 1994 年版，第 467—468 页。

［2］《清华大学史料选编》第三卷（下），清华大学出版社 1994 年版，第 472 页。

［3］1940 年 5 月 14 日文学院历史社会学系分立为历史系和社会学系，但自 1942 年起，社会学系毕业生始归于法商学院之下。1942 年毕业名单见《清华大学史料选编》第三卷（下），清华大学出版社 1994 年版，第 474—476 页。

## 1943 年毕业名单（经济 4）[1]

**经济**

阎文炳　　赖湘祥　　邵循恺　　彭瑞鋆

## 1944 年毕业名单（经济 3）[2]

**经济**

周葆文　　徐　萱　　方思让

## 1945 年毕业名单（经济 2）[3]

**经济**

周宝玮　　郑　垚

## 1946 年毕业名单[4]

## 1947 年毕业名单（政治 19，经济 36，社会 22）[5]

**政治**

| | | | | | |
|---|---|---|---|---|---|
| 石通岭 | 肖英华 | 房润府 | 焦厚民 | 赵明洁 | 储家干 |
| 谢雪桥 | 张自谋 | 罗典荣 | 王守让 | 王福田 | 李长纶 |
| 李钟仁 | 何凤成 | 梁建豪 | 赵　瑞 | 韩宗尧 | 郑学纯 |
| 张承箴 | | | | | |

**经济**

| | | | | | |
|---|---|---|---|---|---|
| 胡文焴 | 江滚泉 | 陈以修 | 胡道稷 | 李维翰 | 蔡麟笔 |

---

[1] 《清华大学史料选编》第三卷（下），清华大学出版社 1994 年版，第 479—480 页。

[2] 《清华大学史料选编》第三卷（下），清华大学出版社 1994 年版，第 484—485 页。

[3] 《清华大学史料选编》第三卷（下），清华大学出版社 1994 年版，第 488—489 页。

[4] 1946 年毕业生名单中未对毕业生学籍予以标明，估计全属联大入学者。

[5] 《清华大学史料选编》第四卷，清华大学出版社 1994 年版，第 488 页。

| | | | | | |
|---|---|---|---|---|---|
| 陈禾嘉 | 白修雯 | 秦铨和 | 易廷镇 | 李从元 | 林富德 |
| 邓伟南 | 张自庄（女） | | 褚巽元（女） | | 朱宝璋 |
| 胡思辽 | 毛邦基 | 甘　增 | 吕永泰 | 宋授俊 | 张万程 |
| 陈景芝 | 陈锡标 | 梁　采 | 黄占荣 | 傅元彬 | 魏朝勋 |
| 王连生 | 关演安 | 王林甡 | 李　炜 | 关崇煜 | |
| 陈炳熙（女） | | 郑兰芝（女） | | 江　夹 | |

**社会**

| | | | | |
|---|---|---|---|---|
| 郑　昭（女） | 朱文章 | 刘世海 | 林炽坤 | 梁琢如 |
| 徐学富 | 樊自勋 | 熊　湉 | 徐裕荣 | 杨炯宗 | 黎永昭 |
| 卢集炜（女） | | 金多芬 | 左绍琪（女） | | 孙执中 |
| 黎启颖 | 曾祥鹏 | 杨佐镇 | 郭宁然 | 程文铎 |
| 施巩秋（女） | | 蓝蒲珍（女） | | |

**1948 年毕业名单（政治 13，经济 53，社会 20）**[1]

**政治**

| | | | | | |
|---|---|---|---|---|---|
| 关品枢 | 涂必憬 | 李永汇 | 齐锡玉 | 毛俊达 | 黄天河 |
| 林大成 | 敖　平 | 高鑫田 | 崔德昌 | 章德安 | 刘峻鼎 |
| 张遵修（女） | | | | | |

**经济**

| | | | | | |
|---|---|---|---|---|---|
| 许衍志 | 李炳炎 | 王后尧 | 徐建华 | 缪　中 | 明　暾 |
| 李仲福 | 彭鹤仙 | 张健民 | 赵建玺 | 陈友聪 | 郑士元 |
| 戚庆云 | 徐振寰 | 李　铭 | 刘和信 | 李嗣曾 | 南纪德 |
| 戴宜生 | 臧耆龄 | 杨海帆（女） | | 叶孔嘉 | 龚器一 |
| 陈为汉 | 吴锡兰（女） | | 张尚元 | 张延福 | |
| 陈美英（女） | | 许仲钧 | 郎宝书 | 刘孝志 | 王仕俊 |
| 陈国彦 | 陈蕴珊（女） | | 冯雁楠 | 郑福荣 | 田治存 |
| 李扬苏 | 王士华 | 毛广意 | 田尚义 | 吴振海 | 吴景都 |

---

[1]《清华大学史料选编》第四卷，清华大学出版社 1994 年版，第 491 页。

| 何　振 | 汪敬珊 | 段树德 | 高同庆 | 陈顺麟 | 刘仁懋 |
| 刘家治 | 李稷耕 | 柯之钧 | 刘信升 | | |

**社会**

| 岳　瑞 | 宋汝礼 | 唐崇山（女） | | 郑若洋 | 余才友 |
| 何孝达 | 王文英（女） | | 刘振泽 | 杨家福 | 欧阳鸿 |
| 杨　诚 | 陈楚熊 | 陈启麟 | 陈绚文 | 徐子奇 | 李玉润 |
| 林玉屏（女） | | 王根槐 | 陈复初 | 刘立信（女） | |

## 1949 年毕业名单（政治 12，经济 54，社会 3）[1]

**政治**

| 左栋高 | 袁伯香 | 田云汉 | 吕克强 | 耿廷阁 | 陈允惠 |
| 杨润田 | 董希武 | 尹润田 | 冉和光 | 高凤璋 | 郭景贤 |

**经济**

| 张德声 | 朱益宏 | 刘怡之 | 胡家忠 | 李务本 | 金鼎新 |
| 罗振诜 | 张效英 | 吴名祺 | 熊国桢 | 刘崇武 | 李茂兴 |
| 罗会文 | 李家愉 | 魏宗华 | 于文池 | 王友梅（女） | |
| 王世隆 | 王家宾 | 王学义 | 李士隐 | 李天恩 | 李功焘 |
| 李耕田 | 仸瑞麟 | 施家珍 | 马家琛 | 孙以康 | 高继国 |
| 王兆苍 | 张孙桓 | 陈　莹（女） | | 陈佩芝（女） | |
| 舒先礼 | 杨秋珉 | 杨魁信 | 杨龙章 | 赵宗云 | 刘卓奇 |
| 刘鸿凯 | 邓延烈 | 钱　潛 | 刘圣谟 | 范凌燕（女） | |
| 任崇焕 | 曲元芳 | 李铁铮 | 奉弼世 | 段树德 | 马恩成 |
| 袁凌云 | 陈顺麟 | 冯　宪 | 赵天锡 | | |

**社会**

| 尚赞勋 | 杨　诚 | 胡克瑾（女） | | | |

---

［1］《清华大学史料选编》第五卷（下），清华大学出版社 2005 年版，第 880—882 页。

## 1950 年毕业名单（政治 14，经济 48，社会 4）[1]
### 政治

| | | | | | |
|---|---|---|---|---|---|
| 文继汤 | 王贞坤 | 李传三 | 陈润昌 | 刘 捷 | 董 森 |
| 陆应铁 | 赵 忠 | 张万石 | 何燕生 | 王 宾 | 任鸿略 |
| 潘丽中（女） | | 王意宏 | | | |

### 经济

| | | | | | |
|---|---|---|---|---|---|
| 吴祖耀 | 梁齐生 | 廖发扬 | 刘 青 | 傅柯亭 | 任光鉴 |
| 关崇忻 | 蒯兆德 | 邢忠修 | 何 錾 | 李光远 | 孙耀清 |
| 芸 芳（女） | | 江诗永 | 叶朴诚 | 胡毓源 | 洪厚崑 |
| 蒙仁民 | 郎 兹 | 祝惠民 | 张扬名 | 袁建章 | 吴曼卿 |
| 戴云蒸 | 杨昌喜 | 范超南 | 张孝直 | 马祖彭 | 关颉仁 |
| 牛秉智 | 朱世铎 | 宋万里 | 金武宣 | 施永锡 | |
| 袁榴庄（女） | | 郭金华 | 傅宏旭 | 刘诚权 | 潘宗祥 |
| 郑光寅 | 韩鸿书 | 王 强 | 苗绍武 | 曹振武 | 赵晋彰 |
| 谷玉如（女） | | 冯士媛（女） | | 诸葛培诚 | |

### 社会

| | | | |
|---|---|---|---|
| 薛 寅 | 周光淦 | 解希文 | 段锺楣（女） |

## 1951 年毕业名单（政治 5，经济 26，社会 9）[2]
### 政治

| | | | | |
|---|---|---|---|---|
| 谢兆崇 | 张伏然 | 石铁生 | 李玉润 | 陈赞威 |

### 经济

| | | | | | |
|---|---|---|---|---|---|
| 桑 华 | 李幼衡 | 王家珍（女） | | 王务灼（女） | |
| 徐贤启 | 吴万永 | 谢生春 | 蔡烈义 | 黄心钦 | 彭皓北 |
| 杨魁馨（女） | | 彭锡祜 | 冯思孝 | 胡世凯 | 王松霈 |

---

[1]《清华大学史料选编》第五卷（下），清华大学出版社 2005 年版，第 891—893 页。

[2]《清华大学史料选编》第五卷（下），清华大学出版社 2005 年版，第 910—911 页。

焦鼎文（女）　　　李迪成　　孙家和　　陈振洲　　杨櫓泰

向锡三　　易漫白　　宋光炜　　张爱华（女）　　　胡积德

谈震铨

**社会**

方润常　　孟庆时　　王汉川　　谢逢我　　魏新武　　陈业华

耿　杰　　胡　茜（女）　　　吴家茵（女）

**1952 年毕业名单（政治 3，经济 30，社会 4）**[1]

**政治**

杨昭清　　高志成　　娄　雄

**经济**

于曾敏　　王世宜　　沈宗徽　　黎东群　　陈泽涵　　张键元

唐绍明　　才金城　　唐纪明　　米鸿才　　郑华民　　叶惠权

戴健群　　张春辉　　郭和平　　曾俊伟　　张伯昭　　纪树立

陈慧芳（女）　　　常卓超　　冯尔佑　　云冠平　　陈咸章

江拥勤　　谭振樵　　胡宗德　　刘文晔　　谭杰华

唐涵英（女）　　　罗宗贡[2]

**社会**

周九培　　王胜泉　　杨瑞光　　刘馨兰[3]（女）

**（二）1929—1952 年清华法科研究所毕业生名单**

**合计：14 人**

**1933 年毕业名单（政治 1，经济 1）**

**政治**

---

[1]《清华大学史料选编》第五卷（下），清华大学出版社 2005 年版，第 923—924
　　页。

[2] 湖南大学学生在本校借读，仍在原校毕业。

[3] 齐鲁大学学生在本校借读，仍在原校毕业。

邵循恪　毕业论文：The Rebus sic Standibus Clause[1]
**经济**
梁方仲　毕业论文：《明代田赋史》[2]

**1936 年毕业名单（政治 1）**
王铁崖　毕业论文：《租借地问题》。

**1937 年毕业名单（经济 1）[3]**
王秉厚　毕业论文题目：《Marshall 的经济体系》

**1944 年毕业名单（社会 2）[4]**
戴震东　毕业论文：A Study of Registration of Birth, Death Marriage and Migration in China
张莘群　毕业论文：《战时昆明工业劳工》

**1946 年毕业名单（政治 1）[5]**
罗应荣　毕业论文：The International Relation of Outer Mongolia in Relation to Russia and China

**1947 年毕业名单（政治 1）[6]**
端木正　毕业论文：中国与中立法

---

[1] 参见《清华大学史料选编》第三卷（上），清华大学出版社 1994 年版，第 103 页。另有 The Clausula of Rebus sic Stantibus 之表述，参见《清华大学史料选编》第二卷（下），清华大学出版社 1991 年版，第 599 页；以及 The Clausula Rebus sic Stantibus 之表述，见前引书第 597 页。

[2]《清华大学史料选编》第三卷（上），清华大学出版社 1994 年版，第 103 页。

[3]《清华大学史料选编》第三卷（上），清华大学出版社 1994 年版，第 102、105 页。

[4]《清华大学史料选编》第三卷（上），清华大学出版社 1994 年版，第 107 页。

[5]《清华大学史料选编》第三卷（上），清华大学出版社 1994 年版，第 108 页。

[6]《清华大学史料选编》第四卷，清华大学出版社 1994 年版，第 493 页。

**1948 年毕业名单（政治 1，社会 1）**[1]

**政治**

钟一均　毕业论文：不列颠自治领的宪法地位

**社会**

韩明谟　毕业论文：社会选择与士大夫阶级

**1949 年毕业名单（社会 1）**[2]

黄显经　毕业论文：西汉社会经济史

**1951 年毕业名单（社会 1）**[3]

孙轨中

**1952 年毕业名单（社会 2）**[4]

周光淦　毕可生

---

[1]《清华大学史料选编》第四卷，清华大学出版社 1994 年版，第 493 页。
[2]《清华大学史料选编》第五卷（下），清华大学出版社 2005 年版，第 885 页。
[3]《清华大学史料选编》第五卷（下），清华大学出版社 2005 年版，第 921 页。
[4]《清华大学史料选编》第五卷（下），清华大学出版社 2005 年版，第 960 页。

# 三、清华大学图书馆藏老清华法学院学生毕业论文目录 [1]

## 政治系（105 篇）

| 馆藏号 | 作者 | 题目 | 答辩时间 | 导师 | 页数 | 备注 |
|---|---|---|---|---|---|---|
| 31 政 001 | 田保生 | 列强在华之租界 | 1931 年 6 月 | 王化成 | 86 | 10*25 |
| 31 政 002 | 陈元屏 | 巴黎利会之山东问题 | 1931 年 6 月 | 王化成 | 78 | 13*20 |
| 31 政 003 | 张馥苡 | 政体论之变迁 | 1931 年 6 月 | | 39 | 13*20 国立清华大学稿纸 |
| 32 政 001 | 陈明藋 | 美国历届总统之分析 | 1932 年 6 月 | | 35 | 纸张无格式 |
| 32 政 002 | 刘炳燊 | 美国联邦经济论 | 1932 年 5 月 | 吴之椿 | 108 | 纸张无格式 |
| 32 政 003 | 李成潘 | 中国旧律对于权利之观念 | 1932 年 6 月 | | 58 | 纸张无格式 |
| 32 政 004 | 刘汉文 | 意大利法西斯蒂革命及其统治下政治制度之改革 | 1932 年 6 月 | | 90 | 13*20 |
| 32 政 005 | 张锡龄 | 中国领事裁判制问题 | 1932 年 6 月 | | 36 | 10*25 |

---

[1] 民国时期清华法学院的法律学系曾在 1932—1934、1946—1949 短暂设立，但旋遭裁撤，没有毕业生，因此法学院只有政治、经济系的毕业生的论文。与毕业生名单对照，这部分论文只是部分而非全体学生的论文。

续表

| 馆藏号 | 作者 | 题目 | 答辩时间 | 导师 | 页数 | 备注 |
|---|---|---|---|---|---|---|
| 32 政 006 | 黄洁 | 两汉以前之刑制考 | 1932 年 6 月 | | 39 | 10*25 |
| 32 政 007 | 李启民 | 管子商君之政治思想及其比较 | 1932 年 6 月 | | 120 | 13*20 |
| 32 政 008 | 鞠宏德 | 日本政党之——无产党之检讨及其展望 | 1932 年 6 月 | | 57 | 10*25 |
| 32 政 009 | 莫叶琴 | 个人主义与社会主义中的政治思想 | 1932 年 6 月 | | 88 | 纸张无格式 |
| 33 政 001 | 丁尚权 | 宦官在唐代政治上的地位 | 1933 年 | | 54 | 10*25 |
| 33 政 002 | 尚传道 | 城市设计的研究 | 1933 年夏 | | 172 | 10*25 |
| 33 政 003 | 潘照 | 现代市府之立法权 | 1933 年夏 | | 86 | 13*20 |
| 33 政 004 | 吴世英 | 中俄北京条约交涉之经过 | 1933 年 | | 31 | 纸张无格式 |
| 33 政 005 | 王克勋 | 马克思的政治思想 | 1933 年 4 月 | | 82 | 纸张无格式 |
| 33 政 006 | 胡愚一 | Political Authority | 1933 年 5 月 | | 29 | 纸张无格式 |
| 33 政 007 | 高让 | 童工与女工之保护 | 1933 年夏 | 王化成 | 92 | 13*20 |
| 33 政 008 | 凌世俭 | 军缩运动小史 | 1933 年 | | 54 | 13*20 |
| 33 政 009 | 何维藩 | 裁兵问题与各国军备 | 1933 年 6 月 | | 42 | 13*20 |

续表

| 馆藏号 | 作者 | 题目 | 答辩时间 | 导师 | 页数 | 备注 |
|---|---|---|---|---|---|---|
| 33 政 010 | 郑康祺 | 中国省制之沿革及今后改革之商榷 | 1933 年 6 月 | | 64 | 6*20 |
| 33 政 011 | 周凤岐 | 先秦儒家政治思想之研究 | 1933 年 6 月 | 萧公权 | 56 | 纸张无格式 |
| 33 政 012 | 华证荪 | 领事制度 | 1933 年 6 月 | 王化成 | 234 | 13*20 |
| 33 政 013 | 曾笔英 | 我国汉以后均产计划失败之历史 | 1933 年 6 月 | | 37 | 纸张无格式 |
| 33 政 014 | 宋乐波 | 王安石亦亦与党争之开始 | 1933 年 6 月 | | 66 | 13*20 |
| 33 政 015 | 邓叔良 | 君臣大义与清末革命运动 | 1933 年 6 月 | | 51 | 13*20 |
| 34 政 001 | 楼邦彦 | The British Cabinet（1922—1931） | 1934 年 | 陈之迈 | 94 | 纸张无格式 |
| 34 政 002 | 俞国华 | 华盛顿会议之中国问题 | 1934 年 6 月 | 蒋廷黻 | 卷上254；卷下225 | 10*25 |
| 34 政 003 | 王之珍 | 大战以后国际公法的发展 | 1934 年 5 月 | 王化成 | 151 | 15*20 |
| 34 政 004 | 李琦 | 中国政治思想中君的观念 | 1934 年 6 月 | | 155 | 10*25 |
| 34 政 005 | 陈乐桥 | 先秦儒家的理想政治 | 1934 年 6 月 | | 36 | 15*20 |
| 34 政 006 | 丁致中 | 社会主义与私产问题 | 1934 年 | 张奚若 | 71 | 10*25 |

续表

| 馆藏号 | 作者 | 题目 | 答辩时间 | 导师 | 页数 | 备注 |
|---|---|---|---|---|---|---|
| 34政007 | 黄万杰 | 一党专政制研究 | 1934年6月 | 萧公权 | 61 | 13*20 |
| 34政008 | 王维显 | 中东铁路的概况及其由来 | 1934年6月 | 王化成 | 175 | 13*20 |
| 34政009 | 谢嘉 | 内蒙自治问题 | 1934年6月 | 王化成 | 145 | 13*20 |
| 34政010 | 张鼐令 | 欧战后军缩运动之经过及其困难 | 1934年6月 | 王化成 | 75 | 13*20 |
| 34政011 | 姜春华 | 北平警政概观 | 1934年6月 | 沈乃正 | 106 | |
| 34政012 | 王炳文 | 日本委任统治地与国联 | 1934年6月 | 王化成 | 82 | 10*25 |
| 35政001 | 魏继武 | 美国对菲律宾独立之立场 | 1935年5月 | | 64 | 15*20 |
| 35政002 | 翁和庆 | 柏拉图的政体论与希腊政治 | 1935年5月 | | 81 | 10*25 |
| 35政003 | 范先烨 | 城市饮食的卫生 | 1935年5月 | 沈乃正 | 卷上312；卷下323 | 10*25 |
| 35政004 | 吕若谦 | 行政督察专员制度 | 1935年5月 | 沈乃正 | 278 | 10*25 |
| 35政005 | 雷华钿 | 国民政府成立以来的中央政治制度 | 1935年5月 | | 146 | 10*25 |

续表

| 馆藏号 | 作者 | 题目 | 答辩时间 | 导师 | 页数 | 备注 |
|---|---|---|---|---|---|---|
| 35 政 006 | 林公侠 | 孙中山先生对于政治制度之主张与中国现行政治制度 | 1935 年 5 月 | | 103 | 10*25 |
| 35 政 007 | 唐明伦 | 民国二十年国民会代表选举之经过 | 1935 年 5 月 | | 97 | 10*25 |
| 35 政 008 | 龚祥瑞 | 北平市公用事业之监督 | 1935 年 5 月 | 沈乃正 | 405 | 10*25 |
| 36 政 001 | 纪富升 | 秦汉魏晋王位之继承 | 1936 年 5 月 | | 56 | 10*25 |
| 36 政 002 | 万广年 | 实验县县政府研究 | 1936 年 5 月 | 沈乃正 | 218 | 10*25 |
| 36 政 003 | 富宝昌 | 熙宁元丰间反对新法者之政见 | 1936 年 5 月 | 萧公权 | 312 | 10*25 |
| 36 政 004 | 宋士英 | 意阿战争中英德冲突之原因 | 1936 年 5 月 | 王化成 | 98 | 10*25 |
| 36 政 005 | 傅裕文 | 先秦诸子之民族思想及国际关系之理论 | 1936 年 5 月 | | 139 | 10*25 |
| 36 政 006 | 郭登帏 | 先秦诸子战争之理论 | 1936 年 5 月 | | 298 | 10*25 |
| 36 政 007 | 龚国粹 | 孙中山政治思想的研究 | 1936 年 5 月 | | 228 | 10*25 |
| 36 政 008 | 曹宝颐 | 中国员吏制度 | 1936 年 6 月 | 沈乃正 | 509 | 10*25 |
| 36 政 009 | 彭永馨 | 康有为的政治思想 | 1936 年 6 月 | | 93 | 10*25 |
| 36 政 010 | 陈耀庭 | 中国与国际联盟 | 1936 年 5 月 | 王化成 | 192 | 10*25 |

续表

| 馆藏号 | 作者 | 题目 | 答辩时间 | 导师 | 页数 | 备注 |
|---|---|---|---|---|---|---|
| 37 政 001 | 马肇彭 | 现阶段省对县之控制权 | 1937 年 5 月 | 沈乃正 | 297 | 10*25 |
| 37 政 002 | 孟复 | 清末之咨议局与资政院 | 1937 年 5 月 | | 348 | 10*25 |
| 37 政 003 | 张椿华 | 内政部民政司职权之范围 | 1937 年 6 月 | 陈之迈 | 155 | 10*25 |
| 37 政 004 | 梁邦彦 | 民国以来县组织法令之研究 | 1937 年 5 月 | 沈乃正 | 340 | 10*25 |
| 37 政 005 | 朱家源 | 国民政府主席地位的变迁 | 1937 年 6 月 | 陈之迈 | 142 | 10*25 |
| 37 政 006 | 穆渭琴 | 县长的任用 | 1937 年 5 月 | 沈乃正 | 119 | 10*25 |
| 37 政 007 | 屠双 | 江苏省之省事务 | 1937 年 5 月 | 沈乃正 | 752 | 10*25 |
| 37 政 008 | 叶英 | 王船山政治思想 | 1937 年 5 月 | | 143 | 10*25 |
| 37 政 009 | 杨得骅 | 保甲制度 | 1937 年 6 月 | 沈乃正 | 123 | 10*25 |
| 47 政 001 | 储家幹 | 第二次世界大战原起 | 1947 年 | | 70 | 15*20 国立清华大学毕业论文纸 |
| 47 政 002 | 张承箴 | 新宪法中之中央政制 | 1947 年 | 赵凤喈 | 131 | 10*20 |

续表

| 馆藏号 | 作者 | 题目 | 答辩时间 | 导师 | 页数 | 备注 |
|---|---|---|---|---|---|---|
| 47 政 003 | 韩宗尧 | 翻译：美国地方乡村政府（Willam Seal Carpenter and Paul Tutt Stafford 的 Local Rural Government） | 1947 年 6 月 | 甘介侯 | 78 | 15*20 |
| 47 政 004 | 李长纶 | 翻译：对文明的选择（《虚伪的乌托邦》，W.H.Chamberlin 的 A False Utopia） | 1947 年 6 月 | | 42 | 15*20 |
| 47 政 005 | 赵瑞 | 翻译：社会主义：走向自由富足之路?（Socialism: A Road to freedom and plenty） | 同上 | | 53 | 15*20 国立清华大学毕业论文纸 |
| 47 政 006 | 罗典荣 | 翻译：苏联与国际协定（Michael I.Florinaky, The Soviet Union and International Agreements, Political Science Quarterly, March 1946,Number I 哥伦比亚大学政治科学季刊第十一卷第一期） | 同上 | 甘介侯 | 57 | 15*20 |
| 47 政 007 | 谢雪桥 | 翻译：三国同盟与三国协商，美国芝加哥大学现代史教授雪密 Bernadotte E. Schnutt 的 Triple Alliance and Triple Entente | 同上 | 甘介侯 | 167 | 15*20 |

续表

| 馆藏号 | 作者 | 题目 | 答辩时间 | 导师 | 页数 | 备注 |
|---|---|---|---|---|---|---|
| 47政008 | 房润府 | 翻译：二十年的俄德关系，John W. Wheeles-Bennett 的 Twenty years of Russo-German Relations（1919—1939） | 同上 | 甘介侯 | 47 | 15*20 |
| 47政009 | 何凤成 | 翻译：对自由的背叛，威廉·亨利·张伯伦的《虚伪的乌托邦》 | 同上 | | 43 | 15*20 |
| 47政010 | 焦厚民 | 译 Zero Hour in China Heodoce H white Annalee Gacoley, Harpete Magazine 一九四六年九月号 | 1947年 | 甘介侯 | 46 | 15*20 |
| 47政011 | 张自谋、赵明洁 | 翻译：美国总统制度，H.J.Laski 的 The American Presidency, An interpretation | 1947年 | 甘介侯 | 285 | 15*20 |
| 47政012 | 秦光焯 | 柏拉图的"法律论" | 1947年 | 吴恩裕 | 44 | 15*20 |
| 47政013 | 李钟仁 | 翻译：民主与和平 William Henry Chamberlin 的 Democracy and Peace from A False Utopia | 1947年7月 | | 42 | 15*20 |
| 47政014 | 王守让 | 翻译：Can Democracy Survive, A False Utopia 第四章 | 1947年7月 | | 41 | 15*20 |

续表

| 馆藏号 | 作者 | 题目 | 答辩时间 | 导师 | 页数 | 备注 |
|---|---|---|---|---|---|---|
| 47 政 015 | 郑学纯 | 翻译：美国州政府的组织，William Seal Cappente and Paul Tutt 的 Staffoval Organization of State Government from State and Local Government in the United States | 1947 年 7 月 | 甘介侯 | 86 | 15*20 |
| 47 政 016 | 梁建豪 | 翻译：专制的新手段，W. H. Chamberlain 的 The New Technique of Tyranny, A False Utopia | 1947 年 7 月 | | 51 | 15*20 |
| 47 政 017 | 石通岭 | 清初颜李学派的政治思想 | 1947 年 7 月 | 吴恩裕 | 41 | 15*20 |
| 47 政 018 | 刘峻鼎 | 事务官 | 1947 年 | 陈寔 | 73 | 15*20 |
| 47 政 019 | 黄天河 | 政治宣传 | 1947 年 | 甘介侯 | 54 | 15*20 |
| 47 政 020 | 章德安 | 十年来美国对华政策 1937—1947 | 1947 年 | 甘介侯 | 89 | 15*20 |
| 47 政 021 | 毛俊达 | 中苏十二年一九三七年至一九四八年之中苏外交关系 | 1947 年 | 甘介侯 | 122 | 15*20 |
| 47 政 022 | 关品枢 | 中央政府对地方自治追督问题 | 1947 年 | 陈寔 | 45 | 15*20 |
| 47 政研 001 | 端木正 | 中国与中立法大纲 | 1947 年 7 月 | 邵循恪 | 207 | 15*20 国立清华大学毕业论文纸 |

续表

| 馆藏号 | 作者 | 题目 | 答辩时间 | 导师 | 页数 | 备注 |
|---|---|---|---|---|---|---|
| 48 政 001 | 林大成 | 战争罪犯之惩罚 | 1948 年 | 邵循恪 | 123 | 15*20 |
| 48 政 002 | 李永汇 | 论国际托治制度 | 1948 年 | 邵循恪 | 77 | 15*20 |
| 48 政 003 | 齐锡玉 | 对于美国政党的批评 | 1948 年 | 杨荣春 | 89 | 15*20 |
| 48 政 004 | 高鑫田、崔德昌 | 地方自治 | 1948 年 | | 119 | 15*20 |
| 48 政 005 | 涂必憬 | Korea's Independence | 1948 年 5 月 | 甘介侯 | 18 | 纸张无格式 |
| 48 政 006 | 张潭修 | The Legislative Process of the United States Congress | 1948 年 | Mathew Y. C. Yang | 55 | 纸张无格式 |
| 48 政 007 | 敖平 | 行政诉讼之研究 | 1948 年 | | 47 | 15*20 |
| 51 政 001 | 李钟和 | 干部问题 | 1951 年 6 月 | 赵德洁 | 66 | 14*24 国立清华大学毕业论文纸 |
| 51 政 002 | 杨燕生 | 美日关系（一九三七——一四一） | 1951 年 6 月 | | 92 | 12*30 |
| 51 政 003 | 张伏然 | 华盛顿会议与中国 | 1951 年 6 月 | | 69 | 12*30 |

续表

| 馆藏号 | 作者 | 题目 | 答辩时间 | 导师 | 页数 | 备注 |
|---|---|---|---|---|---|---|
| 51政004 | 陈赞威 | 印度的"独立"与印度人民的解放战争 | 1951年6月 | | 76 | 12*30 |
| 51政005 | 李玉润 | 英日同盟 | 1951年7月 | | 67 | 12*30 |
| 51政006 | 谢兆崇 | 战后美国对日占领的几个问题 | 1951年6月 | | 69 | 12*30 |

经济系（365篇，包括西南联大时期30篇）[1]

| 馆藏号 | 作者 | 题目 | 答辩时间 | 导师 | 页数 | 备注 |
|---|---|---|---|---|---|---|
| 24经001 | 王国忠 | 中国币制改革运动小史 | 1924年 | | 65 | 纸张无格式 |
| 26经001 | 李效必 | 北京关税特别会议 | 1926年3月 | | 142 | 纸张无格式 |
| 26经002 | 孙显 | 中国现在货币问题 | 1926年4月 | | 105 | 纸张无格式 |
| 27经001 | 李兆瑞 | 英国工会的研究 | 1927年4月12日 | | 90 | 售品公社监制 |

[1] 清华于1925年成立大学部，1926年成立经济系，1929年有第一批经济系毕业生，因此表格中前4篇论文清华图书馆将其编入经济系论文，可能有误。如果排除同名问题的可能性，根据清华同学录（1937年），王国忠是1925年留美预备部毕业，1928年获得威斯康星大学财政学的学士学位，1937年获得哥伦比亚大学的经济学的硕士学位，因此他的论文《中国币制改革运动小史》更可能是留美预备部的论文。李兆瑞是1931年政治系毕业生，《英国工会的研究》也更像是政治学论文的题目。

续表

| 馆藏号 | 作者 | 题目 | 答辩时间 | 导师 | 页数 | 备注 |
|---|---|---|---|---|---|---|
| 34 经 001 | 高德超 | 供求论 | 1934 年 6 月 | | 150 | 10*25 |
| 34 经 002 | 许家骏 | 中国银行之营业状况及其投资政策 | 1934 年 6 月 | | 48 | 10*25 |
| 34 经 003 | 黄仕林 | 天津海关国际贸易之分析 | 1934 年 6 月 | | 73 | 10*25 |
| 34 经 004 | 王蔚华 | 翻译：国际经济学，哈路德 RF | 1934 年 6 月 | | 236 | 纸张无格式 |
| 34 经 005 | 童元校 | 国民政府烟酒税 | 1934 年 6 月 | | 106 | 纸张无格式 |
| 34 经 006 | 汪学熙 | 翻译：人口（哈罗莱特） | 1934 年 6 月 | | 310 | 10*25 |
| 34 经 007 | 向景云 | 中国货币本位问题 | 1934 年 5 月 | | 158 | 10*25 |
| 34 经 008 | 刘古谛 | 民国二十一年广州贸易之分析观 | 1934 年 | | 70 | 13*20 |
| 34 经 009 | 黄开禄 | 印度货币制度之改革 | 1934 年 5 月 | | 93 | 15*20 |
| 34 经 010 | 杨懋科 | 民国政府公债 | 1934 年 6 月 | | 39 | 纸张无格式 |
| 34 经 011 | 郑曾 | 翻译：财政学（M.C.Robinson） | 1934 年 6 月 | | 230 | 13*20 国立清华大学稿纸 |
| 34 经 012 | 李震东 | 中国盐税之研究 | 1934 年 6 月 | | 34 | 纸张无格式 |

续表

| 馆藏号 | 作者 | 题目 | 答辩时间 | 导师 | 页数 | 备注 |
|---|---|---|---|---|---|---|
| 34 经 013 | 童元校 | | 1934 年 6 月 | | 34 | 纸张无格式 |
| 34 经 014 | 李家斌 | War Finance of the United States of America 1917—1919 | 1934 年 6 月 | | 92 | 纸张无格式（印刷） |
| 35 经 001 | 刘缵亭 | 中国之统税 | 1935 年 5 月 | | 182 | 10*25 |
| 35 经 002 | 王星海 | 一九二八至一九三二年之世界经济恐慌 | 1935 年 5 月 | | 140 | 10*25 |
| 35 经 003 | 陆大年 | 整理田赋与改征地价税问题 | 1935 年 5 月 | | 113 | 10*25 |
| 35 经 004 | 孙浩然 | 国际贸易 | 1935 年 5 月 | | 296 | 10*25 |
| 35 经 005 | 耿鸿列 | 承兑票据与中国银行及商业 | 1935 年 5 月 | | 152 | 10*25 |
| 35 经 006 | 王元鸣 | 翻译：现代通货及其价值之约制（埃德温肯因） | 1935 年 5 月 | | 136 | 15*20 |
| 35 经 007 | 王靖轩 | 民国以来中外通商条约之变更 | 1935 年 5 月 | | 79 | 10*25 |
| 35 经 008 | 贺更苏 | 金元法郎与通货膨胀 | 1935 年 5 月 | | 183 | 10*25 |
| 35 经 009 | 詹文赞 | 苏维埃俄罗斯一九一七至一九三三 | 1935 年 5 月 | | 124 | 10*25 |

续表

| 馆藏号 | 作者 | 题目 | 答辩时间 | 导师 | 页数 | 备注 |
|---|---|---|---|---|---|---|
| 35经010 | 郑林宽 | 工业恐慌其原因及教训 | 1935年5月 | | 290 | 10*25 |
| 35经011 | 刘广琮 | 美国农业金融信用制度之研究 | 1935年5月 | | 71 | 15*20 |
| 35经012 | 薛兆棠 | 中国所得税问题 | 1935年12月 | | 139 | 10*25 |
| 35经013 | 李约 | 英国货币政策 | 1935年5月 | | 23（缺页） | 10*25 |
| 36经001 | 唐宝鑫 | 最近我国保险事业之发展 | 1936年5月 | | 109 | 10*25 |
| 36经002 | 邵循恰 | 法国之比限货人制 | 1936年 | | 83 | 13*20 国立清华大学稿纸 |
| 36经003 | 杨胜惠 | 我国银行业钱庄业及外商银行业间的关系 | 1936年6月 | | 181 | 10*25 |
| 36经004 | 胡家驹 | 我国钱庄业之境况 | 1936年5月 | | 161 | 10*25 |
| 36经005 | 张联祥 | 美国现时之互惠贸易政策 | 1936年5月 | | 78 | 10*25 |
| 36经006 | 司澄 | 中国地方营业税之研究 | 1936年5月 | | 96 | 10*25 |
| 36经007 | 赵泽同 | 德美丹麦及中国之农业信用问题 | 1936年5月 | | 146 | 10*25 |
| 36经008 | 朱元 | 中国之审计制度 | 1936年5月 | | 81 | 10*25 |

续表

| 馆藏号 | 作者 | 题目 | 答辩时间 | 导师 | 页数 | 备注 |
|---|---|---|---|---|---|---|
| 36 经 009 | 郑润昌 | 金之将来 | 1936 年 5 月 | | 284 | 10*25 |
| 36 经 010 | 王耀墉 | 英国一九三一年后之国际贸易政策 | 1936 年 5 月 | | 95 | 15*20 |
| 36 经 011 | 高思勤 | 苏俄金融制度论 | 1936 年 5 月 | | 178 | 10*25 |
| 36 经 012 | 张琬华 | 现金之将来 | 1936 年 5 月 | | 184 | 10*25 |
| 36 经 013 | 张亦赞 | 苏联的农业 | 1936 年 | | 150 | 15*20 |
| 36 经 014 | 蔡淳 | 中国农村信用制度近况 | 1936 年 5 月 | | 246 | 10*25 |
| 36 经 015 | 戚长诚 | 中国之印花税 | 1936 年 6 月 | | 198 | 10*25 |
| 36 经 016 | 陈元泽 | 什么是货币 | 1936 年 6 月 | | 161 | 10*25 |
| 36 经 017 | 曲劬民 | 黄金与货币稳定 | 1936 年 6 月 | | 184 | 10*25 |
| 36 经 018 | 祝懿德 | 如何组织一个健全的中国中央银行制度 | 1936 年 6 月 | | 157 | 10*25 |
| 36 经 019 | 彭世元 | 外商银行在华之近况 | 1936 年 6 月 | | 115 | 10*25 |
| 36 经 020 | 郑兰芝 | 关于利率决定因素的几种说法 | 1936 年 6 月 | | 23 | 15*20 |
| 36 经 021 | 吴长赋 | 银价变迁与中国国外贸易 | 1936 年 5 月 | 赵人儁 | 284 | 10*25 |
| 36 经 022 | 陈景德 | 财务审查 | 1936 年 6 月 | | 340 | 10*25 |

续表

| 馆藏号 | 作者 | 题目 | 答辩时间 | 导师 | 页数 | 备注 |
|---|---|---|---|---|---|---|
| 36 经 023 | 李朝光 | 法国殖民地关税 | 1936 年 6 月 | | 204 | 10*25 |
| 36 经 024 | 戴鸣钟 | An Attempting Study of the Mercantilism | 1936 年 6 月 | | 80 | 横线稿纸 |
| 37 经 001 | 赵寿贞 | 我国茶业与对外贸易 | 1937 年 5 月 | | 107 | 10*25 |
| 37 经 002 | 陈说 | 英国银行制度之研究 | 1937 年 5 月 | | 238 | 10*25 |
| 37 经 003 | 杜维坤 | 我国各大银行营业之分析 | 1937 年 5 月 | | 114 | 10*25 |
| 37 经 004 | 乔森显 | 我国丝业与对外贸易 | 1937 年 5 月 | | 76 | 10*25 |
| 37 经 005 | 张忠绖 | 报业成本会计 | 1937 年 5 月 | | 242 | 10*25 |
| 37 经 006 | 邹树大 | 王安石之经济政策及其评议 | 1937 年 5 月 | | 218 | 10*25 |
| 37 经 007 | 刘本堃 | 国际贸易票据之应用方式与手续 | 1937 年 5 月 | | 114 | 10*25 |
| 37 经 008 | 邹恩齐 | 民国二年善后借款成立之经过 | 1937 年 5 月 | | 230 | 10*25 |
| 37 经 009 | 郑行初 | 唐末元明货币沿革 | 1937 年 5 月 | | 189 | 10*25 |
| 37 经 010 | 籍传质 | 中国国际收支之研究 | 1937 年 5 月 | | 76 | 10*25 |
| 37 经 011 | 张景璞 | 中国关税税则之演化 | 1937 年 | | 141 | 10*25 |

续表

| 馆藏号 | 作者 | 题目 | 答辩时间 | 导师 | 页数 | 备注 |
|---|---|---|---|---|---|---|
| 37 经 012 | 王玉发 | 中国农村中的佃农问题 | 1937 年 5 月 | | 46 | 10*25 |
| 37 经 013 | 邓友金 | 货币与信用论（冯米塞斯著卷一） | 1937 年 | | 203 | 10*25 |
| 37 经 014 | 叶学俭 | 中国之关税 | 1937 年 5 月 | | 81 | 10*25 |
| 37 经 015 | 杨联升 | 从租庸调到两税法 | 1937 年 5 月 | | 62 | 10*25 |
| 37 经 016 | 刘因 | 我国关税自主以后主要出口货物之分析 | 1937 年 5 月 | | 144 | 10*25 |
| 37 经 017 | 王世杰 | 科学管理之起源与发展 | 1937 年 5 月 | | 100 | 10*25 |
| 37 经 018 | 刘天宏 | 中国新货币政策之研究 | 1937 年 5 月 | | 127 | 10*25 |
| 37 经 019 | 徐自洪 | 如何组织一个健全的中国中央银行制度？ | 1937 年 5 月 | | 76 | 10*25 |
| 37 经 020 | 许留芬 | 中国的棉业 | 1937 年 5 月 | | 144 | 10*25 |
| 37 经 021 | 孙益国 | 中国邮政发展史 | 1937 年 5 月 | | 141 | 10*25 |
| 37 经 022 | 孙宝华 | 我国钞票之沿革 | 1937 年 5 月 | | 182 | 10*25 |
| 37 经 023 | 孙潆波 | 有清迄今中国币制改革的建议 | 1937 年 5 月 | | 100 | 10*25 |
| 37 经 024 | 沈海清 | 汇兑统制方案之研究与批评 | 1937 年 5 月 | | 73 | 15*20 |

续表

| 馆藏号 | 作者 | 题目 | 答辩时间 | 导师 | 页数 | 备注 |
|---|---|---|---|---|---|---|
| 37 经 025 | 刘佩兰 | 近十三年中美贸易之分析 | 1937 年 5 月 | | 151 | 10*25 |
| 37 经 026 | 马惠章 | 中国之印花税 | 1937 年 5 月 | | 93 | 10*25 |
| 37 经 027 | 何尚民 | 中国如何建设一个票据市场 | 1937 年 5 月 | | 118 | 10*25 |
| 37 经 028 | 章汉 | 中国商业银行之农村贷款 | 1937 年 5 月 | | 120 | 10*25 |
| 37 经 029 | 陈逸天 | 民国岁计制度 | 1937 年 5 月 | | 384 | 10*25 |
| 37 经 030 | 冼子恩 | 货币信用之理论 | 1937 年 5 月 | | 241 | 10*25 |
| 37 经 031 | 任慧 | 统计分析导论 | 1937 年 6 月 | | 53 | 无格 |
| 37 经 032 | 刘振宇 | 中国遗产税问题 | 1937 年 6 月 | | 80 | 10*25 |
| 37 经 033 | 钟冠明 | 白银问题之研究 | 1937 年 6 月 | | 102 | 15*20 |
| 37 经 034 | 刘炳燊 | 均数论 | 1937 年 5 月 | | 61 | 15*20 |
| 37 经 035 | 朱国英 | 中国生丝出口之状况 | 1937 年 6 月 | | 161 | 横格稿纸 |
| 37 经 036 | 李汝翰 | 经济恐慌中英国对外贸易政策之变迁 | 1937 年 6 月 | | 63 | 10*25 |
| 37 经 037 | 喻诚京 | 英国所得税之研究 | 1937 年元月 | | 61 | 10*25 |
| 37 经 038 | 胡传明 | 我国银行之发达史 | 1937 年 7 月 | | 180 | 10*25 |

续表

| 馆藏号 | 作者 | 题目 | 答辩时间 | 导师 | 页数 | 备注 |
|---|---|---|---|---|---|---|
| 37 经研 001 | 王秉厚 | 马奢尔的经济体系 | 1937 年 5 月 | | 282 | 10*25 |
| 38 经 001 | 罗镜清 | 管子之经济思想 | 1938 年 | 陈岱孙 | 71 | 纸张无格式 |
| 38 经 002 | 徐克存 | 中国盐制改革之计划 | 1938 年 | 陈岱孙 | 188 | 20*20 |
| 39 经 001 | 云选卿 | 稳定货币与中国币制 | 1939 年 6 月 | 周作仁 | 205 | 13*25 |
| 39 经 002 | 高承修 | 中央银行与贴现市场 | 1939 年 6 月 | 周作仁 | 67 | 20*20 |
| 39 经 003 | 张定令 | 十足货币 | 1939 年 5 月 | | 172 | 纸张无格式 |
| 39 经 004 | 铁作声 | 我国新货币制之检讨 | 1939 年 6 月 | 周作仁 | 74 | 20*25 |
| 39 经 005 | 吕世俊 | 战时法币问题 | 1939 年 6 月 | | 189 | 10*20 |
| 39 经 006 | 赵泽丰 | 中国的法币政策 | 1939 年 | 周作仁 | 123 | 13*25 |
| 39 经 007 | 晏才栋 | 昆明市之财政 | 1939 年 | | 192 | 13*25 |
| 39 经 008 | 龙段 | 中国所得税 | 1939 年 7 月 | | 169 | 10*25 |
| 39 经 009 | R.S. SAYERS 王正宪覃顺瑜 | 英兰银行政策论 | 1936 年 | 周作仁 | 186 | 20*20 |

| 馆藏号 | 作者 | 题目 | 答辩时间 | 导师 | 页数 | 备注 |
|---|---|---|---|---|---|---|
| 39 经 010 | 熊应栋 | 独立公共会计师对于财务投告表之审核 | 1939 年 7 月 | | 127 | 10*25 |
| 39 经 011 | 安基德储锐 | 世界金融（一九三五一三七） | 1939 年 7 月 | | 104 | 13*25 |
| 39 经 012 | 赵关华 | 云南省的卷烟特捐 | 1939 年 7 月 | | 95 | 纸张无格式 |
| 39 经 013 | 陈舜礼 | 国民政府之债务 | 1939 年 | 陈岱孙 | 99 | 纸张无格式 |
| 39 经 014 | 何佩珍 | 昆明的盐政 | 1939 年 6 月 | | 101 | 10*25 |
| 39 经 015 | 蔡孝敏 | 翻 译 World finance since 1935（Einxig） | 1939 年 | 周作仁 | 107 | 13*25 |
| 39 经 016 | 吴春曦 | 云南所得税推行之经过 | 1939 年 7 月 | | 79 | 10*25 |
| 39 经 017 | 吴宝仁 | 关税与外债 | 1939 年 7 月 | | 141 | 10*25 |
| 39 经 018 | 杨桂和 | 中国省县财政之调整 | 1939 年 7 月 | | 192 | 13*25 |
| 39 经 019 | 崔方棠 | 我国商业银行之发展及其主要业务 | 1939 年 7 月 | | 79 | 无格 |
| 39 经 020 | 左大炘 | 论我国战时中央租税制度 | 1939 年 6 月 | 陈岱孙 | 110 | 10*25 |
| 39 经 021 | 熊光民 | 李士特之大同经济思想之检讨 | 1939 年 | 赵乃搏 | 98 | 纸张无格式 |
| 39 经 022 | 刘明侯 | 中国的外资问题 | 1939 年 7 月 | 周作仁 | 156 | 纸张无格式 |

续表

| 馆藏号 | 作者 | 题目 | 答辩时间 | 导师 | 页数 | 备注 |
|---|---|---|---|---|---|---|
| 39 经 023 | 喻洽平 | 中国的关税与公债 | 1939 年 7 月 | 陈岱孙 | 64 | 纸张无格式 |
| 39 经 024 | 殷玉松 | 世界金融一九三五——九三七 | 1939 年 7 月 | | 84 | 13*25 |
| 39 经 025 | CHEUNG LEUNG-TSO | Chinese tariff autonomy | 1939 年 | | 35 | 纸张无格式 |
| 40 经 001 | 高宏佐 | 抗战以来外汇之管理及汇价之变动 | 1940 年 7 月 | | 75 | 10*25 |
| 40 经 002 | 高廷章 | The theory of multiple couelation | 1940 年 7 月 | | 69 | 纸张无格式 |
| 41 经 001 | 顾水生 | 租税转嫁与中国社会实情 | 1941 年 5 月 | | 106 | 纸张无格式 |
| 41 经 002 | 冯家福 | 复相关 | 1941 年 7 月 | 戴世光 | 20 | 纸张无格式 |
| 41 经 003 | 宋景仁 | 汇兑统制略论 | 1941 年 7 月 | | 62 | 纸张无格式 |
| 42 经 001 | 邓钰章 | 中央银行与商业银行之关系 | 1942 年 6 月 | | 134 | 纸张无格式 |
| 42 经 002 | 陈忠经 | 欧战时期协约国粮食政策及粮食价格之研究 | 1942 级 | 赵乃搏 | 230 | 纸张无格式 |
| 42 经 003 | 谢汉俊 | 工资基金说大要 | 1942 年 6 月 | 赵乃搏 | 71 | 纸张无格式 |

| 馆藏号 | 作者 | 题目 | 答辩时间 | 导师 | 页数 | 备注 |
|---|---|---|---|---|---|---|
| 42 经 004 | 徐璇 | 德国第一次四年计划 | 1942 年 6 月 | 德昌 | 51 | 纸张无格式 |
| 42 经 005 | 杨雪章 | 货币银行学 | 1942 级 | | 48 | 纸张无格式 |
| 42 经 006 | 谢仲贤 | 欧洲经济史 | 1942 级 | 德昌 | 49 | 纸张无格式 |
| 42 经 007 | 李自勉 | | 1942 级 | 赵乃抟 | 50 | 纸张无格式 |
| 42 经 008 | 伍亮洪 | 货币数量说的评述 | 1942 年夏 | | 29 | 纸张无格式 |
| 42 经 009 | 王涵生 | 近代统计学导论 | 1942 级 | 世光 | 43 | 纸张无格式 |
| 42 经 010 | 王庆芳 | 十六个德国经济学家传略 | 1942 级 | | 21 | 纸张无格式 |
| 42 经 011 | 苗鸿宾 | 近代统计学导论 | 1942 级 | 世光 | 38 | 纸张无格式 |
| 42 经 012 | 萧修道 | 俄国近代少数经济学者论述 | 1942 级 | | 33 | 纸张无格式 |
| 42 经 013 | 浦恩显 | 十个德国经济学家的研究 | 1942 级 | 赵乃抟 | 30 | 纸张无格式 |
| 42 经 014 | 彭鄂英 | 中国抗战以来的所得税 | 1942 年 7 月 | | 39 | 纸张无格式 |
| 42 经 015 | 陆?麟 | 货币银行学 | 1942 年 7 月 | | 93 | 纸张无格式 |
| 42 经 016 | 孙润生 | 主观价值学说 | 1942 年 | 赵廉澄 | 84 | 纸张无格式 |
| 42 经 017 | 邓善章 | 中国战后通货整理问题 | 1942 年 7 月 | | 102 | 10*20 |
| 42 经 018 | 邓元理 | 货币价值学说之派别 | 1942 年 7 月 | | 40 | 20*20 |

续表

| 馆藏号 | 作者 | 题目 | 答辩时间 | 导师 | 页数 | 备注 |
|---|---|---|---|---|---|---|
| 42 经 019 | 陈淑谐 | 陶锡格之经济思想 | 1942 年 7 月 | | 43 | 20*25 |
| 42 经 020 | 陈瑞英 | 抗战后之中国所得税 | 1942 年 7 月 | | 134 | 纸张无格式 |
| 42 经 021 | 何儒 | 中国银行本位制之历史 | 1942 年 7 月 | | 55 | 纸张无格式 |
| 42 经 022 | 宋汝纪 | 中国所得税 | 1942 年 7 月 | 周作仁 | 62 | 纸张无格式 |
| 42 经 023 | 宋昭豪 | 货币价值论之派别 | 1942 年 7 月 | | 24 | 纸张无格式 |
| 42 经 024 | 戴介士 | 相关理论 | 1942 年 7 月 | 世光 | 44 | 纸张无格式 |
| 42 经 025 | 梁婉如 | 欧洲经济史 | 1942 年 7 月 | 德昌 | 36 | 纸张无格式 |
| 42 经 026 | 林希烟 | 近代统计学导论 | 1942 年 7 月 | | 31 | 纸张无格式 |
| 42 经 027 | 张迪穗 | 纸本位论 | 1942 年 7 月 | | 140 | 10*20 |
| 42 经 028 | 刘伯勋 | 相关之分析 | 1942 年 7 月 | 杨丙孟 | 71 | 纸张无格式 |
| 42 经 029 | 刘天爵 | 通货管理的理论与方法 | 1942 年 7 月 | 周作仁 | 59 | 纸张无格式 |
| 42 经 030 | 蔡竹筠 | 欧洲经济史 | 1942 年 7 月 | 德昌 | 23 | 纸张无格式 |
| 42 经 031 | 邵士斌 | 商业循环之货币解释 | 1942 年 | | 33 | 纸张无格式 |
| 42 经 032 | 蒋茂春 | 英德两国银行制度之比较 | 1942 年 7 月 | | 59 | 纸张无格式 |

续表

| 馆藏号 | 作者 | 题目 | 答辩时间 | 导师 | 页数 | 备注 |
|---|---|---|---|---|---|---|
| 42经033 | 何祖縣 李文先 | 皮古经济演讲集 | 1942年7月 | | 130 | 纸张无格式 |
| 42经034 | 沈叔勤 | 法兰西经济学家十四人 | 1942年7月 | | 50 | 纸张无格式 |
| 42经035 | 向贤荣 | 中国银行业之检讨 | 1942年7月 | | 35 | 纸张无格式 |
| 42经036 | 丁声佩 | 战时物价管制问题 | 1942年7月 | | 32 | 纸张无格式 |
| 42经037 | 邱慧仁 | 中央银行与政府之关系 | 1942年7月 | | 30 | 纸张无格式 |
| 42经038 | 郑约泽 | 通货管理之理论与方法 | 1942年7月 | | 38 | 纸张无格式 |
| 42经039 | 万取千 | 中国银本位之历史 | 1942年7月 | | 29 | 纸张无格式 |
| 42经040 | 金永祥 | 近世欧洲农业的发展 | 1942年7月 | | 56 | 纸张无格式 |
| 42经041 | 杨金鉴 | 货币与银行 | 1942年7月 | | 247 | 10*25 |
| 42经042 | 王静宜、徐修敏、彭召恩 | 日本商务与经济状况报告 | 1942年7月 | | 148 | 纸张无格式 |
| 42经043 | 伍丕禹 | 通货管理的理论与方法 | 1942年7月 | | 44 | 纸张无格式 |
| 42经044 | 陈兴学 | 货币价值论 | 1942年7月 | | 27 | 横格 |
| 42经045 | 陈世英 | 抗战后工商业发展之论文索引 | 1942年7月 | 德昌 | 24 | 表格 |
| 42经046 | 姚念华 | 我国统计工作 | 1942年7月 | 世光 | 30 | 纸张无格式 |

续表

| 馆藏号 | 作者 | 题目 | 答辩时间 | 导师 | 页数 | 备注 |
|---|---|---|---|---|---|---|
| 42 经 047 | 何志坚 | 1700 以来的欧洲工业 | 1942 年 7 月 | 德昌 | 76 | 纸张无格式 |
| 42 经 048 | 刘育才 | 昆明市郊国营工业概况 | 1942 年 7 月 | | 67 | 纸张无格式 |
| 42 经 049 | 唐理凌 | 云南之茶业 | 1942 年 7 月 | | 75 | 12*20 |
| 42 经 050 | 刘友益 | 美国实行白银政策及其对中国币制之影响 | 1942 年 7 月 | | 73 | 10*25 |
| 42 经 051 | 王庆艾 | 个旧之锡业 | 1942 年 7 月 | | 78 | 13*20 |
| 42 经 052 | 张汝禧 | 货币的价值 | 1942 年 7 月 | | 78 | 10*20 |
| 42 经 053 | 余世箴 | 编制生活费指数之意义 | 1942 年 7 月 | 戴世光 | 29 | 纸张无格式 |
| 42 经 054 | 李锡杰 | 时间序列之分析：趋势测量 | 1942 年 7 月 | 杨西孟 | 60 | 纸张无格式 |
| 42 经 055 | 张振亚 | Report of the book world finance since 1914 | 1942 年 | | 58 | 纸张无格式 |
| 42 经 056 | 王安枥 | 中国之银行管理问题 | 1942 年 | | 189 | 竖行 |
| 43 经 001 | 朱晋康 | 评述其普通静态动态经济与其特殊生产律 | 1943 级 | 赵乃搏 | 63 | 纸张无格式 |
| 43 经 002 | 刘明衡 | 农地国有论 | 1943 级 | 李树青 | 172 | 纸张无格式 |

续表

| 馆藏号 | 作者 | 题目 | 答辩时间 | 导师 | 页数 | 备注 |
|---|---|---|---|---|---|---|
| 43 经 003 | 黄蕙英 | 十八世纪以后欧洲各国的农业 | 1943 年 5 月 | | 64 | 纸张无格式 |
| 43 经 004 | 林同桂 | 中国现时物价问题 | 1943 年 5 月 | | 45 | 纸张无格式 |
| 43 经 005 | 黄永馨 | 美国农业之前瞻 | 1943 级 | | 29 | 纸张无格式 |
| 43 经 006 | 潘贞美 | 论物价高涨之原因与影响 | 1943 级 | | 39 | 横线／无格 |
| 43 经 007 | 浦汇澜 | 王莽经济思想及经济改革之研究 | 1943 年夏 | 赵廉澄 | 55 | 纸张无格式 |
| 43 经 008 | 陈纲 | 租税转嫁与归宿论述 | 1943 年 | | 101 | 10*20 |
| 43 经 009 | 马德钫 | 论我国中央银行 | 1943 级 | 周作仁 | 108 | 10*25 |
| 43 经 010 | 刘星垣 | 中央交农及四联总处之演展 | 1943 年 4 月 | | 97 | 纸张无格式 |
| 43 经 011 | 刘保群 | | 1943 年 5 月 | | 54 | 纸张无格式 |
| 43 经 012 | 彭介民 | 塞尼那氏之经济思想观 | 1943 年 7 月 | 赵乃搏 | 39 | 纸张无格式 |
| 43 经 013 | 罗慰严 | 美国联邦准备银行制度与信用控制 | 1943 年 7 月 | | 55 | 纸张无格式 |
| 43 经 014 | 萧亮林 | 欧洲的工商业组织（中古、近代、及现代） | 1943 年 7 月 | | 107 | 纸张无格式 |
| 43 经 015 | 陈文俊 | 欧洲经济史 | 1943 年 7 月 | | 43 | 10*20 |
| 43 经 016 | 萧而兰 | 价值学说之研究 | 1943 年 7 月 | 赵乃搏 | 86 | 纸张无格式 |

续表

| 馆藏号 | 作者 | 题目 | 答辩时间 | 导师 | 页数 | 备注 |
|---|---|---|---|---|---|---|
| 43 经 017-1 | 潘裴云 | 霍布生之经济思想 | 1943 年 7 月 | | 83 | 纸张无格式 |
| 43 经 017-2 | 王仲吉 | 日本工业：近年来的发展与现状 | 1943 年 7 月 | | 43 | 纸张无格式 |
| 43 经 018-1 | 庄育礼 | 我国中央银行之发展 | 1943 年 7 月 1943 年 7 月 | | 47 | 纸张无格式 |
| 43 经 018-2 | 吴光逵 | 中国工业化资本问题 | 1943 年 7 月 | | 11 | 纸张无格式 |
| 43 经 019 | 刘维彬 | 论我国战时赋税政策 | 1943 年 7 月 | | 47 | 纸张无格式 |
| 43 经 020 | 向光沅 | 近百年来中国对外经济观念的演变 | 1943 年 7 月 | | 52 | 纸张无格式 |
| 43 经 021 | 刘燕生 | 元代以前之中国丝织工业 | 1943 年 7 月 | | 108 | 竖行 |
| 43 经 022 | 鹿祖法 | 茶与茶业 | 1943 年 7 月 | | 35 | 纸张无格式 |
| 43 经 023 | 潘祖裘 | 我国战时之农业金融 | 1943 年 7 月 | | 96 | 纸张无格式 |
| 43 经 024 | 汤肇建 | 中国工业化之障碍 | 1943 年 7 月 | | 119 | 12*25 |
| 43 经 025 | 陈厚侗 | 昆明至银行业 | 1943 年 7 月 | 周作仁 | 122 | 13*20 |
| 43 经 026 | 程文俊 | 十八世纪后之货币与银行 | 1943 年 7 月 | | 97（缺页） | 10*20 |
| 43 经 027 | 严志诚 | 中央银行之职能 | 1943 年 7 月 | | 29 | 纸张无格式 |

续表

| 馆藏号 | 作者 | 题目 | 答辩时间 | 导师 | 页数 | 备注 |
|---|---|---|---|---|---|---|
| 43 经 028 | 黄洁玉 | 货币功能论 | 1943 年 7 月 | | 41 | 13*20 |
| 43 经 029 | 黄世晔 | 中国工业的动力问题 | 1943 年 7 月 | | 26 | 纸张无格式 |
| 43 经 030 | 易宗汉 | 德国工业革命史 | 1943 年 7 月 | | 38 | 纸张无格式 |
| 43 经 031 | 徐德馼 | 计划经济概论 | 1943 年 7 月 | | 27 | 纸张无格式 |
| 43 经 032 | 殷祖伍 | 我国战时的物价管制 | 1943 级 | | 53 | 纸张无格式 |
| 43 经 033 | 刘幕向 | 我国国家银行发展上有关的几个问题 | 1943 年 7 月 | | 127 | 10*25 |
| 43 经 034 | 张达儒 | 我国之新货币制度 | 1943 年 7 月 | | 140 | 纸张无格式 |
| 43 经 035 | 吕泳 | 云南省财政 | 1943 年 7 月 | | 108 | 10*25 |
| 43 经 036 | 资应文 | 货币价值论 | 1943 年 7 月 | 周作仁 | 227 | 10*25 |
| 43 经 037 | 王熙绩 | 中国专卖问题 | 1943 年 7 月 | 陈岱孙 | 256 | 10*20 |
| 43 经 038 | 闵芙初 | 中国农业问题 | 1943 年 7 月 | | 85 | 纸张无格式 |
| 43 经 039 | 曾焕云 | 中国钢铁工业 | 1943 年 5 月 | 陈岱孙 | 54 | 横线 |
| 44 经 001 | 梁维纲 | 计划经济之检讨 | 1940 级 | | 62 | 竖行 |
| 44 经 002 | 傅举晋 | 货币数量说之研究 | 1944 年 5 月 | 周作仁 | 46 | 纸张无格式 |

续表

| 馆藏号 | 作者 | 题目 | 答辩时间 | 导师 | 页数 | 备注 |
|---|---|---|---|---|---|---|
| 44 经 003 | 罗昌 | 外汇平准基金之历史发展 | 1944 年 7 月 | | 60 | 纸张无格式 |
| 44 经 004 | 黄源进 | 中央银行与商业银行之关系 | 1944 年 7 月 | | 15 | 纸张无格式 |
| 44 经 005 | 刘国鋕 | 马克思剩余价值学说的研究 | 1944 年 7 月 | | 24 | 纸张无格式 |
| 44 经 006 | 崔伯坚 | 战时中国矿产对外贸易 | 1944 年 7 月 | | 15 | 纸张无格式 |
| 44 经 007 | 车掌珠 | 中国所得税 | 1944 级 | 陈岱孙 | 56 | 纸张无格式 |
| 45 经 001 | 郑珏 | 复相关和偏相关 | 1945 级 | 戴世光 | 39 | 纸张无格式 |
| 45 经 002 | 周宝珩 | 就业学说引论 | 1945 年 6 月 | | 214 | 10*25 |
| 45 经 003 | 乂德萧 | 几年来我国专卖事业之总检讨 | 1945 年 5 月 | | 37 | 纸张无格式 |
| 45 经 004 | 韩蕴清 | 论国际货币基金 | 1945.5 | 周作仁 | 51 | 纸张无格式 |
| 45 经 005 | 张士熙 | 我国战时金融机构之回顾与前瞻 | 1945 年 4 月 | | 100 | 纸张无格式 |
| 45 经 006 | 段镇坤 | 管理通货试论 | 1945.6 | 周作仁 | 87 | 12*28 |
| 45 经 007 | 赵元德 | 我国遗产税之研究 | 1945 年 5 月 | | 22 | 纸张无格式 |
| 45 经 008 | 赵广钺 | 白银问题与中国法币政策 | 1945 年 5 月 | 周作仁 | 67 | 纸张无格式 |
| 45 经 009 | 葛正霖 | 四川省选样人口统计的分析 | 1945 级 | 戴世光 | 32 | 纸张无格式 |
| 45 经 010 | 罗代永 | 货币的利息理论 | 1945 年 7 月 | | 158 | 9*20 |

续表

| 馆藏号 | 作者 | 题目 | 答辩时间 | 导师 | 页数 | 备注 |
|---|---|---|---|---|---|---|
| 45 经 011 | 卢英立 | 中国所得税 | 1945 年 7 月 | | 26 | 纸张无格式 |
| 45 经 012 | 郑纯捷 | 战时中国工业建设与利用外资政策 | 1945 年 7 月 | 周炳琳 | 42 | 纸张无格式 |
| 45 经 013 | 麻尚德 | 中古欧洲的城市与城市手工业的发展 | 1945 年 7 月 | | 30 | 纸张无格式 |
| 45 经 014 | 卢震 | 中国银行制度 | 1945 年 7 月 | | 59 | 纸张无格式 |
| 45 经 015 | 侯以莅 | 论我国今后农业金融应有之改进 | 1945 年 7 月 | 李树青 | 45 | 横线 |
| 45 经 016 | 陈嘉鑫 | 马克斯剩余价值论节述 | 1945 年 7 月 | | 59 | 纸张无格式 |
| 45 经 017 | 陈定侯 | 资本主义的垄断阶段 | 1945 年 7 月 | | 37 | 横格 |
| 45 经 018 | 陈家诒 | 抗战期间的盐税与盐专卖 | 1945 年 7 月 | 陈岱孙 | 24 | 纸张无格式 |
| 45 经 019 | 傅子元 | [西汉财政] 初稿 | 1945 年 7 月 | 周孙 | 98 | 纸张无格式 |
| 45 经 020 | 汤开祥 | 战时中国物价问题 | 1945 年 7 月 | 陈岱孙 | 12 | 纸张无格式 |
| 45 经 021 | 刘景丰 | 管理通货与中国币制问题 | 1945 年 7 月 | | 86 | 纸张无格式 |
| 45 经 022 | 杨振声 | 中国的中央银行 | 1945 年 7 月 | 周作仁 | 38 | 纸张无格式 |
| 45 经 023 | 周维新 | 工资学说史纲 | 1945 年 7 月 | | 26 | 横格 |
| 45 经 024 | 朱诵尧 | 中国所得税论 | 1945 年 7 月 | | 66 | 纸张无格式 |

续表

| 馆藏号 | 作者 | 题目 | 答辩时间 | 导师 | 页数 | 备注 |
|---|---|---|---|---|---|---|
| 45经025 | 王大章 | 封建制度与庄园制度 | 1945年7月 | | 83 | 竖行 |
| 45经026 | 马纬国 | 中国专卖制度之探讨 | 1945年7月 | 陈岱孙 | 82 | 纸张无格式 |
| 45经027 | 刘鸿杓 | 中国古代经济史 | 1945年1月 | | 58 | 纸张无格式 |
| 45经028 | 梁培光 | 国际货币制度之研讨 | 1945年7月 | | 53 | 横格 |
| 45经029 | 贯树颐 | | 1915年 | | 92 | 15*30 |
| 46经001 | 王镜蓉 | 英德两国国家银行制度比较论 | 1942级 | | 85 | 纸张无格式 |
| 46经002 | 王连生 | 未来英国国家收入及资本构成之刍议 | 1946年7月 | 陈岱孙 | 48 | 15*20 |
| 46经003 | 王后尧 | 美国一九四六年就业法案的研讨 | 1946年 | 刘大中 | 62 | 15*20 |
| 46经004 | 王仁懋 | 马尔萨斯研究 | 1946年 | | 75 | 15*20 |
| 46经005 | 吴振海 | 中国现行的所得税 | 1946年 | | 52 | 15*20 |
| 47经001 | 胡思辽 | 中央银行政策 | 1947年 | 赵人隽 | 131 | 15*20 |
| 47经002 | 张自庄 | 货币与汇兑 | 1947年 | 赵人隽 | 121 | 15*20 |
| 47经003 | 褚巽元 | 货币与汇兑 | 1947年 | 赵人隽 | 122 | 15*20 |
| 47经004 | 江滚泉 | 经济的福利 | 1947年6月 | 徐毓枬 | 225 | 15*20 |

续表

| 馆藏号 | 作者 | 题目 | 答辩时间 | 导师 | 页数 | 备注 |
|---|---|---|---|---|---|---|
| 47经005 | 秦铨和 | 中国联合准备银行 | 1947年 | 赵人偶 | 90 | 15*20 |
| 47经006 | 朱宝璋 | 自布里顿森林协定论国际货币 | 1947年 | 赵人偶 | 64 | 15*20 |
| 47经007 | 梁彩 | 李加图价值的发展 | 1947年7月 | | 59 | 15*20 |
| 47经008 | 王林姓 | 苏联的经济计划 | 1947年7月 | | 64 | 15*20 |
| 47经009 | 傅元彬 | 我国现行遗产税之检讨 | 1947年7月 | | 38 | 15*20 |
| 47经010 | 宋授俊 | 无形资产之研究 | 1947年7月 | | 87 | 15*20 |
| 47经011 | 陈禾嘉 | 国际贸易 | 1947年7月 | 徐毓枬 | 141 | 15*20 |
| 47经012 | 陈锡瓒 | 先秦儒家之经济思想 | 1947年7月 | 赵锡禹 | 75 | 15*20 |
| 47经013 | 陈景芝 | 资产折旧之研究 | 1947年7月 | | 75 | 15*20 |
| 47经014 | 陈以修 | 中国现行所得税制之商榷 | 1947年7月 | | 52 | 15*20 |
| 47经015 | 陈炳熙 | 中国所得税之演进 | 1947年7月 | | 57 | 15*20 |
| 47经016 | 邓伟南 | 经济建设中之中国工业政策问题 | 1947年7月 | | 70 | 15*20 |
| 47经017 | 吕永秦 | 西斯蒙第等经济恐慌学说 | 1947年7月 | | 38 | 15*20 |
| 47经018 | 白修雯 | 英国经济史翻译 | 1947年7月 | | 63 | 15*20 |
| 47经019 | 张万程 | 通货膨胀 | 1947年7月 | 陈岱孙 | 34 | 15*20 |

续表

| 馆藏号 | 作者 | 题目 | 答辩时间 | 导师 | 页数 | 备注 |
|---|---|---|---|---|---|---|
| 47 经 020 | 黄占荣 | 论土地增值税 | 1947 年 7 月 | 陈岱孙 | 63 | 15*20 |
| 47 经 021 | 蔡麟笔 | The Sisi Topic A Study Of Marism | 1947 年 7 月 | | 150 | 纸张无格式 |
| 47 经 022 | 甘增 | 李嘉图价值学说及分配学说之研究 | 1947 年 7 月 | 陈岱孙 | 56 | 15*20 |
| 47 经 023 | 林富德 | Theory of normal distribution and ints mathematical derivation | 1947 年 | | 75 | 纸张无格式 |
| 47 经 024 | 缪中 | 物价指数之基本问题 | 1947 年 | 戴世光 | 54 | 15*20 |
| 47 经 025 | 毛邦基 | 霍届理货币理论的认识 | 1947 年 | | 63 | 15*20 |
| 47 经 026 | 徐建华 | 货币购买力的代数公式 | 1947 年 | 赵人儁 | 77 | 15*20 |
| 47 经 027 | 胡道璎 | 美国联邦准备制度的公平市场政策 | 1947 年 7 月 | 赵人儁 | 92 | 15*20 |
| 47 经 028 | 魏制勳 | 中国棉纺织业发展史 | 1947 年 7 月 | | 123 | 15*20 |
| 47 经 029 | 明暐 | 三十七年来中国桐油之产销 | 1947 年 7 月 | 赵人儁 | 54 | 15*20 |
| 48 经 001 | 段树德 | 工人管理研究 | 1948 年 | | 55 | 15*20 |
| 48 经 002 | 汪敬珊 | 工资制度问题 | 1948 年 6 月 | | 63 | 15*20 |

续表

| 馆藏号 | 作者 | 题目 | 答辩时间 | 导师 | 页数 | 备注 |
|---|---|---|---|---|---|---|
| 48 经 003 | 吴锡兰 | 我国胜利后两年来国际汇兑的变动及其对策 | 1948 年 5 月 | 赵人儁 | 54 | 15*20 |
| 48 经 004 | 吴景都 | 通货膨胀及收缩之路径及其影响 | 1948 年 | | 34 | 15*20 |
| 48 经 005 | 刘树信 | 英国的全民就业 | 1948 年 | 刘大中 | 83 | 15*20 |
| 48 经 006 | 郑福荣 | 中国工业化问题 | 1948 年 | 陶洁卿 | 65 | 15*20 |
| 48 经 007 | 陈英美 | 我国战时物价变动的分析 | 1948 年 5 月 | 戴世光 | 52 | 15*20 |
| 48 经 008 | 何振 | 中国现行遗产税 | 1948 年 | | 58 | 15*20 |
| 48 经 009 | 田尚义 | 土地税 | 1948 年 | | 52 | 15*20 |
| 48 经 010 | 臧耆龄 | 工资决定的分析 | 1948 年 | 刘大中 | 48 | 15*20 |
| 48 经 011 | 陈国彦 | 失业问题 | 1948 年 | 刘大中 | 111 | 15*20 |
| 48 经 012 | 彭鹤仙 | 中国币制的整理与改革 | 1948 年 | 赵人儁 | 89 | 15*20 |
| 48 经 013 | 南纪德 | 剩余价值的生产实现与分配 | 1948 年 5 月 | | 101 | 15*20 |
| 48 经 014 | 郝孚仪 | 中国最近币制改革之建议及其批评 | 1948 年 5 月 | 赵人儁 | 39 | 15*20 |
| 48 经 015 | 陈顺麟 | 我国现行所得税制之研讨 | 1948 年 4 月 | | 84 | 15*20 |
| 48 经 016 | 戚庆云 | 宠巴卫克之利息学说 | 1948 年 | 陈岱孙 | 45 | 15*20 |

续表

| 馆藏号 | 作者 | 题目 | 答辩时间 | 导师 | 页数 | 备注 |
|---|---|---|---|---|---|---|
| 48 经 017 | 许仲钧 | 土地单一税论 | 1948 年 | 陈岱孙 | 53 | 15*20 |
| 48 经 018 | 张尚元 | 我国现行遗产税制度之检讨 | 1948 年 5 月 | 陈岱孙 | 36 | 15*20 |
| 48 经 019 | 陈蕴珊 | 进步与贫劳 | 1948 年 | 陈岱孙 | 134 | 15*20 |
| 48 经 020 | 柯之钧 | 重商主义之经济思想 | 1948 年 5 月 | 陈岱孙 | 46 | 20*15 |
| 48 经 021 | 王仕俊 | 马克思的资本主义恐慌学说 | 1948 年 5 月 | 陈岱孙 | 116 | 15*20 |
| 48 经 022 | 高同庆 | 论我国遗产税 | 1948 年 5 月 | 陈岱孙 | 44 | 15*20 |
| 48 经 023 | 王士华 | The Theory of Determination of Regression Equations | 1948 年 | | 43 | 15*20 |
| 48 经 024 | 许衍志 | A Treatise on the Industrial Trust | 1948 年 | | 20 | 15*20 |
| 48 经 025 | 陈为汉 | 就当前实际的财政状况评论救济特捐 | 1948 年 | | 25 | 15*20 |
| 48 经 026 | 陈友聪 | 蓬八卫之资本学说 | 1948 年 | | 60 | 15*20 |
| 48 经 027 | 张延福 | 从职业分配论中国工业化之人的问题 | 1948 年 | 戴世光 | 154 | 15*20 |
| 48 经 028 | 郑士元 | 计划经济 | 1948 年 | 戴世光 | 127 | 15*20 |
| 48 经 029 | 徐振寰 | 中国初步工业化的资金问题 | 1948 年 | 刘大中 | 58 | 15*20 |

续表

| 馆藏号 | 作者 | 题目 | 答辩时间 | 导师 | 页数 | 备注 |
|---|---|---|---|---|---|---|
| 48经030 | 刘家治 | 工场经营 | 1948年 | 陶洁卿 | 67 | 15*20 |
| 48经031 | 叶孔嘉 | 罗博生的货币理论 | 1948年 | | 108 | 15*20 |
| 48经032 | 赵建玺 | 劳动价值学说 | 1948年 | 陈岱孙 | 69 | 15*20 |
| 48经033 | 冯雁楠 | 十五年来之中国茶业 | 1948年7月 | 赵守愚 | 46 | 15*20 |
| 48经034 | 冯思孝 | 合作化是中国农民个体经济的正确道路 | 1948年 | | 27 | 国立清华大学学业论文稿纸 14*24 |
| 49经001 | 侒瑞麟 | 关于资产估价问题之研究 | 1949年6月 | 姚嘉椿 | 88 | 30*12 |
| 49经002 | 任崇焕 | 论我国之遗产税 | 1949年6月 | | 52 | 12*30 |
| 49经003 | 赵宗云 | 论产业合理化 | 1949年6月 | | 85 | 14*24 |
| 49经004 | 施家珍 | 战国经济史 | 1949年6月 | | 61 | 12*30 |
| 50经001 | 吴万永 | 苏联短期信贷 | 1950年 | | 32 | 12*30 |
| 50经002 | 孙家和 | 由新统计学看旧统计学 | 1950年7月 | | 27 | 14*24 |

续表

| 馆藏号 | 作者 | 题目 | 答辩时间 | 导师 | 页数 | 备注 |
|---|---|---|---|---|---|---|
| 51 经 001 | 徐贤启 | 谈合作社配售 | 1951 年 6 月 | | 17 | 14*24 |
| 51 经 002 | 李迪成 | 关于马列主义统计学应用数学函数的问题 | 1951 年 6 月 | | 28 | 14*24 |
| 51 经 003 | 桑华 | 新中国的国家银行 | 1951 年 6 月 | | 28 | 14*24 |
| 51 经 004 | 陈振洲 | 为马列主义统计学而斗争 | 1951 年 6 月 | | 51 | 12*30 |
| 51 经 005 | 杨鲁素 | 设计清华大学工会统计制度的范例研究 | 1951 年 6 月 | | 42 | 14*24 |
| 联大经 001 | U.S. HUANG | The Problem of Estimation | 联大时期 | | 74 | 纸张无格式 |
| 联大经 002 | 张光之 | 美国白银政策述评 | 联大时期 | | 47 | 10*25 |
| 联大经 003 | 梁阴均 | 苏联的货币与金融 | 联大时期 | | 62 | 纸张无格式 |
| 联大经 004 | 刘稚珠 | 云南纺织工业之现状及将来 | 联大时期 | | 44 | 纸张无格式 |
| 联大经 005 | 刘定一 | 中国银本位之历史 | 联大时期 | 周作仁 | 56 | 纸张无格式 |

续表

| 馆藏号 | 作者 | 题目 | 答辩时间 | 导师 | 页数 | 备注 |
|---|---|---|---|---|---|---|
| 联大经 006 | 张键明 | 中国出口贸易之分析 | 联大时期 | 戴世光 | 78 | 15*20 国立清华大学毕业论文纸 |
| 联大经 007 | 刘铁鑫 | 中国专卖之实施 | 联大时期 | | 93 | 10*20 |
| 联大经 008 | 王德芬 | 我国战时物价问题的研究 | 联大时期 | | 93 | 10*25 |
| 联大经 009 | 刘德鑫 | 单一税论 | 联大时期 | | 184 | 10*25 |
| 联大经 010 | 袁示望 | 英商银行与信用控制 | 联大时期 | | 41 | 纸张无格式 |
| 联大经 011 | 刘钟兴 | 通货膨胀论 | 联大时期 | | 38 | 横格 |
| 联大经 012 | 黄秀雅 | 经济社会之发展 | 联大时期 | | 31 | 纸张无格式 |
| 联大经 013 | 陈秉实 | 日本之工业（下） | 联大时期 | | 52 | 纸张无格式 |
| 联大经 014 | 陈明冰 | 欧洲经济史 | 联大时期 | | 43 | 纸张无格式 |
| 联大经 015 | 颜雅智 | 伟士德氏的经济理论 | 联大时期 | | 72 | 纸张无格式 |
| 联大经 016 | 叶宗宪 | World Finance | 联大时期 | | 121 | 12*26 |
| 联大经 017 | 徐纯庵 | 墨子的经济思想 | 联大时期 | | 29 | 横行 |
| 联大经 018 | 不详 | 金城银行营业概况及投资政策 | 联大时期 | | 48 | 15*20 |

续表

| 馆藏号 | 作者 | 题目 | 答辩时间 | 导师 | 页数 | 备注 |
|---|---|---|---|---|---|---|
| 联大经 019 | 刘圣谟 | 现代利息学说导论 | 联大时期 | | 36 | 14*24 国立清华大学毕业论文稿纸 |
| 联大经 020 | 韩达之 | 中国国家银行业务之改进问题 | 联大时期 | | 91 | 8*25 |
| 联大经 021 | 唐培源 | 我国教道组织之检讨 | 联大时期 | 周新民 | 135 | 9*25 |
| 联大经 022 | 路云升 | 纺织工程之工作程序及工厂管理 | 联大时期 | | 74 | 纸张无格式 |
| 联大经 023 | 严恩绪 | 我国农产品出口贸易 | 联大时期 | | 141 | 10*20 |
| 联大经 024 | 陶大年 | 中国战时之商业银行 | 联大时期 | | 73 | 纸张无格式 |
| 联大经 025 | 刘信升 | 李士特之经济学说 | 联大时期 | 陈岱孙 | 31 | 15*20 国立清华大学毕业论文纸 |
| 联大经 026 | 韩惠勤 | 先秦之商业资本 | 联大时期 | | 33 | 纸张无格式 |
| 联大经 027 | 史亚贤 | 银行业务通论 | 联大时期 | | 104 | 纸张无格式 |
| 联大经 028 | 伍仲廉 | 统制物价方案 | 联大时期 | 赵乃抟 | 137 | 纸张无格式 |
| 联大经 029 | 顾思传 | 银行放款问题之研究 | 联大时期 | | 29 | 纸张无格式 |
| 联大经 030 | 伍绿枢 | 我国工业资金问题 | 联大时期 | 周新民 | 69 | 纸张无格式 |

# 索　引